U0784808

"十三五"国家重点出版物出版规划项目

法律科学文库

LAW SCIENCE LIBRARY

总主编　曾宪义

本书系国家社会科学基金青年项目“人体组织提供者对基因科技成果之利益分享机制研究”（12CFX083）的最终成果

基因科技成果利益分享研究

——以人体组织提供者私权保护为视角

郭明龙 著

On the Benefit-sharing of Technological Achievements Derived from Genes

--From the Perspective of the Civil Rights of Contributors of Human Tissue

中国人民大学出版社
·北京·

法律科学文库
编 委 会

总主编
曾宪义

副总主编
赵秉志（常务） 王利明 史际春 刘 志

编 委
（以姓氏笔画为序）

王利明 史际春 吕世伦 孙国华 江 伟
刘 志 刘文华 刘春田 许崇德 杨大文
杨春洗 何家弘 陈光中 陈松涛 郑成思
赵中孚 赵秉志 高铭暄 程荣斌 曾宪义

总　序

曾宪义

“健全的法律制度是现代社会文明的基石”，这一论断不仅已为人类社会的历史发展所证明，而且也越来越成为人们的共识。在人类历史上，建立一套完善的法律体制，依靠法治而促进社会发展、推动文明进步的例证，可以说俯拾即是。而翻开古今中外东西各民族的历史，完全摒弃法律制度而能够保持国家昌隆、社会繁荣进步的例子，却是绝难寻觅。盖因在摆脱了原始和蒙昧以后，人类社会开始以一种“重力加速度”飞速发展，人的心智日渐开放，人们的利益和追求也日益多元化。面对日益纷纭复杂的社会，“秩序”的建立和维持就成为一种必然的结果。而在建立和维持一定秩序的各种可选择方案（暴力的、伦理的、宗教的和制度的）中，制定一套法律制度，并以国家的名义予以实施、推行，无疑是一种最为简洁明快，也是最为有效的方式。随着历史的演进、社会的发展和文明的进步，作为人类重要精神成果的法律制度，也在不断嬗变演进，不断提升自身的境界，逐渐成为维持一定社会秩序、支撑社会架构的重要支柱。17 世纪以后，数次发生的工业革命和技术革命，特别是 20 世纪中叶发生的电子信息革命，给人类社会带来了天翻地覆的变化，不仅直接改变了信息交换的规模和速度，而且彻底改变了人们的生活方式和思维方式，使人类生活进入了更为复杂和多元的全新境界。在这种背景下，宗教、道德等维系社会人心的传统方式，在新的形势面前越来越显得力不从心。而理想和实际的选择，似乎是透过建立一套理性和完善的法律体制，给多元化社会中的人们提供一套合理而可行的共同的行为规则，在保障社会共同利益的前提下，给社会成员提供一定的发挥个性的自由空间。这样，既能维持社会整体的大原则、维持社会秩序的基本和谐和稳定，又能在此基础上充分保障个人的自由和个性，发挥每一个社会成员的创造力，促进社会文明的进步。唯有如此，方能达到稳定与发展、整体与个人、精神文明与物质进步皆能并行不悖的目的。正因为如此，近代以来的数百年间，在东西方各主要国家里，伴随着社会变革的大潮，法律改革的运动也一直呈方兴未艾之势。

中国是一个具有悠久历史和灿烂文化的国度。在数千年传承不辍的中国传统文化中，尚法、重法的精神也一直占有重要的位置。但由于古代社会法律文化的精神旨趣与现代社会有很大的不同，内容博大、义理精微的中国传统法律体系无法与近现代社会观念相融，故而在 19 世纪中叶，随着西方列强对中国的侵略，绵延了数千年的中国古代法律制度最终解体，中国的法制也由此开始了极其艰难的近现代化的过程。如果以 20 世纪初叶清代的变法修律为起点的话，中国近代以来的法制变革活动已经进行了近一个世纪。在这将近百年的时间里，中国社会一直充斥着各种矛盾和斗争，道路选择、主义争执、民族救亡以及路线斗争等等，使整个中国一直处于一种骚动和不安之中。从某种意义上说，社会变革在理论上会给法制的变革提供一定的机遇，但长期的社会骚动和过于频繁的政治剧变，在客观上确实曾给法制变革工作带来过很大的影响。所以，尽管曾经有过许多的机遇，无数的仁人志士也为此付出了无穷的心力，中国近百年的法制重建的历程仍是步履维艰。直至 20 世纪 70 年代末期，“文化大革命”的宣告结束，中国人开始用理性的目光重新审视自身和周围的世界，用更加冷静和理智的头脑去思考和选择自己的发展道路，中国由此进入了具有非凡历史意义的改革开放时期。这种由经济改革带动的全方位民族复兴运动，也给蹉跎了近一个世纪的中国法制变革带来了前所未有的机遇和无限的发展空间。

应该说，自 1978 年中国共产党第十一届三中全会以后的 20 年，是中国历史上社会变化最大、也最为深刻的 20 年。在过去 20 年中，中国人民高举邓小平理论伟大旗帜，摆脱了“左”的思想的束缚，在政治、经济、文化各个领域进行全方位的改革，并取得了令世人瞩目的成就，使中国成为世界上最有希望、最为生机勃勃的地区。中国新时期的民主法制建设，也在这一时期内取得了令人惊喜的成就。在改革开放的初期，长期以来给法制建设带来巨大危害的法律虚无主义即得到根除，“加强社会主义民主，健全社会主义法制”成为一个时期内国家政治生活的重要内容。经过近二十年的努力，到 90 年代中期，中国法制建设的总体面貌发生了根本性的变化。从立法上看，我们的立法意识、立法技术、立法水平和立法的规模都有了大幅度的提高。从司法上看，一套以保障公民基本权利、实现司法公正为中心的现代司法诉讼体制已经初步建立，并在不断完善之中。更为可喜的是，经过近二十年的潜移默化，中国民众的法律意识、法制观念已有了普遍的增强，党的十五大确定的“依法治国”“建设社会主义法治国家”的治国方略，已经成为全民的普遍共识和共同要求。这种观念的转变，为中国当前法制建设进一步完善和依法治国目标的实现提供了最为有力的思想保证。

众所周知，法律的进步和法制的完善，一方面取决于社会的客观条件和客观需要，另一方面则取决于法学研究和法学教育的发展状况。法律是一门专业性、技术性很强，同时也极具复杂性的社会科学。法律整体水平的提升，有赖于法学研究水平的提高，有赖于一批法律专家，包括法学家、法律工作者的不断努力。而国家法制总体水平的提升，也有赖于法学教育和法学人才培养的规模和质量。总而言之，社会发展的客观需要、法学研究、法学教育等几个环节是相互关联、相互促进和相互影响的。在改革开放的 20 年中，随着国家和社会的进步，中国的法学研究和法学教育也有了巨大的发展。经过 20 年的努力，中国法学界基本上清除了“左”的思想的影响，迅速完成了法学学科的总体布局和各分支学科的学科基本建设，并适应国家建设和社会发展的需要，针对法制建设的具体问题进行深入的学术研究，为国家的立法和司法工作提供了许多理论支持和制度上的建议。同时，新时期的法学教育工作也成就斐然。通过不断深入的法学教育体制改革，当前我国法学人才培养的规模和质量都有了快速的提升。一大批用新思想、新体制培养出来的新型法学人才已经成为中国法制建设的中坚，这也为中国法制建设的进一步发展提供了充足和雄厚的人才准备。从某种意义上说，在过去20年中，法学界的努力，对于中国新时期法制建设的进步，贡献甚巨。其中，法学研究工作在全民法律观念的转变、立法水平和立法效率的提升、司法制度的进一步完善等方面所发挥的积极作用，也是非常明显的。

法律是建立在经济基础之上的上层建筑，以法律制度为研究对象的法学也就成为一个实践性和针对性极强的学科。社会的发展变化，势必要对法律提出新的要求，同时也将这种新的要求反映到法学研究中来。就中国而言，经过近二十年的奋斗，改革开放的第一阶段目标已顺利实现。但随着改革的逐步深入，国家和社会的一些深层次的问题也开始显现出来，如全民道德价值的更新和重建，市场经济秩序的真正建立，国有企业制度的改革，政治体制的完善等等。同以往改革中所遇到的问题相比，这些问题往往更为复杂，牵涉面更广，解决问题的难度也更大。而且，除了观念的更新和政策的确定外，这些复杂问题的解决，最终都归结到法律制度上来。因此，一些有识之士提出，当前中国面临的难题或是急务在于两个方面：其一，凝聚民族精神，建立符合新时代要求的民族道德价值，以为全社会提供一个基本价值标准和生活方向；其二，设计出一套符合中国国情和现代社会精神的“良法美制”，以为全社会提供一系列全面、具体、明确而且合理的行为规则，将各种社会行为纳入一个有序而且高效率的轨道。实际上，如果考虑到特殊的历史文化和现实情况，我们会认识到，在当前的中国，制度的建立，亦即一套“良法美制”的建立，更应该是当务之急。建立一套完善、合理的法律体制，当然是一项极为庞大的社会工程。而其中的基础性工作，即理论的论证、框架的设计和实施中的纠偏等，都有赖于法学研究的进一步深入。这就对我国法学研究、法学教育机构和广大法律理论工作者提出了更高的要求。

中国人民大学法学院建立于1950年，是新中国诞生以后创办的第一所正规高等法学教育机构。在其成立的近半个世纪的岁月里，中国人民大学法学院以其雄厚的学术力量、严谨求实的学风、高水平的教学质量以及极为丰硕的学术研究成果，在全国法学研究和法学教育领域中处于领先行列，并已跻身于世界著名法学院之林。长期以来，中国人民大学法学院的法学家们一直以国家法学的昌隆为己任，在自己的研究领域中辛勤耕耘，撰写出版了大量的法学论著，为各个时期的法学研究和法制建设作出了突出的贡献。

鉴于当前我国法学研究所面临的新的形势，为适应国家和社会发展对法学工作提出的新要求，中国人民大学法学院和中国人民大学出版社经过研究协商，决定由中国人民大学出版社出版这套“法律科学文库”，陆续出版一大批能全面反映和代表中国人民大学法学院乃至全国法学领域高品位、高水平的学术著作。此套“法律科学文库”是一个开放型的、长期的学术出版计划，以中国人民大学法学院一批声望卓著的资深教授和著名中青年法学家为主体，并聘请其他法学研究、教学机构的著名法学家参加，组成一个严格的评审机构，每年挑选若干部具有国内高水平和有较高出版价值的法学专著，由中国人民大学出版社精心组织出版，以达到集中地出版法学精品著作、产生规模效益和名著效果的目的。

“法律科学文库”的编辑出版，是一件长期的工作。我们设想，借出版“文库”这一机会，集中推出一批高质量、高水准的法学名著，以期为国家的法制建设、社会发展和法学研究工作提供直接的理论支持和帮助。同时，我们也希望通过这种形式，给有志于法学研究的专家学者特别是中青年学者提供一个发表优秀作品的园地，从而培养出中国新时期一流的法学家。我们期望并相信，通过各方面的共同努力，力争经过若干年，“法律科学文库”能不间断地推出一流法学著作，成为中国法学研究领域中的权威性论坛和法学著作精品库。

1999 年 9 月

目　录

细　　目

绪　　论

以人类基因研发为引擎的生物技术之迅猛发展，使得过去多被作为医疗废物处理的人类离体组织或尸体组织成为研究开发中的“金矿”。基因被认为是20世纪科学界最重要的名词之一，其定义在20世纪经过了数次修正：基因最早的雏形为孟德尔提出的“遗传因子”（Genetic factor）；1909年约翰森打造了“基因”（gene）一词，不过当时基因作为抽象名词并不代表物质实体；及至1926年摩尔根《基因论》一书中，基因才成为有具体载体的有机化学物质。① 随着1953年DNA双螺旋结构被发现，对基因的认识被推进到一个新的阶段，基因内涵被界定为“DNA分子上具有一定遗传效应的一段核苷酸序列”②。自此，人类真正开始在分子层次上认识生命，揭开生命健康奥秘的能力有了质的提高。

① 谢兆辉．基因概念的演绎．遗传，2010（5）.

② 刘元，陈国梁，梁凯．基因概念的演变．延安大学学报（自然科学版），2005（4）.

在我们日常生活中，基因已被广泛运用于身份识别、刑事侦查、人类学和遗传学分析等等。比如 2011 年 12 月 18 日，我国研究人员正式宣布，世界首例蒙古族人全基因组序列图谱绘制完成，该研究不仅可以从预防医学的角度探知该民族群体的生物学共性，预测其常见病、多发病的概率，还可以通过基因的比对分析，回溯这个民族的历史迁徙和人文构成，同时也可为加速“个性化医疗时代”的到来打下坚实基础。① 在刑事侦查方面，发生于 1988 年至 2002 年间曾经轰动全国的甘肃白银连环强奸杀人案的告破，传统的 DNA 技术以及新一代基因测序技术功不可没，Y-DNA 遗传标记让残害 11 条人命的杀人狂魔最终伏法。② 概而言之，在基因技术引领的生物科技研发过程中，人体组织不再被局限于传统的实物利用，其中蕴藏的生命奥秘——基因成为科技研发的最重要“物质”，因此基因资源往往也被称为遗传资源，谁能揭秘控制人体组织中所蕴含的基因信息，就意味着其将掌握通往现代生物科技产业大门的钥匙。③ 通过对个人基因信息的掌控，将最终实现对相关生物科技产业及其产品发展衍生商业利益之控制。

技术虽具中立性，对技术的利用却可能产生不同效果，人类基因科技的发展有造福人类的一面，但也带来了严峻的伦理、法律挑战。例如，2018 年 11 月 28 日，深圳爆出“首例免疫艾滋病基因编辑婴儿”事件，牵动民众神经，官方定性认为“事件性质恶劣”④。对技术的不当利用带来

① 我国绘制完成世界首个蒙古族人全基因组序列图谱．新华网．[2013 - 10 - 27]. http://news. xinhuanet. com/society/2011-12/18/c _ 111253929. htm.

② 甘肃“白银连环杀人案”今开审 11 名女性被性侵杀害．新华网．[2017 - 07 - 18]. http://www. xinhuanet. com/2017-07/18/c _ 1121334361. htm.

③ 全国科学技术名词审定委员会公布的用语是“遗传信息”，参见：科学出版社名词室．英汉生物学词汇．3 版．北京：科学出版社，2005. 我国《专利法》第 5 条第 2 款使用了“遗传资源”概念。但学界认为“遗传资源”“基因资源”和“生物资源”基本等义，以下如无特别说明，本书将在同一意义上使用三个概念。

④ 2018 年 11 月 28 日来自中国深圳的科学家贺建奎宣布，一对名为露露和娜娜的基因编辑婴儿于 11 月在中国健康诞生，这对双胞胎的一个基因经过修改，使她们出生后即能天然抵抗艾滋病。报道称，这是世界首例免疫艾滋病的基因编辑婴儿，但这引发了民众关于“基因编辑婴儿是否违背伦理”的一大波讨论。国家卫健委中国科协：“基因编辑婴儿”事件性质恶劣．网易新闻．[2018 - 12 - 01]. https://news. 163. com/18/1129/15/E1PS1AID0001899O. html.

了基因歧视、“设计婴儿”等问题，不仅挑战着人类尊严，挑战着人作为一个类存在的地位，而且伴随着基因诊断、基因治疗、基因制药等现代基因科技的日益发展和基因的商业化应用，可能成为部分人剥削另外一部分人的工具。① 面对基因科技研发的高速发展及带来的问题，伦理法律不仅应当捍卫人作为类的存在性，而且应当在伦理向度上和法律框架内对相关主体之间的利益关系做出恰当配置。

一、研究意义

（一）对人体组织提供者、科技研发者、成果利用者和其他相关者的利益进行配置，既可以维护人的生命价值和人格尊严，又可以促进基因科技的有序规范发展

基因科技研发首先面临对人的生命价值和人格尊严的维护议题。人作为主体具有至上性，以人体或人体组织为对象的研究面临伦理和法律的挑战。比如基因检测技术，只需提取人体少许生物样本（如毛发、血液、皮肤），即可通过 DNA 序列分析，找出异常基因序列，对受测者甚至其前辈、后代罹患某种疾病的概率进行分析，引领个性化医疗和基因治疗。如果该分析结果被运用于就业和保险领域，不可避免会对受测者甚至与之相关的特定人群形成基因歧视，这些能预测我们可能生病、行为倾向的算法会让我们无法购买保险，无法就业，由“逆向选择”而导致人的平等权利和人格尊严遭受戕害。“对我们而言，危险不再是隐私的泄露，而是被预知的可能性”②。再比如，将基因检测技术运用于人工辅助生殖，对于新生儿特定遗传疾病预防和优生具有重要意义，但若对胚胎植入前的基因筛选（Pre-implantation Genetic Diagnosis，PGD）不加控制任由其发展到“设计婴儿”，滑向极端优生学，人是否已经成为自己的“创造者”，会否造成民族或种族歧视甚或种族灭绝呢？③ 第二次世界大战时德国纳粹对犹

① 焦艳玲．规范抑或放任——美国商业化基因检测的法律实践及其走向//国外社会科学前沿．第 18 辑．上海：上海人民出版社，2015.

② 迈尔—舍恩伯格，库克耶．大数据时代．盛杨燕，周涛，译．杭州：浙江人民出版社，2013：16，22.

③ 田野．个人基因检测衍生的法律问题：梳理与展望．北京航空航天大学学报（社会科学版），2014（6）.

太人的种族灭绝其反思犹在，我国2018年11月的深圳“基因编辑婴儿事件”不仅违反国家相关法规条例，而且已经突破学术界伦理底线。无论何时，基因科技研发都应当注意对人作为类的存在和价值的尊重。

发展基因科技，必须对相关主体的利益关系做出恰当配置，才能保证研发的有序规范进行，维系生物科技研发作为产业存在的持续性。在将人体组织运用于基因科技研发过程中，对研发成果的形成有“贡献者”大致可以分为三类：人体组织提供者、研发者（人体组织利用者）和产业支持者。人体组织提供者又可以分为病患提供者和非病患提供者，有时还涉及中介性提供者［如生物数据库或生物银行（biobank）的运作者］；研发者，一般包括医生（医疗机构）、医学研究机构；产业支持者，一般包括研发资金和条件的提供者，如国家基金、制药和医疗产品企业等等。研发者和产业支持者既存在利益的一致性——其共同分享研发成果和利益，也有利益冲突的一面——其在利益分配上存在争夺，并且资本的力量在上升。但总体而言，其相互之间的利益共性多于冲突，相互之间的权利义务由合同约定或相关知识产权法规定，由于其共同处于与人体组织提供者的相对一方，实际可以统统归为研发者。在研发成果产出后，其成果利用者主要是各类病患，可以视为成果“消费者”。除了对于成果的形成具有直接“贡献”的群体外，以间接或者被动方式承受基因医疗可能发生风险的群体似乎也不应被忽视，如人体组织提供者的家庭成员甚至所处族群、未来后代等等。如果说基因科技研发中对人性尊严和价值的尊重体现了全人类利益和国家利益，反映了管制宽严和产业准入，那么对于人体组织提供者、科技研发者、成果利用者和其他相关利益群体的利益配置与平衡则反映了允许进入的产业能否持续进行：否认人体组织提供者的利益可能减少研发“原材料”的供给；过分限制科技研发者的利益可能会削弱研发的动机，减少成果产出；而作为生物技术成果的消费群体，反映成果在利用上的可及性（access，主要是指经济上能否负担）也应加以考虑，缺少消费的成果产出会反过来影响成果研发者的利益；以间接或被动方式承受基因医疗可能风险的群体能否在利益格局中得到尊重也会关系到研究成果的伦理性。只有形成妥适的利益配置格局，才能协调相关主体的利益关系，促进产业有序规范发展。

（二）完善我国涉及人的生物医学及人类遗传资源研发的相关制度建设，促进相关立法

随着生物技术的进步，人类逐步具备利用新的生物药品、器材诊断和治疗疾病的能力，不但救治了人的生命，而且提升了人类健康水平和生活品质，这不仅得益于生物技术研发者的辛勤工作，而且离不开人体组织提供者的付出和人体试验参加者冒着一定风险的贡献。相对于生物科技研发者从成果中可能获得的巨大经济利益，受试者承担了较多的不确定风险，其本身获取的利益却极为有限。参与非治疗性试验的受试者无法获得任何医疗利益，而其他受试者纵然能够获得一定的医疗利益，该利益与其承受的风险往往也不相称。实践中，生物技术或产品研发者、产业经营者往往利用其资金、技术优势，在追求强大商机的诱因下，将受试者当成试验工具任意摆布，而受试者囿于信息不对称和对健康的强烈需求并不具备与优势的研发者和整个研发产业平等谈判的能力和机会。例如，在美国持续40年的TUSKEGEE梅毒试验中，临床试验的医生以安慰剂代替有效治疗的药品青霉素，提供给200位随机分配的黑人梅毒患者服用，试图了解梅毒患者的整个发病症状和患者反应，40年中有至少100名患者死于梅毒，而受试者从未被告知其正在参与人体试验。① 因此，如何借由更为精细的制度设计，引导和规范涉及人的生物医学研究伦理审查工作，保护受试者权益，推动生物医学研究健康发展，是立法必须解决的问题。2007年我国卫生部发布的《涉及人的生物医学研究伦理审查办法（试行）》，对于建立健全受试者保护机制，规范涉及人的生物医学研究伦理行为起到了积极促进作用。为进一步提高伦理委员会的审查能力，完善伦理审查、知情同意规程，目前该办法已经修改并自2016年12月1日起施行。②

人体组织蕴含人类基因及基因组信息，在我国目前立法文件中被称为人类遗传资源③，成为涉及人的生物医学研究的基础性资源。随着生物技术和生命科学的迅猛发展，各国生物医学产业发展的竞争日趋激烈，这种竞争紧紧围绕功能基因及其知识产权成果展开，人类生物医学产业发展必

---

① KARINE M. The standard of disclosure in human subject experimentation. 19 J. Legal Med，157，187（1998）.

② 《涉及人的生物医学研究伦理审查办法》于2016年9月30日经国家卫生计生委委主任会议讨论通过，2016年12月1日起施行。

③ 《中华人民共和国人类遗传资源管理条例》第2条规定："本条例所称人类遗传资源包括人类遗传资源材料和人类遗传资源信息。人类遗传资源材料是指含有人体基因组、基因等遗传物质的器官、组织、细胞等遗传材料。人类遗传资源信息是指利用人类遗传资源、材料产生的数据等信息资料。"

然以一定人类遗传资源样本库为基础，目前冰岛、英国、日本和我国台湾地区等形成了自己的“生物银行”（bio-bank）以促进和规范生物技术研发和产业发展。我国现有56个民族、13亿多人口，相对稳定的家族聚居和乡村生活模式孕育了极其丰富的民族遗传资源、家系遗传资源和典型疾病遗传资源，是人类遗传资源最丰富的国家。从上世纪末开始，一些外国机构与公司即利用我国相关法规不完善与管理上存在的漏洞，在我国搜集样本以及在人们完全不知情的情况下提取人体组织开展研究，将国外严令禁止的人体医学临床试验转移到我国进行，使我国公民的基因知情权和人类遗传资源屡遭侵犯，甚至影响国家安全。如2001年和2002年爆出的哈佛大学公共卫生学院在我国安徽农村进行的十五项涉及人体的生物医学研究存在违规行为，这些项目的内容是研究环境和遗传基因对哮喘、高血压、肥胖症等疾病的影响，违规行为包括违反“告知后同意”原则提取生物样本，项目合作未经中国行政主管机关审批，未经研究伦理审查等。① 西方相关研究机构、政府组织和医药公司等利用各种途径在发展中国家获取基因原材料研究开发后寻求专利保护的做法构成“生物海盗”（bio-piracy）行为，“生物海盗”的实质在于通过知识产权制度把获得的遗传资源及其产品私有化，对于这种行为必须加以遏制。② 因此，依法加强对我国人类遗传资源的保护、管理和研究利用，对于增强我国生物和医药科技的研发能力，保障人们身体健康具有重要的意义。1998年6月10日由科技部和卫生部联合发布的《人类遗传资源管理暂行办法》作为涉及人类遗传资源管理、保存和利用、跨境流动的重要规范发挥了重要作用。但是，该办法在长期实践中也暴露出一些问题：缺少关于人类遗传资源的收集、保存、研究利用等活动的管理措施；法律责任不明确，处罚较轻；涉及人类

---

① 高崇明，张爱琴．生物伦理学十五讲．北京：北京大学出版社，2004：32.

② 发达国家曾把发展中国家对发达国家的知识产权侵害称为“海盗”（piracy）行为，为此世界著名的NGO国际农业促进基金会（RAFI，现改名为ETC）最早于1994年创造“生物海盗”（bio-piracy）概念，指责发达国家利用知识产权试图排他性独占来自发展中国家的遗传资源等不当行为。我国学者将其解释为，某人类学群体所持有的生物资源或者传统知识，被另外群体成员获取，应用于直接或间接商业用途，且未能得到合理知情同意与利益分享。参见：薛达元．民族地区遗传资源获取与利益分享案例研究．北京：中国环境科学出版社，2009：164；刘银良．生物技术法．北京：清华大学出版社，北京交通大学出版社，2009：81.

遗传资源的国际合作项目审批条件、程序、期限等需进一步规范；缺乏与相关法律的衔接与协调等。[①] 另外，该办法侧重对人类遗传资源的行政管理，并未涉及相关利益在人体组织提供者、技术研发者和其他相关主体之间的配置。2012 年 10 月 30 日，国务院法制办公室在该办法（部门规章）的基础上起草了《人类遗传资源管理条例（送审稿）》并公开征求社会意见，2016 年 2 月 4 日再次公布征求意见。[②] 目前《中华人民共和国人类遗传资源管理条例》已由国务院第 41 次常务会议通过、总理签署，2019 年 7 月 1 日正式实施。

人类干细胞研究与利用也在较大的伦理争议中前行。与体细胞不同，人类干细胞属于尚未完全分化的细胞，同时具备“分裂增生成为另一个与本身完全相同细胞”和“分化成多种特定功能体细胞”的能力，因为干细胞从胚胎到成熟个体的发育过程中均保持同样的特性，所以肩负身体组织或器官中细胞更新与修复功能。[③] 由于具备分化成多种特定功能体细胞的能力，干细胞在器官移植、新药研发和基因治疗等方面，具有无限发展潜力。虽然技术上不存在障碍，但干细胞研究需要从胚胎或者其他人体组织中提取，通常要毁损早期胚胎才可能获得胚胎干细胞，因可能威胁人之主体性和人性尊严而在法律和伦理上备受争议。对于前者，由于胚胎具有发育成人的潜力，将其作为素材或者工具加以研究利用面临较大道德风险和伦理争议，所以各国一般对其研究加以严格限制[④]；对于后者，如脐带血的提取与利用，因系在胎儿出生时采集从而较少产生道德风险和伦理争议，实践中脐带血在治疗自体血液及免疫系统疾病方面发挥了重要作用。

---

① 《人类遗传资源管理条例（送审稿）》公开征求意见，参见中央政府法制信息网．(2012－10－30). http：//www. chinalaw. gov. cn/article/cazjgg/201210/20121000377418. shtml.

② 国务院法制办公室关于《人类遗传资源管理条例（送审稿）》公开征求意见的通知，参见中华人民共和国科学技术部网站．(2016－02－05). http：//www. most. cn/tztg/201602/t20160204＿123997. htm.

③ 宋思扬，楼士林．生物技术概论．北京：科学出版社，2007：81.

④ 有的限制某时期之前取得的胚胎始得使用（如德国），有的规定只有进口胚胎才能加以研究利用，还有的规定只有来自流产的胚胎才能用于研究，旨在降低胚胎干细胞利用带来的伦理争议。林祺祥．人体分离物及其衍生物权利之属性及权利归属研究．台南：成功大学硕士学位论文，2009.

另外，人类成体干细胞（adult stem cells）也已经在生物技术和临床医疗上占有重要地位，如通过骨髓移植来治疗血液及免疫系统疾病，或者重建接受癌症化疗患者整体造血及免疫系统。为规范和促进我国干细胞临床研究和规范脐带血造血干细胞治疗技术的临床应用，我国相关部委颁布了《干细胞临床研究管理办法（试行）》和《脐带血造血干细胞治疗技术管理规范（试行）》。①

以上主要规定共同形塑了我国涉及人的生物医学研究的制度规范，对于保护人的生命健康、维护人的尊严、保护受试者的合法权益、引导和规范研发行为、促进医学科学技术研究的健康发展均具有重要意义，但也有共同的不足。如：（1）基因信息作为敏感个人信息，缺少更高位阶有关个人信息处理的基本法律之统帅。无论比较法还是相关国际公约中，基因个人信息属于敏感个人信息范畴②，其收集、处理、利用和跨境流动除应遵循个人信息（数据）管理的一般规则，尚需受到更为严格的管制和保护。③ 我国迄今

---

① 《干细胞临床研究管理办法（试行）》（国卫科教发〔2015〕48号）由原国家卫生计生委与国家食品药品监管总局共同组织制定，2015年7月20日发布；《脐带血造血干细胞治疗技术管理规范（试行）》（卫办医政发〔2009〕189号）由原卫生部制定，2009年11月13日发布。

② 敏感个人信息（sensitive categories of data），又称为个人特殊信息（special categories of data），是被认为具有特殊风险，从而通常受到特殊保护的个人信息。一般个人信息（琐细个人信息，trivial categories of data）是指除上述敏感信息之外的其他信息。将个人信息划分为一般个人信息与敏感个人信息（特殊信息、特殊数据）是欧盟及其所属各国的立法特色。《国际人类基因数据宣言》（International Declaration on Human Genetic Data）前言中承认，"人类基因信息因其敏感性而具有特殊地位，因为该信息除能预示个人基因之外，并可能对其家庭及其后代人，有时甚至对相关群体产生重大影响，应充分重视人类基因信息的敏感性，并制定相适应的措施保护这些信息和生物样本"。

③ 《欧洲议会和欧盟理事会1995年10月24日关于涉及个人数据处理的个人保护以及此类数据自由流动的指令》（95/46/EC）规定，"鉴于如果有重要理由证明公共利益在某些领域如公共卫生、社会保护（特别是为了确保在医疗保险系统解决利益和服务诉求所适用的程序的质量和成本效率）、科学研究以及政府统计领域具有正当性，则基于该重大公共利益，成员国应当被授权对于敏感种类数据处理的禁止做出例外规定"。2015年12月15日，欧盟执委会（European Commission）通过了《通用数据保护条例》（General Data Protection Regulation，简称GDPR），以欧盟法规的形式确定了对个人数据的保护原则和监管方式，实现了对95/46/EC的升级。

尚未出台有关个人信息（数据）处理的基本法律，所以对于各类个人信息的收集、处理、利用和跨境流动等，处于各自为政的局面。（2）现有规范偏重行政管理，较少涉及对基因科技成果的利益分享及其机制建设。1998年的《人类遗传资源管理暂行办法》偏重行政管理措施，如管理机构、申报与审批、境外合作的知识产权管理等，而未提及利益分享；2007年的《涉及人的生物医学研究伦理审查办法（试行）》中虽提及“受试者因参加研究可以获得合理补偿”，但制度建设所赖以的“补偿”还是“分享”基础之争并未解决，也未涉及“分享”与“补偿”的指导性标准等；2019年《中华人民共和国人类遗传资源管理条例》进步较大，虽然并未提及“分享”或“补偿”，但其“为科学研究依法提供或者使用人类遗传资源并支付或者收取合理成本费用，不视为买卖”的规定，实际上为利益分享机制的运行开启了闸门。[①]（3）知情同意权作为伦理审查和控制最为核心的制度架构，其运作缺乏更为明确的规则。比较法上曾经有国家适用“概括同意”“分阶层同意”，我国实践应采取何种态度并不明朗，尚需进一步完善。

（三）对人格权法、物权法与知识产权法关系进行重新思考，进一步促进民法典体系内外和谐

人体组织、基因信息所负载的人格法益之上叠加了财产法益，使得人/物、主体/客体的界限被内移到了人自身，经典权利理论所依仗的人/物、主体/客体的二元界分基础面临严峻挑战，无论将人体组织还是基因上负载的利益借助于人格权还是物权加以保护，都不能妥适地调整相关当事人之间的利益关系。无论是比较法还是我国学界，均孜孜以求试图在理论上加以突破。有美国学者提出了“为了人格的财产权”这个兼具两种类型权利特征的新概念。[②] 在我国也有学者提出“拟似权利主体说”[③]、“双

① 《中华人民共和国人类遗传资源保护条例》（2019年3月20日国务院第41次常务会议通过，2019年7月1日施行）第10条第2款之规定。

② MARGARET JANE RADIN. Property and personality. 34 Stanford law review, 957 (1982).

③ 蔡维音．个人基因科技研究所衍生之智慧财产权之归属原则．成大法学，2003 (6).

重属性说”[①]、“人格性财产权说”[②]、“人格物说”[③]、“物格说”[④]、“人格权商品化说”[⑤] 等，承认人格权和物权之间的过渡地带，试图在两者之间进行相关权利定性。我们需要继续研究统筹物权和人格权的“疆域”，对既有的权利客体理论进行反思。

比较法上，基因科技产品或技术属于“发明”还是“发现”，是否可以专利化等问题，涉及知识产权内部体系和谐问题。与其他技术领域内的发明相比，作为涉及生物材料或生物技术方法的发明因生物材料的可自我复制性、与生命伦理密切相关性等特点，在判断专利构成要件时应否具有特殊性，应否考虑为生物技术发明创设一套新的专利制度[⑥]，在形成的基因科技成果中，应否考虑原住民、特定病患群体、人体组织提供者的特殊利益而划定主体范围，以及其研究范畴都成为各派学说争议的问题，涉及财产法和知识产权法的“疆域”划分。

2014 年 10 月 23 日中国共产党第十八届中央委员会第四次全体会议通过的《中共中央关于全面推进依法治国若干重大问题的决定》提出“编纂民法典”的任务，理论界积极行动参与相关工作。目前尽管立法机关按照“两步走”思路已经完成了《中华人民共和国民法总则》，预计 2020 年将完成民法典编纂[⑦]，但对人格权法、物权法与知识产权法关系应否重新定位，权利客体理论应否有所发展，投射在理论界关于“人格权法能否单独

---

① 曹丽荣．自然人基因的法律属性．河北法学，2008（7）.

② 刘红臻．人体基因财产权研究——“人格性财产权”的证成与施用．法制与社会发展，2010（2）.

③ 冷传莉．个人基因法益权利化保护论纲——基于“人格物”创设的视角．现代法学，2014（6）.

④ 杨立新．民法物格制度研究．北京：法律出版社，2008.

⑤ 王利明．论人格权商品化．法律科学，2013（4）.

⑥ 在美国曾有人提出为生物技术发明修改现行专利法的规定，甚至为生物技术发明创设一套新的专利制度，USPTO 对此不予认同，认为每发展一种新技术就要创设一种新的专利制度显然不合适。DONALD L and ZUHN J R. DNA patentability: shutting the door to the utility requirement. 34 J. Marshall L. Rev. 973，995 - 996 (2001).

⑦ 李建国．关于《中华人民共和国民法总则（草案）》的说明——2017 年 3 月 8 日在第十二届全国人民代表大会第五次会议上．中国人大网．(2017 - 03 - 15). http: //www. npc. gov. cn/npc/xinwen/2017-03/09/content _ 2013899. htm.

成编”重大争议点上，仍有深入研究的余地。以点带面，有关人体组织提供者在基因科技成果利益格局中的分享机制，实际上也反映了人格权法、物权法和知识产权法的关系，对此应当认真研究，审慎对待。

二、国内外研究现状述评

（一）典型案例与理论争议

人体组织提供者对基因科技成果能否主张利益分享，最为知名的案例是美国加利福尼亚州最高法院1990年终审的Moore v. Regents of the University of California案件（以下简称“Moore案”）。① 该案原告为John Moore，被告系David W. Golde医生、加州大学、加州大学研究人员Shirley G. Quan女士、Genetics Institute公司和Sandoz Pharmaceuticals Corporation医药公司。John Moore于1976年10月因被怀疑患有白血病（hairy-cell leukemia）而前往被告加州大学医疗中心（UCLA Medical Center）接受身体检查，其后主治医生也就是本案的另一被告Golde医生经原告同意为其施行脾脏切除术并通知原告定期到院抽血检查。一段时间后原告发现，原来Golde医生在未经自己允许的情况下擅自使用了切除下来的那部分脾脏进行有关遗传学的科学研究，并从中侦测出了一条极有科学和商业价值的细胞序列（cell line），Golde医生及他的另外一些同事还专门为此申请了一项专利，以便在日后对此进行商业开发。原告诉至法院提出了总共13项指控，主要包括强占、未履行告知义务、破坏病人对医生的信赖关系等等。初审法院加州洛杉矶县高等法院（Superior Court of Los Angeles County）首先认为本案中并不存在强占（conversion）行为，其次认为其他的所有指控都只不过是在重复强占诉由，因此统统应被驳回。加州上诉法院推翻了初审法院判决，认为原告所提出的强占诉由成立，初审法院需重新依次考虑原告提出的其他指控。接下来加州大学董事会上诉到了加州最高法院（Supreme Court of California）。加州最高法院认为，因为法律从来都是将人体组织、可移植的器官、血液、胎儿、腺体以及尸体等人的生物性部分当作自成一类的特殊对象，而不适用有关管理动产的一般法律原则，法院正是用这些专门成文法，而非强占责任的普通

---

① *Moore* v. *Regents of the University of California*, 51 Cal. 3d 120；271 Cal. Rptr. 146；793 P. 2d 479.

法规则来处理由人的生物性部分所引起的争议的。被告的医学研究成果，特别是细胞序列，不可能被判为属于原告的财产，因为其无论是在事实属性还是在法律属性上都已经明显有别于从原告体内取出的原始细胞了。法院据此认定该案不构成侵权法上的强占（conversion）。根据法院意见，之所以如此认定，原因在于要消除阻碍科学家进行重要医学研究的经济刺激，如果在研究中使用人体细胞被认定为强占行为，那么每一个曾经使用过细胞样本的科学家们都有可能在今后某一天突然被人告上法庭，医学研究工作也会大受影响，因为没有公司会在产品所有权不明的情况下投入大量资金进行研究、制造以及市场推广活动。虽然该案在加州之外并无先例拘束力，但美国其他法院也多采取了拒绝给予财产利益的观点，拒绝给予人体组织提供者以利益分享。这一案件，在美国学术界颇有争议。① 其他国家学者对该案件也多有讨论。

目前学术界对于基因科技成果利益之分享的研究主要涉及六个问题：（1）人体组织利用及其衍生利益；（2）人体组织衍生利益的私权构造；（3）个人基因信息权益的本权归属；（4）人类基因科技成果之专利化及利益分享思路；（5）人体组织提供者对基因科技成果的直接利益分享；（6）其他主体对基因科技成果的间接利益分享。每个问题都需要深入研究并做出回答。我国台湾地区学者就人类基因科技之法益保护体系、个人基因科技研究所衍生智慧财产权之归属原则等提出了自己独到的观点，而大陆学界的研究与之相比，仍囿于传统民法体系，成果相对较少，系统性、综合性研究也待加强。

（二）国际公约与国别立法概览

国际公约中，率先规定利益分享（benefit-sharing）的是1992年通过的《生物多样性公约》（the Convention on Biological Diversity，CBD），该公约已被多个国家转化为国内立法，但该公约不适用于人类遗传资源。其他如《赫尔辛基宣言》（the Declaration of Helsinki）、《国际医学组织理事会涉及人的生物医学研究国际伦理指引》（the CIOMS International Ethical Guidelines for Biomedical Research Involving Human Subjects）、《国际人类基因组组织伦理委员会关于利益分享的声明》（the HUGO Eth-

① ERIK B SEENEY. MOORE 10 years later—still trying to fill the gap：creating a personal property right in genetic material. 32 New Eng. L. Rev. 1131（1998）.

ics Committee's Statement on Benefit Sharing)、世界卫生组织和联合国教科文组织《联合国世界人类基因组与人权宣言》(UNESCO's Universal Declaration on the Human Genome and Human Rights)、《世界生物伦理与人权宣言》(Universal Declaration on Bioethics and Human Rights) 虽然为平衡有关主体之利益关系已逐渐倾向于利益分享 (benefit-sharing) 模式，但以上公约、宣言等均存在拘束力不足 (non-binding) 的问题。① 欧盟和美国涉及人体胚胎干细胞利用之立法已然先行，冰岛生物银行数据库的实践提供了这方面的反面教训。我国基因科技发展迅速，相关问题已经显现，如医生以病人作为研究对象时的伦理冲突、家族成员有无对人体组织提供的否决权、应否以及如何对人体组织提供者给予补偿等，但迄今未见典型案例，本研究希望借助于域外经验，对我国立法保障产业发展与人权提供借鉴。既有的研究应予改进：面对我国民族众多、家族化特征明显等研究有利因素，应强调研究的国际化视野与维护本民族本国权利统一；交叉研究、综合研究、多视角研究需要进一步加强。

三、主要内容

(一) 人体组织利用及衍生利益

人体组织的利用形式及领域在现代生物科技时代得到了革命性提升。人体组织及其蕴含的基因信息均具有双重利益构成，既负载了人格尊严和人性价值，又与巨大商业价值相联系。对于人体组织的利用，涉及人的主体地位和伦理价值，各国对其进行了较为严格的管制。

(二) 人体组织衍生利益的私权构造

人体组织、个人基因信息上复杂的利益结构，对传统的人格权一身专属理论、以经济利益为中心的物权支配理论皆提出了挑战。面对混合状态的利益构成，学界进行了较多探索，本书将在前人智慧的基础上继续努力，以此整合人格权法、物权法和知识产权法之间的关系。

(三) 个人基因信息权益的本权归属

在现有法律框架内，必须厘定人体组织及其蕴含的基因信息的主要利益关系，应当解决本权与他权的界分、私益与公益的协调问题。另外，个

---

① DORIS SCHROEDER, JULIE COOK LUCAS, editors. Benefit sharing-from biodiversity to human genetics. Springer, 2013: 33.

人基因信息权利保障上是一律由基因信息主体与相关利用者自由协商，还是应当保留一定范围的法律或者有关部门管制也是需要解决的问题。由于基因科技研究的特殊性，孤立的、单一的、无对照、无群体支撑的基因样本价值效用甚低，由特定人群（如长期生活在封闭环境中的家族或少数民族、多个患有共同疾病的数代人构成的家系等）所构成的基因样本群体价值甚高。相关科研必须收集一定数量的基因样本加以比对方可找到特定的基因。个人基因信息的主体很可能是有着一定血缘联系的群体，如果进一步考虑到"旁系血亲"的因素，甚至主体范围更广并且不确定，则必须对个人基因信息权利的主体范围及权利行使方式进行研究。

（四）人类基因科技成果之专利化及利益分享方式

人类基因科技成果之专利化问题，涉及两个方面：其一，人类基因科技成果能否受到专利法保护，或者在多大范围上受到保护，此为专利适格性（patent eligibility），即是否属于可专利主题（patentable subject matter）；其二，人类基因科技成果如果可以受到专利法保护，则获得保护的实质性条件是什么，即"可专利性"（patentability）如何判断。尽管基因科技成果的专利化有"发现"成为专利之嫌，但生物技术发达国家已经先行，我们应当积极研究专利授权问题，并强化对我国遗传基因资源的保护，以免沦为"生物海盗"和财产掠夺的双重对象。

关于基因科技成果的利益，应当在"利益分享"与"利益补偿"学说之间做出选择。关于分享具体模式，应以参与者之社群为分享对象，还是以参与者个人作为分享对象值得研究；而就利益分享方式而言，除了直接分享外应否有间接分享，除了金钱分享外是否有其他替代方式，仍存探讨余地。是否应当区分积极贡献与消极贡献，以此对应直接分享和间接分享，需要研究论证。

（五）人体组织提供者对基因科技成果的直接利益分享

人体组织提供者的利益分享如何划定主体范围，如何厘清基因科技研发中人体组织或个人基因信息的"贡献率"，都需要研究作答。

个人基因信息利用中利益分享的基本理论工具为"告知后同意"制度，应坚持"选择参加"（opt-in）还是"选择退出"（opt-out），坚持概括同意还是特定同意，坚持个别同意还是群体同意，也需要研究作答。

侵害人体组织提供者的"告知后同意"，在私法上应以侵权责任为后盾。但"告知后同意"应否成为独立的权利类型，应当通过精神损害赔偿还是财产损害赔偿管道实现救济，在理论和实务上看法并不一致。我国《侵权责任法》第 20 条的"三择一"损失算定模式可否适用于对"告知后同意"的保护，有无继续改进空间，也都值得深入研究。

（六）其他相关主体对基因科技成果的间接利益分享

基因科技研发中的消极贡献者是指间接地或以被动方式承担基因科技研发可能风险的主体，其利益分享的正当性需要论证。近些年，国际实践中对于基因科技成果存在一定族群、国家和国际分享问题，强制许可制度、合理使用制度被反复提及。但美国医药产业通过谈判来推行 TRIPs-Plus 规则，提高了相关利益主体进行间接利益分享的门槛，我国应当如何应对以最大限度平衡利益分享与医药专利权的保护，对此也需要加以研究与解决。

第一章　人体组织利用及衍生利益

人体组织提供者在基因科技成果中分享机制的研究，必须先从人体组织的界定以及人体组织利用形式、所衍生的利益开始。

第一节　人体组织及其利用

一、人体组织界定

（一）生理学上的人体组织

生物学上，按照从微观到宏观组成多细胞生物体的单位依次为细胞、组织、器官和系统。[①] 细胞（cell）是组成生命体（病毒和类病毒除外）结构和功能的基本单位；生理功能相似、来源相同的一类或数类细胞组合的集合体（群体）称为组织（tissue）；由不同类型的组织构成的，具有一定的形态结构和一定的生理功能，并易于区分

① 沈显生．生命科学概论．北京：科学出版社，2007：32.

的部分为器官（organ）；功能上密切联系的不同器官相互配合彼此分工形成某种连续生理功能的综合体系即构成系统（system）。① 由此，组织应是由许多形态和功能相似的细胞及细胞间质，按一定方式组成具有一定功能的结构。根据组织的一些共同的结构和技能特点，可把人体组织分为四类：上皮组织、结缔组织、肌肉组织和神经组织，以上四种组织被称为基本组织（basic tissue）。②

（二）法律上的人体组织

在法律中，人体组织的概念虽被使用，却与器官等范畴的关系并不明确。如根据美国联邦法规《用于移植的人体组织法》，人体组织是指取自人体的组织而有以下特性者：（1）为诊断、治疗、缓解、处置和预防任何状况与疾病目的而意图移植给他人；（2）以不改变组织功能和特性的方式回收、处理、储存或分配；（3）当前未被作为人用药品、生物产品或医疗设施管理；（4）排除肾、肝、心、肺和胰腺或其他有血液供应的身体器官；（5）排除精液或其他生殖组织、人奶和骨髓。③ 这一定义对生物学或者生理学定义进行了适度限缩并带有描述性。在美国，人体组织与器官被分别规范，以利于确立器官移植的规范。④ 在主要规范移植器官分配的《国家器官移植法》（National Organ Transfer Act，NOTA）中，器官是指人的肾脏、肝脏、心脏、肺脏、胰腺以及由秘书长（卫生部长）依本题

---

① 刘方．人体解剖学．3版．北京：人民卫生出版社，1998：3.

② 段相林，郭炳冉，辜清．人体组织学与解剖学．4版．北京：高等教育出版社，2006：10.

③ “Human tissue means any tissue derived from a human body，which：（1）Is intended for transplantation to another human for the diagnosis，cure，mitigation，treatment，or prevention of any condition or disease；（2）Is recovered，processed，stored，or distributed by methods that do not change tissue function or characteristics；（3）Is not currently regulated as a human drug，biological product，or medical device；（4）Excludes kidney，liver，heart，lung，pancreas，or any other vascularized human organ；and（5）Excludes semen or other reproductive tissue，human milk，and bone marrow.” Human Tissue Intended for Transplantation，58 FR 65514，65520（1993）；62 FR 40429，40444（1997）；codified at 21 CFR 1270.3（1999）.

④ 刘承庆．生物科技智慧财产权之研究——以人体组织所衍生之权利为中心．台南：成功大学硕士学位论文，2004：7－8.

274a立法目的由法规规定的其他人体器官（排除眼角膜和眼睛），还包含骨髓。[①] 而在规范尸体器官捐赠的《美国统一遗体捐赠法》（Uniform Anatomical Gift Act，UAGA）中，作为捐赠对象的人体“部分”是指人的器官、眼睛、人体组织，但不包括整个身体。[②] 各法依目的不同对人体组织、器官所定义之范围也不同，与生理学定义未尽一致，如眼睛作为视觉器官在《国家器官移植法》中被排除，骨髓作为人体组织却被包括在内。在欧盟2004/23/EC指令中，采取了描述性立法，认为组织是指由细胞形成的身体构成，而器官是指维持生物体功能的人体组织所形成的人体部分。[③] 所以，人体组织与器官并未被严格区分，人体组织的概念仅仅作为捐赠和移植对象的一般性泛称，以至在《美国统一遗体捐赠法》中干脆将捐赠的对象称为人体“部分”。

生物学上的基因是指负责遗传的一小段DNA，通过这一段DNA可以制造出各种蛋白质并进行各种反应，以完成生命过程。[④] 基因是每一种生物机体最重要的组成功能单位，作为生命的密码记录和传递着生物体的遗传信息，决定了生物体的生、老、病、死等一切生命现象。生物样本的取得在生物科技研究特别是个性化医疗的研究中被视为原材料，影响人类健康的致病基因具有多样性，生物科技研发需要取得大量生物样本作为研究材料，“人体组织”实际上就指称这些生物样本或者生物材料。在美国《生物银行（bio-bank）法》中，立法者直接使用了“生物材料”的概念：“生物材料是指典型的生物样本（包括人体组织、血液）以及有关人体组

---

① 该法于1984年由国会通过。Sec. 274b.（d）：The term “organ” means the human kidney，liver，heart，lung，pancreas，and any other human organ（other than corneas and eyes）specified by the Secretary by regulation and for purposes of section 274a of this title，such term includes bone marrow.

② 该法由美国国会1968年通过，之后于1987年和2006年进行过两次修改。Revised Uniform Anatomical Gift Act（2006），Section 2.（18）：“‘Part’ means an organ，an eye，or tissue of a human being. The term does not include the whole body.”

③ Directive 2004/23/EC Article 3.

④ 沈显生．生命科学概论．北京：科学出版社，2007：140.

织提供者临床信息的数据等”①。欧洲专利局（European Patent Office，EPO）也同样使用了生物材料一词，“指任何包括基因信息，并且能够自我复制，或是在一个生物系统内被复制的材料”②。鉴于人体组织界定的困难，我国1998年《人类遗传资源管理暂行办法》同样绕开了“人体组织”概念而以“人类遗传资源”指称包含有人体基因组和基因及其产物的所有生物材料，如器官、组织、细胞、血液、制备物、重组脱氧核糖核酸（DNA）构建体，既包括宏观的器官，又包括微观的细胞和DNA，而并不限于严格生物学意义的“人体组织”③。《中华人民共和国人类遗传资源管理条例》基本延续了这种定义方法，将人类遗传资源区分为“人类遗传资源材料”和“人类遗传资源信息”，前者是指含有人体基因组、基因等遗传物质的器官、组织、细胞等遗传材料，后者是指利用人类遗传资源材料产生的数据等信息资料。④ 笔者认同“人类遗传资源”概念所具有的包容性，但考虑到学界交流的方便，行文中仍然使用“人体组织”概念。本书中，对人体组织采纳了广义界定：包含人类基因和基因组等遗传信息的器官、组织、眼睛、骨头、血管、血液、分泌物或任何其他人类身体之一部分，如无特别指明还包括精子、卵子和受精卵（胚胎）等。

---

① These “biological materials” are typically human biospecimens, including tissue or blood, and the “data” are the clinical information pertaining to the donor of that biospecimen. LAB AUTOPEDIA. Biobank Information and Sites. [2013 - 04 - 22]. http://labautopedia. com/mw/index. php/Biobank _ information _ sites # A _ compliation _ of _ xternal _ resources _ on _ biobanks (highlighting that a biobank can also include tissues from other animals, cell and bacterial cultures, and even environmental samples).

② See Implementing Regulations to the Convention on the Grant of European Patents, Part II, Implementing Regulations to Part II of the Convention, Chapter VI, Biotechnological Inventions, Rule 23b (3). “means any material containing genetic information and capable of reproducing itself or being reproduced in a biological system.”

③ 《人类遗传资源管理暂行办法》第2条规定：“本办法所称人类遗传资源是指含有人体基因组、基因及其产物的器官、组织、细胞、血液、制备物、重组脱氧核糖核酸（DNA）构建体等遗传材料及相关的信息资料。”

④ 参见《中华人民共和国人类遗传资源管理条例》（2019年3月20日国务院第41次常务会议通过，2019年7月1日起施行）第2条之规定。

二、人体组织利用

与生物科技的发展水平紧密联系，对人体组织的利用按照时间脉络划分，可以分为古代利用、现代利用和未来利用：在古代，囿于极低的科技水准，人类对于自身组织的利用限于传统方式，如作为食材药材、制作工具或者艺术材料等等；对人体组织的现代利用，诸如器官移植、输血、人体试验、基因科技成果研发、人工生殖等；对人体组织的未来利用，诸如基因治疗等。[①] 按照利用的人体组织来源划分，可以分为对人类活体组织（离体）的利用和对尸体组织的利用。按照利用方式不同，人体组织的现代利用大致可以分为医疗利用（输血、移植、人工辅助生殖、医药等）和研究利用（实物研究、基因测序），对于人体组织提供者对基因科技成果的利益分享机制研究而言，这种分类方法较为重要，下文展开论述。

（一）医疗利用

人体组织被用于医疗并非现代才有，如传统中药材中所称的“紫河车”就是由健康产妇的胎盘制成，在中医药典中，紫河车的主治功效包括治疗妇女血气不足、神经衰弱、益精、咳喘、虚损、羸瘦等，根据中药大辞典的记载，紫河车还能够有效治疗皮肤溃疡。[②] 随着医疗技术进步，输血、人体器官或组织移植、人工辅助生殖等都涉及对人体组织的医疗利用。

1. 输血

随着人类关于血液知识的深化和医疗技术的提高，人体输血在医疗中的作用越来越重要，成为挽救病人生命的重要医疗措施。目前，成分血医疗技术得到广泛运用，血液采集机构可以按照血液成分采集以满足病患对血液成分制品（血细胞、血浆和血浆制品）的不同需要。尽管输血不属于各国器官移植法规的调整范围，但输血其实属于人体组织移植范畴。只是因其技术成熟并一般较少伦理争议无须经过个案伦理审查程序而被排除在

---

① 粟屋刚．出卖器官．董炯明，译，台北：平安文化，2002：29. 在这本书里，作者甚至认为未来可能演变成人吃人的形态，因为随着五花八门的利用方式被接受，人吃人也不是不可想象，随着人类对人体的彻底利用和商品化，待人类伦理崩塌就真正走到了人类终点，参见第 180 页。

② 王素珍．人体组织之保障与管制——财产权与人格权结合的另类思考．新北：辅仁大学硕士学位论文，2003：23.

器官移植法律法规适用范围之外，一般医疗输血只需要征得患方“告知后同意”即可实施。

2. 人体器官或组织移植

一般认为，器官移植作为一种积极的治疗措施，是将已损坏的器官取下，而以新的器官或人工仪器代替原先器官的功能，以继续维持生命或提高生存质量。① 人类首例成功的器官移植发生于 1954 年，是发生在双胞胎之间的肾脏移植，这个肾脏正常使用了 9 年；第一起尸体肾脏移植发生于 1962 年；肺脏及心脏移植也在 1967 年获得成功。② 移植医学成为 20 世纪后半叶一项重要的医学成就，不过一直到上世纪 80 年代器官移植的手术才变得比较成熟，迄今不论是在器官保存、组织配对、移植技术方面，还是在医疗器材及免疫制剂药物的研发方面，均已比较成熟，不但全球各地可以从事器官移植的医疗单位大幅增加，手术成功率也不断提升，部分器官的移植（如肝、肾等）更已成为常规手术。

器官移植法，通常将人体组织的移植排除在调整范围之外，如我国《人体器官移植条例》明示“从事人体细胞和角膜、骨髓等人体组织移植，不适用本条例”③。对于多数人体组织，不管来自医疗过程还是尸体解剖，过去多被作为病理研究材料和医疗废弃物处理，较少被移植利用。不过，也有部分人体组织的移植技术较为成熟，比如眼角膜移植，可以使罹患角膜病变、角膜营养不良的患者重见光明，骨髓移植对于白血病等血液疾病的疗效也已得到验证，前述输血也是一种特殊的人体组织移植。

器官移植中的“新器官”或“新组织”，除了少部分（如皮肤、骨骼、血管等）可取自患者本身即自体移植（autotransplantation）之外，大部分需要取自他人即同种异体移植（allotransplantation）。④ 自体移植并无

---

① 我国《人体器官移植条例》第 2 条第 2 款规定，“人体器官移植，是指摘取人体器官捐献人具有特定功能的心脏、肺脏、肝脏、肾脏或者胰腺等器官的全部或者部分，将其植入接受人身体以代替其病损器官的过程”。该条例于 2007 年 3 月 21 日国务院第 171 次常务会议通过，2007 年 5 月 1 日起施行。

② 王素珍．人体组织之保障与管制——财产权与人格权结合的另类思考．新北：辅仁大学硕士学位论文，2003：16.

③ 我国《人体器官移植条例》第 2 条第 1 款。

④ 张瑞伦．人体器官移植或重建之商品责任．新竹：“清华大学”硕士学位论文，2005：8.

伦理障碍，对于同种异体移植基于避免人体商品化、穷人被剥削等理由，各国法令一般禁止人体器官买卖，只能以捐赠的方式进行，且就活体捐赠大多规定需与受赠者具有一定亲属关系。① 为了解决器官和组织来源短缺的问题，以动物器官取代人体器官的异种移植（xenotransplantaion）以及人工器官的研发，成为医学医药界努力的方向。②

3. 人工辅助生殖

随着人工授精与体外授精技术的发展、科技的进步，我们已经可以成功地施行体外授精，纵使是罹患不孕不育症的夫妻，也可以利用别人的精子、卵子甚至子宫创造一个生命，姑且不论其所引起的伦理法律争议，只看人工授精及生育技术的进展在医学上能利用的程度，精卵及子宫已不再局限于自体的使用。

（二）研究利用

在研究方面，主要可通过干细胞研究与个人基因信息库两方面来讨论对人体组织的研究利用。

1. 干细胞研究

干细胞（stem cells）不同于普通细胞（体细胞），是一群尚未完全分化的细胞，它可以分裂增殖成另一个与本身完全相同的细胞，也可以分化成为多种特定功能的体细胞。③ 干细胞在生命体由胚胎发育到成熟个体的过程中，扮演最具关键性的角色，即使发育成熟之后，干细胞仍然普遍存在于生命体中，担负着个体的各个组织及器官的细胞更新及受伤修复等重大责任。科学家可以运用人体组织中的干细胞进行研究，发展出一系列用于治疗血液及免疫方面疾病的替代骨髓，以及基因治疗、复制疗法和抗老化等应用。干细胞按照生存阶段和来源不同，可以分为胚胎干细胞（embryonic stem cell，ESCs，简称 ES、EK 或 ESC 细胞）和成体干细胞

---

① 面临同种异体移植中器官的短缺，世界范围内对于是否开放器官交易市场有极大争议，但主流意见仍然坚持禁止买卖。我国《人体器官移植条例》第 3 条规定："任何组织或者个人不得以任何形式买卖人体器官，不得从事与买卖人体器官有关的活动。"第 10 条规定："活体器官的接受人限于活体器官捐献人的配偶、直系血亲或者三代以内旁系血亲，或者有证据证明与活体器官捐献人存在因帮扶等形成亲情关系的人员。"

② 黄丁全．医疗法律与生命伦理．修订版．北京：法律出版社，2007：299.

③ 沈显生．生命科学概论．北京：科学出版社，2007：490.

(adult stem cell，ASC)，其分化潜能也有区别。我们一般所说的胚胎干细胞，是指在早期胚胎内团细胞（当胚胎发育到16细胞胚时）中分立的胚胎干细胞，能分化成个体所有细胞类型，也称为多能性（pluripotency）干细胞，具有在体外无限增殖的能力；成体干细胞是存在于成体各种组织和器官中的具有横向分化（transdifferentiation）能力的多向潜能性（multipotential）细胞，如造血干细胞。① 目前成体干细胞虽可运用医疗方面，但是成体干细胞数量稀少、且与已分化具特定功能的细胞难以区分，欲对之分离、纯化及培养较困难，且成体干细胞的可塑性不确定，研究者欲诱导成体干细胞分化为具特定功能组织器官的技术仍存在不确定性。实践中，胚胎（受精卵）干细胞是进行干细胞研究的最佳素材，但因人类胚胎的特殊地位，该研究面临极大的伦理道德与法律争议。②

2. 个人基因信息研究

人体组织中蕴含或者携带的基因信息，是基因科技研发中的重要原材料。人类的个人基因信息是关于一个人的基因组（genome）组成、基因组内是否有缺陷基因以及缺陷基因可能导致什么疾病的信息。人体组织基因信息的利用，就是将人体组织带有的生理及病理信息加以整理分析，建立基因信息库、病理信息库等，提供给学术界、医界及药厂进行研究。个人信息的利用一般涉及收集、鉴定、保存、传递、公开、使用和反馈多个环节，对于个人基因信息而言也是如此，通过基因检测（genetic testing）可收集个人基因信息，通过遗传学方法或分子生物学方法可鉴定基因信息，基因信息可被保存、传递和公开。由于人类大部分疾病都是多重基因、或基因与环境生活方式等多重因子所共同导致，即所谓“基因型”与“表现型”，因而有学者对于个人基因信息的利用方式转型做了概括：为了研究基因与人类主要常见的一些疾病之间的关联性，传统较小样本或以某个家族为样本的研究方式往往并不理想，所以大型的“人群基因信息库”和“医疗记录数据库”成为研究基因与人类主要常见疾病之间关联性的重要工具，若再配合样本的环境及生活方式调查资料以及完整的家族家系族

① 沈显生．生命科学概论．北京：科学出版社，2007：490.

② 陈英铃．胚胎干细胞研究管制的挑战——如何避免黄禹锡事件在台湾重演．台北大学法学论丛，2008（67）.

谱资料，应该更能有效分析基因型与表现型之间的复杂关系。① “人群基因信息库”和“医疗记录数据库”的走向其实反映了大数据技术在生物科学中的运用，“大数据的核心就是预测”②，除了可协助找寻可能致病的基因之外，未来还可利用其相关研究成果来发展所谓的“预防性医疗”（preventive medicine）与“个性化医疗”（individually tailored medicine）。③ 正是对大型组织样本库的客观需求，催生了营利性与非营利性的“生物银行”（bio-bank），使得由人体组织样本利用所衍生的利益关系更为复杂。

第二节　人体组织衍生利益分析

人体组织脱离人体或者来自尸体，不再属于人体的组成部分，而成为物质的存在。作为物质存在的人体组织，本身属于有体的“物”存在，同时还负载了无体的“信息”，分别对应着实体利用和基因信息利用，而“物”与“信息”又都承载着人格利益和一定的“财产”利益。

一、人体组织蕴含的利益

人体组织蕴含之利益，既有人格利益，又有“物”的利益。

（一）人格利益

1. 人类尊严

有学者认为，人体组织蕴含的人格利益体现为“人类尊严”，“是人类集体之尊严，乃是尊重人类之有别于动物和其他物”④。不同类之人体组织，如活人体、尸体、与人体分离之组织以及对人体组织加以培育所衍生

① 刘宏恩．冰岛设立全面医疗及基因资料库之法律政策评析．台北大学法学论丛，2004（54）．

② 迈尔—舍恩伯格，库克耶．大数据时代．盛杨燕，周涛，译．杭州：浙江人民出版社，2013：16．

③ 宋思扬，楼士林．生物技术概论．北京：科学出版社，2007：51．

④ 邱雯惠．谱出生物科技法之妙音美律——生物科技法学方法之理论与实践．台北：元照出版公司，2011：268，302．

之物，其上面的人类尊严要素强度并不相同，所以对于人体组织提供者而言其可以利用处分的程度、人体组织的可流通性以及管制的宽严也有不同。

“人类尊严为具消极性限制因素之权利”①，体现了公共利益。越接近于人类尊严价值，对于人体组织提供者个体的人格利益管制越加严格，越要从公共利益出发限制甚至禁止该人体组织被商品化、转让。各国在器官移植法规中多直接规定，以移植为目的摘取的器官原则上禁止买卖而只能采取捐献形式，但相关的禁止买卖的规范法规中，也经常会有排除条款，譬如认为经过人类技术性加工过的成品，则不在禁止买卖的适用范围内，实际案例上的法院见解，则提出具有再生性的人体组织，或没有具体再植回自己或他人人体计划的人体组织，可能具有财产权的性质。②

2. 个人尊严

如果说人体组织“人类尊严”价值取向体现了消极限制因素或者管制，即“不得为”，那么“个人尊严”价值则赋予了人体组织提供者自主决定权，即人体组织的提供者对自身的人体组织有权决定被取得、保存、处理、利用和跨境流动等。对自己身体的处理有自主权，对一个人的心理发展和健康是很重要的，因为这是建立个人身份与体现自我价值的一种方式。在私法制度构造上，“个人尊严”主要借助于对人体组织提供者的“告知后同意”制度实现，只有严格贯彻此项制度，才能确保对人体组织的取得、保存、处理、利用和跨境流动具有正当性。

(二)“物”的利益

民法上的“物”，“通说认为系指除人之身体外，凡能为人力所支配，具有独立性，能满足人类社会生活需要的有体物和自然力”③。尽管对人体组织属于“物质”并无异议，但对于脱离人体的组织是否属于法律上

---

① 邱奕惠．谱出生物科技法之妙音美律——生物科技法学方法之理论与实践．台北：元照出版公司，2011：271.

② 譬如，英国于 2004 年 Human Tissue Act（Art. 32（8）and（9））中明文排除该法适用范围不及于“运用人类技术而成为财产权客体的人体组织”，即此类的人体组织不受该法的规范，自然可以成为市场上的商品。参见 http：//www. opsi. gov. uk/acts/acts2004/ukpga _ 20040030 _ en _ 1.

③ 王泽鉴．民法物权．2 版．北京：北京大学出版社，2010：42.

“物”的范畴，理论界存有不同看法。① 在人体组织的利用上，器官或组织移植为主要方式，但对于其应否具财产价值，各国做法也不一致。

我国2007年颁布的《人体器官移植条例》将死后器官捐赠与活体捐赠一体规范，规定提供移植的器官应当以无偿捐赠方式进行。② 美国以《国家器官移植法》（National Organ Transfer Act，NOTA）第301条、新的《统一遗体捐赠法》（Uniform Anatomical Gift Act，UAGA）立法禁止死者之器官买卖。法国于其民法上的规定，完全排除了人体组织作为财产权客体之可能，并规定以人体组织作为客体之财产性价值协议应当认定为无效，其对于人体组织的管制程度最为严格。③ 但也不可否认，一些人体组织的商品市场从来都存在。如有学者认为，美国的一些人体组织库的规则中使用这些人体组织，必须支付名义上的“处理费”，其实就是使用价格，这些人体组织物虽未具有商品之形式，但是却可以将之认为已具有实质商品之意义。④ 根据英国2004年《人体组织法》（Human Tissue Act）第32条第6款，准许用商业基础计算人体组织的运输、摘取、准备、保存储藏费用的许可条项，如将之解释为使用价格，则可属于人体组织市场存在及人体组织财产权实际被运用的明证。在日本，一些人体组织物和其加工物有明确的合法交易价格，已是名副其实的人体组织“商品”，此外血浆、血清、血球成分、血清成分等血液制剂也是商品。因此，特殊管制下的一定人体组织商品市场之存在已是不争之事实。

如前所述，即使人体器官和组织原则上禁止买卖，也经常规定有排除条款。有学者据此归纳总结人体组织可被商品化的原则是：（1）以移植为目的所摘取之器官，多被禁止买卖交易；（2）摘出后之人体组织经过加工程度越高，越容易被承认其可交易；（3）人体组织摘除后人体越具有该组织之再生可能性者，越容易被承认其可交易；（4）越是维持生命所不需要

① 李锡鹤．民法“物格”说引起的思考．法学，2010（8）．

② 参见我国《人体器官移植条例》第3条、第7～10条。

③ 法国民法典第16-1条：“任何人均享有身体受到尊重的权利。人之身体不得侵犯。人体、人体各组成部分及人体所生之物，不得作为财产权利之标的”。第16-5条：“任何赋予人体、人体各部分以及人体所生之物以财产性价值的协议，均无效”。法国民法典．罗结珍，译．北京：中国法制出版社，1999：5.

④ 邱雯惠．人体组织及其衍生物在民法上之权利结构．台北：东吴大学博士学位论文，2009：178.

之人体组织，越可能具有财产权性质。[①]

二、基因信息负载的利益

（一）人格利益

1. 人类尊严与个人尊严

目前个人基因信息需要从人体组织中获取，这些组织包括血液、组织细胞、器官、皮肤、毛发甚至整个身体（尸体），以上人体组织可被称为"人类遗传资源"[②]。基因具有生命预测性、身份辨识性和永久保持性，构成一个人的绝对隐私。一旦基因信息泄露，将导致个人的未来生活部分或全部地暴露在公众面前，使其丧失私人生活的私密性。特别是每个人的基因表达的基因信息具有差别性，有的人存在先天的基因缺陷，携带有病变基因，或存在后天的易突变基因，直接反映了一个人的疾病史和身体状况，更是预示着将来的健康情况，一旦这类基因信息被曝光会使基因携带者遭受社会的"基因歧视"（就业、保险、教育、婚姻等），有时甚至会连累他们的近亲属承受社会不公正的待遇并遭受精神痛苦。由是观之，基因信息不仅仅是个人隐私，其关涉人格价值与人性自由尊严，有时对特定族群成员利益有较大影响。但是与人体组织相比，基因信息负载的人格利益中"人类尊严"的成分较少，由于"人类尊严为具消极性限制因素之权利"[③]，对于个人信息的收集、处理、利用等国家的管制较少；基因信息更多体现"个人尊严"，其收集、处理、利用等更多通过人体组织提供者的"自主决定权"得到保护。

2. 隐私与敏感个人信息

对基因信息的保护，两大法系的立法体例有异。美国主要通过"隐私权"的保护实现，美国宪法第四修正案保护公民免受无理侵扰，第十四修

---

① 邱雯惠．人体组织及其衍生物在民法上之权利结构．台北：东吴大学博士学位论文，2009：184.

② 参见我国《中华人民共和国人类遗传资源管理条例》第2条。

③ 邱雯惠．谱出生物科技法之妙音美律——生物科技法学方法之理论与实践．台北：元照出版公司，2011：271.

正案保护公民免受非法侵害，都曾被法院援引作为隐私权保护的依据。① 在美国联邦立法方面，对一般隐私的保护主要通过《1974 年隐私法》（The Privacy Act of 1974）和《1986 年电子通讯隐私法》（Electronic Communication Privacy Act of 1986），对于基因隐私的保护可以见于健康与人类事务部（Department of Health and Human Services，HHS）在《1996 年健康保险携带性与责任法案》（Health Insurance Portability and Accountability Act of 1996）授权下于 2003 年发布的《隐私规则》（HIPAA Privacy Rule）。该隐私规则主要借助界定个人健康信息可以被使用、披露的情况，实现个人隐私利益与政府、医疗机构和公众利益的平衡，基因信息被列入受保护的健康信息（protected health information），受到一体保护。② 另外，2008 年通过的《2008 年基因信息反歧视法》（Genetic Information Nondiscrimination Act of 2008，GINA）以禁止雇主、健康保险机构基于基因风险对个人歧视为宗旨，规定保险业不得收集、处理、使用和披露基因信息，雇主原则上亦不得询问、取得、购买个人或家庭基因信息。③ 这是美国关于个人基因信息保护和防止基因歧视的第一部专门立法。

欧盟各国曾以《欧洲议会和欧盟理事会 1995 年 10 月 24 日关于涉及个人信息处理的个人保护以及此类数据自由流动的指令》（95/46/EC）为指导制定自己国家的个人信息保护法，将基因信息作为“敏感个人信息”看待。个人信息在有关国际组织或国家、地区立法上有不同称谓，包括“个人数据”“个人信息”“信息隐私”和“个人资料”等，但诚如学者所指出，以上称谓之间的区分并不明显，名称选用更多地是出于“接轨”的考虑。④ 除非引文必要，本书一律称个人信息。将个人信息划分为一般个人信息与敏感个人信息（特殊信息、特殊数据）是欧盟及其所属各国的立法特色。2016 年 4 月 14 日通过的《通用数据保护条例》（General Data

---

① 前者如 *Schmerber* v. *California*，384 U. S. 757（1966）和 *Maryland* v. *Buie*，494 U. S. 325（1990），后者如 *Griswold* v. *Connecticut*，381 U. S. 479（1965）。

② Office for Civil Rights. OCR Privacy Brief Summary of the HIPAA Privacy Rule（2003）1. http：//www. hhs. gov/ocr/hipaa/privacy. html.

③ [2012-03-16]. http：//www. genome. gov/24519851.

④ 张新宝．中国个人数据保护立法的现状与展望．中国法律，2007（3）.

Protection Regulation，GDPR）正式取代了数据保护指令 95/46/EC，不过 GDPR 延续了 95/46/EC 对一般个人信息与特殊个人信息（special categories of data）的区分。① 特殊个人信息，又称为敏感个人信息（sensitive categories of data），是被认为具有特殊风险，从而通常受到特殊保护的个人信息；一般个人信息（琐细个人信息，trivial categories of data）是指除上述敏感信息之外的其他信息。② 敏感隐私信息外延极具本土化色彩，应与各自文化传统、社会普遍价值观、法律传统、风俗习惯相适应，还应考虑现代科技发展水平。基因信息关涉个人、家庭、家族生命、健康的大致图谱，其利用可能遭致"基因歧视"，所以应属于"敏感个人信息"③。

我国《侵权责任法》第 2 条首次在立法上列举了"隐私权"，按照立法机构官员的界定，隐私权是指自然人享有的对其个人的、与公共利益无关的个人信息、私人活动和私有领域进行支配的人格权。隐私权主要包括四项基本权能：（1）隐私隐瞒权；（2）隐私利用权；（3）隐私维护权；

---

① 经过四年的准备和辩论，GDPR 于 2016 年 4 月 14 日得到欧盟议会的最终批准，GDPR 取代了 95/46 / EC，旨在协调整个欧洲的数据隐私法，以保护和授权所有欧盟公民的数据隐私，并重塑整个地区组织的方式来处理数据。《条例》正式适用日期应为 2018 年 5 月 25 日，届时不遵守该条例者将面临重罚。这个条例内容预示着个人数据保护管理被提到了前所未有的高度，不过有人担心条例因为不认可任何形式的"缺省同意"，对企业基于大数据的业务创新，可能成为一道沉重枷锁。详细内容参见[2017-05-01]. http：//www. eugdpr. org/.

② 例如 1998 年《英国个人信息保护法》第 2 条规定："在本法中，敏感个人信息是指包括涉及下述事项的个人信息：（a）信息主体所属的种族或民族；（b）其政治观点；（c）其宗教信仰或具有相同性质的其他信仰；（d）其是否为工会的成员（按照《1992 年工会和劳资关系法》所规定的含义）；（e）其身体或精神健康的状况；（f）其性生活；（g）其所犯的或被指控的罪行；（h）关于其所犯罪行或被指控的罪行的诉讼，上述诉讼的结果或上述诉讼中法院的判决。"

③ 《国际人类基因数据宣言》（International Declaration on Human Genetic Data）前言中承认："人类基因数据因其敏感性而具有特殊地位，因为该资料除能预示个人基因之外，并且可能对其家庭及其后几代人，有时甚至对相关群体产生重大影响，应充分重视人类基因数据的敏感性，并制定相适应的措施保护这些数据和生物标本"。2012 年欧盟启动新的《通用数据保护条例》取代 95/46/EC 的工作，条例旨在加强网络隐私信息和推动欧洲数字化经济发展。条例将基因信息列入特殊类型的数据之中，给予特别保护。See General Data Protection Regulation，Article 9. http：//ec. europa. eu/justice/newsroom/data-protection/news/120125 _ en. htm，*Brussels*，25 *January* 2012.

(4) 隐私支配权。① 对于基因信息的隐私或者敏感个人信息定性，在我国理论界并不存在多少争议。隐私权包括隐私支配权，属于隐私权积极权能，是指自然人对于自己隐私有权按照自己的意愿进行支配，许可他人介入或利用。国际上，1995 年 9 月，世界医师会总会通过《关于患者权利修正的里斯本宣言》，在“自己决定权”原则中增加了“患者有拒绝参加医学研究或医学教育的权利”。人类基因组组织伦理委员会 2000 年发布的《关于利益分享之声明》、联合国教科文组织 2003 年发布的《国际人类基因数据宣言》和 2005 年发布的《世界生物伦理与人权宣言》，以及 2003 年世界卫生组织报告《基因数据库：利益利用及其对人类及专利权之冲击》，皆强调无论是由公共机构或是私人机构所进行的个人基因信息、蛋白质体信息或生物样本的搜集，及其后的处理、使用和保存，均应事先取得当事人在不受到经济利益或其他利益加以引诱的情况下所为之“告知后同意”，实际间接认为相关研究中应当向参与者揭示并告知其研究利益。由于基因信息主体对于自己的个人信息不仅有要求保密的权利，更有利用和支配权，这一点构成了基因科技研究取得素材的正当性基础。

(二) 财产利益

应否承认基因信息负载财产利益，国外论者有不同意见。② 但由于对生物科技研究发展促进的最大诱因就在于与人体分离的组织或器官当中所蕴含的基因信息，生物科技产业将大量的人力、物力投入于基因信息和产品的研发中，再把该基因技术成果通过交易市场的运作（主要是专利权制度）来获取庞大的商业利益，而该商业利益可能远远超过人体组织本身所具备的商业价值。因此，基因信息衍生科技成果的可交易化，通过专利市场运作可能产生经济上之利益，亦即带有市场价格的特性，这就使得基因信息呈现财产性特征。

基因生物科技的研究重心转至研究每个基因的位置及其作用后，未来

① 王胜明．中华人民共和国侵权责任法解读．北京：中国法制出版社，2010：8，307－308.

② 支持的一方如 GITTER D M. Ownership of human tissue：a proposal for federal recognition of human tissue participants' property rights in their biological materials. 61 Wash. & Lee L. Rev. 257，340（2004）. 反对一方如 ANDREW WANCATA, Note. No value for a pound of flesh：extending market-inalienability of the human body. 18 J. L. & Health 199（2003）.

生物技术产业之发展，将走向以构造生命学（structural biology）为中心，潜力巨大的关键生物技术如传染病分子诊断技术、重组疫苗技术、药物和疫苗的输送技术、病原体基因组测序术、有效防御性传播疾病的新技术、可用于识别药物靶标等的生物信息技术、可降低激素和干扰素等治疗性蛋白质成本的转基因技术，可有效促进新药研制开发的组合化学技术等。①基因工程、组织工程、干细胞工程、基因芯片、基因治疗，基因科技的发展可能带动整个生物科技产业，潜藏巨大商业价值。

所以，谁掌握控制了人体组织中所蕴含的基因信息，就意味着掌握了通往现代生物科技产业大门的钥匙，通过管控基因信息，最终实现对相关生物科技产业及其产品发展可能涉及的商业利益的控制。正如有学者所指出："市场的存在与有效运作，必须以所交换对象的产权归属确定同时亦可商品化（commercialization）为前提，否则非常容易产生市场失灵（market failure）的现象，而无法达成原先提供最适发展基因科技的经济诱因的制度目的。如此一来，问题又回归到原点，究竟'谁'才该'拥有'基因（Who owns genes）?"②

小　　结

人体组织是包含人类基因和基因组等遗传信息的器官、组织、眼睛、骨头、血管、血液、分泌物或任何其他人类身体之一部分。生理学上的人体组织与法律上的人体组织范畴并不完全一致。生物科技的发展，对人体组织的传统利用从 18 世纪的解剖到 20 世纪的器官移植，再到现代基因信息利用，既有人格利益，又有"物"的利益。人体组织和基因信息成为现代生物科技研发的重要原材料，谁掌握控制了人体组织中所蕴含的基因信息，就意味着掌握了通往现代生物科技产业大门的钥匙。

---

① 沈显生．生命科学概论．北京：科学出版社，2007：497.

② 张文贞．从基因信息与基因市场的面向来分析（III）．台北：我国台湾地区"科学委员会"专题研究计划成果报告（公开查询），2005：7.

第二章 人体组织衍生利益的私权构造

人体组织、个人基因信息上复杂的利益结构，对传统的人格权一身专属理论、以经济利益为中心的物权支配理论皆提出了挑战，面对混合状态的利益构成，各国学者对于人体组织衍生利益的私权构造困境的解决和范式创新孜孜以求，但终究隔靴搔痒难以彻底解决困境。为了维护既有私权理论和制度自洽性，必须破解理论和制度设计上的困境。

第一节 人体组织衍生利益私权构造理论困境及探索

一、物权、人格权的二元划分及面对人体组织之理论困境

（一）人格权、物权的二元划分

按照经典权利理论，人是主体，被作为一个整体而与外部世界发生关系，“有能力承担加于他的行为”，是人格权的载体；人之外的物构成

客体，“是意志自由活动的对象”①，属于物权的载体。尽管有学者指出，只有权利才是沟通主体与主体之外客体的手段，主体对于指向自身利益的保护应当属于“人之本体的保护”。不过考虑到“权利的保护”、“人之本体的保护”在方法上的同质性，并经某些人格要素商品化浪潮的荡涤，“人之本体的保护”消极权能之外也产生自主性等积极权能，所以将“权利的保护”与“人之本体的保护”一体处理应是我国立法的选择。② 这样一来，以人身整体为界限，人与外物的关系被二元区分为“主体”和“客体”，主要按照“人格权”和“物权”加以保护。

1. 人格权

“人格权者，乃存在于权利人自己人格之权利，申言之，即吾人于其人格之不可分离的关系上所享有之社会利益，而受法律保护者也。例如生命、身体、自由、贞操、名誉、肖像、姓名等权利均属之，此等权利为构成人格之要素，总称为‘人格权’”③。经典私权理论中，“一个人可以是他自己的主人，但并不是他自己的所有者，他不能任意处理自己，更不用说对他人有这种关系的可能了，因为他要对在他自身中的人性负责”④。人格权具有一身专属性，只能为特定的权利人所享有，不能与权利主体相分离，这也是人格权与财产权的重要区别，由专属性出发可以衍生出不可抛弃、不可转让并不可继承的性质。⑤ 作为仅含消极性权能的权利结构，即使主体也不享有自主性，其运作由“不可让与规则”调整。

2. 物权

物权是指主体对作为客体的物占有、使用、收益、处分的支配权，而物是人体以外，人类所能支配并具有经济价值的有体物或自然力。主体为了自我实现，必须依靠外界的物质。因此，就产生了管理、控制和支配“人之外”物质之需要，在 18、19 世纪之自由法治主义下，所有权是一种天赋之神圣不可侵犯之权利，基于这种概念之所有权，是指对物具有使

---

① 康德．法的形而上学原理——权利的科学．沈叔平，译．北京：商务印书馆，2001：26.

② 马俊驹，张翔．人格权的理论基础及其立法体例．法学研究，2004（6）.

③ 郑玉波．民法总则．10 版．黄宗乐，修订．台北：三民书局，2007：101.

④ 同① 87.

⑤ 陈民．论人格权//郑玉波．民法总则论文选辑：上．台北：五南图书出版公司，1984.

用、收益、处分自由之支配权，其依民法之规定，在私法上具有对世性，并具有可以对抗国家权利之自由权意义。及至20世纪权利社会本位观念的兴起，强调所有权负有社会义务，私有所有权机能发生显著变化“表现出对于私有财产权之公权力规制的增加与常态化，随着社会、经济与环境之变迁，财产权负有社会义务性之概念更加重要，同时所有权的概念已不限于土地，逐渐扩张至一切具有财产价值之权利，故在法制及学说上又形成较所有权概念更为广泛之财产权概念”①。在英美法系，并无“物权”而只有“财产权”概念。但在两大法系，无论是“物权”还是“财产权”观念，实际都是指称作为主体的“人”对自身之外的物质生存条件的一种支配，体现主体的自主性和自由性。

3. 综合性权利

人格权攸关人类尊严价值，由法律牢牢看守，其具有的一身专属性与消极权能联系，即使权利主体自己也不得为支配；以物权为典型的财产权与人类尊严价值和主体性无关，尽管有“无财产则无人格”之说②，但这种说法更多表彰财产于人格自由和发展的重要意义，所有权是人类自我发展的条件，在自由的限度内，主体有“权利”占有、使用、收益并处分“外在于自身的物质条件”，体现支配关系和自由价值。随着社会发展产生了一些综合性权利，这些权利的特点表现为，其内容既包含人身利益又包含财产利益，其专属性并非十分强烈，如知识产权、继承权和成员权。③不过，也有学者认为以上权利都属于财产权，“财产权乃以财产上利益为标的之权利，称为财产权，通常可与权利主体之人格或地位分离，原则上人格权及身份权以外的其他权利，均可归类为财产权。财产权的所谓‘财产利益’，不一定具有经济价值，具有精神、文化或纪念价值者，如私人照片，录像带、论文稿件等，也得为财产权的标的”④。

---

① 李俊贤．“我国宪法”上财产权之研究——从“大法官”会议解释析论之．台北：台湾大学硕士学位论文，1996：24-25.

② 尹田．无财产即无人格——法国民法上广义财产理论的现代启示．法学家，2004（2）；尹田．再论“无财产即无人格”．法学，2005（2）.

③ 王利明．民法总则研究．2版．北京：中国人民大学出版社，2012：425-426.

④ 陈守煌．非财产上损害赔偿之研究．台北：台湾中国文化大学硕士学位论文，1987：7-12.

（二）面对人体组织时的范式失灵与理论困境

1. 范式失灵

对人体组织的利用涉及人类尊严，与人格、人格权观念相联系。因此，对人体组织相关法律和伦理问题的讨论，需要借助于人格和人格权理论，人体组织不能成为一般的“物”。同时，与人体相分离的组织不再属于人体组成部分，在物理形态上属于物质范畴（有体性），有可能被用作移植和制品原料，也可能在研究中被视为人类遗传物质用于个人基因信息的获取（有用性），毕竟生物医学研究对人体组织数据库的大量需求导致了供给不足（有限性）。特别是在人体器官移植、基因诊断、基因治疗等医疗操作越来越常规的背景下，人体的器官和组织以及其蕴含的基因信息获得了外在性和独立价值，被作为“物”进行利用。如此一来与人体分离的组织如何定性，在现行私权体系中权利主体、权利客体二分对应人格权、物权的二分，与人体分离的组织究竟应当属于物权（财产权）还是人格权，有无第三种权利定性可能？既有的经典私权理论范式失灵，也导致理论困境。

2. 理论困境

第一，如果严守现行的私法体系，将人体组织定性为权利客体（物），按照财产规则加以支配，可能挑战人类尊严等人作为类的伦理价值和底线，增加国家管制成本，因此须适用不可让与规则。将单纯的财产规则适用于人体组织利用，也会滋生富者对穷人的“剥削”，并可能因生命健康信息的市场取用缺乏管制而令基因歧视大行其道。面对人体组织利用，物权或财产权理论显然不敷使用。

第二，如果将人体组织定性为权利主体（人格），严格依循康德“人不能任意处理自己”的禁令，无视研发机构利用人体组织作为“生命信息”所获得的基因科技成果以及获得的巨额商业利益，“掩耳盗铃”只会纵容优势资本与知识对人体的剥削、压榨和优势控制，尊奉人格至上反而贬损人格。面对人体组织利用，人格权理论照样不合时宜、捉襟见肘。

第三，人体组织隐含基因信息，但毕竟已与人体分离，能否将人体组织和包含的基因信息相等同，基因信息与人体组织定性是否一致也颇有疑问。因为研发机构使用的人体组织很多来自医疗废物，其能否以物权“抛弃”理论既否定针对人体组织的利益主张，也否定针对基因信息的主张？美国 Moore 案中，多数意见即以此为据驳回了病人对于基因信息以及衍生科技成果的利益主张，并引发争议。①

面临理论困境，实践中各国往往在“人格权”和“财产权”之间寻求平衡，采纳洛克“每人对他自己的人身享有一种所有权”的主张②，规定人体器官、组织、基因等身体组成部分只可作为可捐赠（donate）的“礼物”（gift）而不能作为可买卖（trade）的“商品”（commodity）。③ 但正如学者所指出，要求供体遵守“利他”的美德无偿奉献，却允许饕餮的研发机构和商业公司以“知识产权”为利器尽揽其利，是否显失公平？④ 而且，如此处理可能会打击人体组织提供者的积极性，反过来造成“原材料”不足影响生物科技研发的可持续性。⑤ 不过这种妥协折中可能正是理论困境的解决出路，学界也正是在这条道路上进行了不同形式的探索。

二、对人体组织和个人基因信息定性的理论探索

面对人体组织利用对于传统主体和客体、人格权和物权二分的理论范式提出的挑战，学界试图通过折中来维护理论体系的完满性和自洽性，但对于人体组织中蕴含的基因信息，在定性时应当一体认定还是分别进行，看法并不一致；单就人体组织或者基因信息而言，看法也差异较大。

（一）对人体组织的私法定性

1. 德国“人格权续存说”与美国“隐私权说”

德国理论界“人格权续存说”观点认为，与人体分离的组织并未改变原先存在的人格权结构，亦即原来活人身体上的人格权要素依然存在于与其分离的人体组织上，原则上应属于人格权之范畴。但可能例外存在“法律上瞬间”而视为物权范畴的情形：当人体组织上具有“原承载该组织之

① See *Moore* v. *Regents of the University of California*, 51 Cal. 3d 120 (1990).

② 洛克．政府论：下篇．叶启芳，瞿菊农，译．北京：商务印书馆，1964：19. 不过，虽然洛克用了所有权字眼，但他对于个人拥有自己身体的观念显然并没有到达完整的所有权层次。相关述评参见 RADHIKA RAO. Property, privacy, and the human body. 80 B. U. L. Rev. 368 - 369, April, 2000.

③ GARY E MARCHANT. Property rights and benefit—sharing for DNA donors?. Jurimetrics, 2005, Winter. pp. 159 - 164.

④ 刘红臻．人体基因财产权研究——“人格性财产权”的证成与施用．法制与社会发展，2010 (2).

⑤ 邱格屏．人类基因的权利研究．北京：法律出版社，2009：142.

人”的一种个人或私人目的时，譬如愿意将人体器官或组织捐赠给某特定人作为移植之用，该与人体分离之组织上应存在“原承载该组织之人”的人格权，以便贯彻其捐赠于特定人之人格意志，直到移植入他人体内为止，此时人格权续存说依然适用；但当“原承载该组织之人”只是出让其人体组织给器官银行、细胞或血液银行等供作冷冻保存，而不再存有任何个人利益或意志时，即必须短暂地适用物权理论，此时可例外地承认“法律上瞬间”内“原承载该组织之人”享有财产权以便将其转移给他人。[①]对于自然人的尸体，也可适用所谓“人格权残存说”，认为死者生前对自己身体享有的权利仍有所残留，并继续存在于其尸体之上，故尸体非物，不得为所有权的客体，仍应受到一般人格权的保护，并由死者继承人或其指定的人来执行这种保护。[②] 尸体的“人格权残存说”与离体组织的“人格权续存说”含义相仿，本书一并评价。

长期以来美国判例均不承认与人体分离的组织具有财产权性质。[③] 在Moore案中，加州最高法院判决多数意见即指出，“人体组织、可移植的器官、血液、胎儿、腺体以及尸体等人的生物性部分当作是自成一类的特殊对象（object sui generis），而不适用有关管理动产的一般法律原则。法院往往正是用这些专门的成文法，而非强占责任的普通法规则来处理由人的生物性部分所引起的争议”[④]。在其他案例中也有间接涉及人体组织地位的论述，如Davis v. Davis案中，田纳西州最高法院处理了涉及冷冻受精卵的监护争议，原告Junior Lewis Davis和被告Mary Sue Davis经历了几次失败的人工辅助生殖技术，他们冰冻了一些受精卵供以后继续进行该技术之用。不过在决定继续进行尝试之前他们离婚了，围绕这些冰冻受精卵的监护权或管理权产生争议。法院参考了美国生育协会对生殖细胞不同发育阶段的讨论，该讨论涉及了关于受精卵或胚胎的三种不同观点，即受精卵或胚胎是“人”，是“一般财产”还是“比一般人体组织应受更多尊

---

① Hans Forkel, Verfügungen über Teile des menschlichen Körper-Ein Beitrag zur zivilrechtlichen Erfassung von Transplantation, JZ 593, 595 ff. (1974). 转引自邱雯惠. 人体组织及其衍生物在民法上之权利结构. 台北：东吴大学博士学位论文，2009：62.

② 施瓦布. 民法导论. 郑冲，译. 北京：法律出版社，2006：95.

③ ARNOLD O and GINNOW. 73 CJS Property §14 Human Body, Parts, and Products (1983).

④ See *Moore* v. *Regents of University of California*, 51 Cal. 3d 120 (1990).

重但又不及人的地位”？法院最终采纳第三种观点，即因能够发育成人而应受到特别尊重的“中间过渡范畴”，原、被告不享有真正的财产利益，而是一种应受法律限制的共同决定如何处理的权利。① 同样是与人体分离的组织，Hecht v. Superior Court 案法院却例外地认为，由于死者以遗嘱方式将其生前冷冻储存的精子赠与其同居女友并同意其使用该精子受孕，因而该冷冻储存精子对于死者而言具有利益（interest），故得视为其“财产”（property），不过是一种“独特之财产”（unique type of property）。② 然而以上案例实际上并未触及一般人体组织定性判断，美国判例中对于一般人体组织物权性质之态度基本还停留在“非财产”阶段，提供组织之人享有“自主决定权”（decision-making process），应当属于隐私权（privacy）范畴。③

在我国也发生一起类似美国 Davis v. Davis 案的案件：江苏宜兴一对双独夫妇因不孕不育到南京鼓楼医院开展人工辅助生殖技术，存 4 枚冷冻胚胎备用，后二人因车祸身亡。丈夫的父母将妻子的父母诉至法院要求“监护”该 4 枚胚胎，一审判决驳回原告的诉讼请求，原告不服提起上诉。经过二审，无锡中院对冷冻胚胎案做出终审判决：由原、被告共同“监管和处置”该 4 枚冷冻胚胎。④ 一审法院以冷冻胚胎属于“医疗废弃物”驳回原告诉讼请求，显然采取了“物权说”，但二审法院将体外胚胎认定为“物与人之间的过渡存在”，原、被告既不能“监护”（视为“人”）也不能“处分”（视为“物”），而是特别创造了“监管和处置”概念，与 Davis v. Davis 案的裁判思路一致。

2. “物权（财产）说”

在德国，“动产说”或“特殊物说”为通说。“随着输血和器官移植行

---

① *Davis* v. *Davis*，842 S. W. 2d 588（Tenn. 1992）.

② *Hecht* v. *Superior Court*，16 Cal. App. 4th 836，20 Cal. Rptr. 2d 275（2d Dist. 1993）.

③ ERIK B SEENEY. Moore 10 years later—still trying to fill the gap：creating a personal property right in genetic material. 32 New Eng. L. Rev. 1131（1998）.

④ 参见：江苏省宜兴市人民法院（2013）宜民初字第 2729 号民事判决书，江苏省无锡市中级人民法院（2014）无锡民终字第 1235 号民事判决书。案例分析可以参见：张圣斌，范莉，庄绪龙．人体冷冻胚胎监管、处置权归属的认识．法律适用，2014（11）.

为越来越重要……现在必须承认献出的血以及取出的、可用于移植的器官为物。这些东西可以成为所有权的客体，而且首先是提供这些东西的活人的所有物。对于这些东西的所有权移转，只能适用有关动产所有权移转的规则……当然，一旦这些东西被移植入他人的身体中去，它们就重新失去了物的性质”①。对于人体组织从“人格权”向“物权（动产）”的转换理论，有所谓“紧密关系之松弛说”“先占说”。依照“紧密关系之松弛说”，在与人体分离之前，人体组织是人体的组成部分，人格权与其承载物即人体之间具有紧密关系，待分离之后，这种紧密关系松弛，换言之，人体组织与人体之间的关系紧密时为人格权，松弛时为财产权。依照“先占说”，人体组织分离后为无主物，不会自动成为“承载该组织之人”的财产，只有经过其先占后才可以，在其抛弃先占权利后，第三人才可依先占取得所有权。② “动产说”并不认可人体组织的流通性，认为应当属于“禁止流通物”，因而该说也可被称为“特殊物说”。对于尸体，同样具有禁止流通的性质，也被视为“特殊物”。

在我国台湾地区，“物权说”也是通说。如学者王伯琦认为：“身体之部分未与身体分离前，为人身之部分，固亦不能为权利之客体，如其与身体分离而得为吾人所支配者，亦得成为权利之客体。如血、长发等与身体分离后，亦得称之谓物。至于其分离之情形，不得违反公序良俗，乃属另一问题，与其是否为物之概念无关……”③ 林诚二认为，“人身之一部与身体脱离者，已非身体之一部分，而为法律上之物，得为交易之客体……有关人类干细胞和胚胎脱离人体（为着床）……或可将之视为物，但其处分权应立法加以限制，方为得当”④。这种学说在日本学界和司法界也是通说。⑤

3. “兼具说”（“逻辑与”）

人体组织定性的“兼具说”，试图在同时承认人格性和财产性的基础

---

① 梅迪库斯．德国民法总论．邵建东，译．北京：法律出版社，2000：876.

② Hermann Schünemann，Die Recht am menschlichen Körper，63 Fn. 4（1985）. Rainer Kallmann，Rechtsprobleme der Organtransplantation-Straf-und zivilrechtliche Erwägungen，FamRZ 572 ff.，577（1969）. 转引自邱雯惠．人体组织及其衍生物在民法上之权利结构．台北：东吴大学博士学位论文，2009：64.

③ 王伯琦．民法总则．台北：自版，1963：105.

④ 林诚二．民法总则：上．北京：法律出版社，2008：257.

⑤ 我妻荣．新订民法总则．于敏，等译．北京：中国法制出版社，2008：202.

上，构造一个兼收并蓄的概念予以指称，多以物权保护为根据、以人格权保护为补充。

在德国有“重叠说”和“修正物权说”。“重叠说”认为“活人体”同时具有人格权与财产权性质，财产权又完全被人格权所覆盖，人体组织与人体分离的过程会去除人格权之属性，而只留下财产权属性，但这一过程并不随着分离而自然完成，必须“原承载该组织之人”于组织分离之时表示放弃人格权才可以，否则人体组织依然还有人格权属性。“修正物权说”与“重叠说”结论一致，不过认为当人体组织与人体分离之时，人格权要素并不受到抑制或排除，而是与财产权同时并存于自人体分离之组织上；这种人格权，被视为德国民法第 903 条所称的构成财产权限制的“值得保护之第三人权利”（schützenwertes Recht Dtitter）。①

在我国，有“人格物说”和“物格说”等学说。前说认为“人格物”首先是物，是含有人格利益的物；人格物所展现的人格利益主要体现为一种情感利益或精神利益；人格物属于不可替代物；人格物更多强调的是该物所蕴含的人格利益。② 按照这一界定，具有个人纪念意义的物品，与家族利益相关的祖坟、庙堂、祖先画像等，具有特定意义的民居、文物、人体器官、基因、遗体和遗骨、宠物都可以成为“人格物”③。后说中，“物格”即物的资格、规格或者标准，是表明物的不同类别在法律上应当被不同对待，民法上的物被分为三个不同的格：第一格是伦理物格，指向具有生命伦理价值的物，主要有脱离人体的器官、组织、人体医疗废物、尸体等与人体有关的具有人之生命或者人格利益因素的物，和动物、植物等其他具有生命的物；第二格是特殊物格，主要包括自然力、虚拟物等民法上的无体物和海域、空间、货币、证券等适用特殊规则的有体物；第三格是一般物格，以上两类之外的物皆包括其中。④ “伦理物格是民法物格中的最高格，是地位最高、民事主体对其支配力受到的限制最多、民法对其保

---

① 邱雯惠．人体组织及其衍生物在民法上之权利结构．台北：东吴大学博士学位论文，2009：67－70.

② 冷传莉．论民法中的人格物．武汉：武汉大学博士学位论文，2010：40－47.

③ 同② 68－101.

④ 杨立新．民法物格制度研究．北京：法律出版社，2008：32－36.

护最强、具有生命或者人格利益最多的物”[①]，由此脱离人体的器官、组织、人体医疗废物、尸体等人体变异物虽然属于“物”，但包含较多“人格利益”。在这点上，“物格说”与“人格物说”说颇有相通之处。[②]

4.“区分目的说”（“逻辑或”）

在著名的“储存精子灭失案”中，德国联邦法院提出了“区分目的说”。31岁之原告罹患膀胱癌需要手术，为了避免将来不能生育而将精子交于被告一家专治男性病的诊所储存，因被告失误原告精子被丢弃。原告愤而对该诊所提出损害赔偿诉讼，求偿25 000马克。男子该项诉讼之请求在地区法院并未被支持，上诉后亦被驳回，联邦法院终审判决被告应赔偿25 000元马克给该男子。案件争议焦点是：与人体分离的细胞、组织或器官是否仍是“人体之一部分”？德国联邦法院从“功能一体性”与“自主决定权”的观点出发，认为：（1）人体部分与人体分离后，在法律上已属于独立的物，不再属于人的一部分，原来存在于该人体部分上的人格权随即转变为财产权；（2）当人体部分与人体分离后，如在医疗上将来仍要回到自己身体时，根据病患“自主决定权”仍应被视为“身体部分”，在该细胞或组织植回身体前如果受到侵害，仍应按照对“身体”的侵害加以处理；（3）当人体部分将永久地与原来身体分离而结合到他人身体时，如血液或其他人体组织之捐赠等，此时不再与捐赠者的身体具备“功能一体性”，且不涉及捐赠者的自主决定权，在法律上应认定属于“物”而不再是身体部分。[③]

“区分目的说”对于我国理论界影响较大。在台湾地区王泽鉴教授认为，“人体内的器官或组织为身体不可或缺的构成部分，属于身体的一部分，为权利主体的物质载体，不属于权利客体，但一旦器官或组织与人体相分离，不再属于人格寄存之所，既非人，当属物，分离的器官或者组织成为权利客体，分离后归身体主人取得所有权；但本诸对其身体的自主决

① 杨立新．民法物格制度研究．北京：法律出版社，2008：62.

② “人格物说”的提出者冷传莉教授认为其学说与“物格说”截然不同。参见：冷传莉．论民法中的人格物．武汉：武汉大学博士学位论文，2010：52.

③ FRIEDRICH H. Defining the functional body and its parts：a review of German law，ownership of the human body：philosophical considerations on the use of the human body and its parts in healthcare. Kluwer Academic Publishers，1998：27－28. 亦可见：王泽鉴．侵权行为．3版．北京：北京大学出版社，2016：124.

定权，应认其人格利益仍继续存在于身体分离部分，即该分离部分应受人格权法及物权法上的保护，至其保护内容及强度，应就个案，视权利主体者与其分离部分的关系而为认定”①。在我国也有所谓“器官权说”，认为“未与躯体分离的器官在活体构成人身权之客体，在尸体则成为物权之客体；已与躯体分离的器官在活体、尸体均为物权之客体”②。

（二）对基因的私权定性

1. “基因权（人格权本质）说”

该说认为，人类基因本质上是一种人格利益，属于人格权范畴，包括基因平等权、基因自主权、基因隐私权、基因公开权等，其中前三者涉及纯粹人格权，第四种基因公开权涉及财产属性；基因公开权意指一种对基因人格利益的商业化利用的权利（包括基因利益分享的权能在内），在一定程度上基因权具有财产性属性，但财产性只是人格性的延伸，是人格利益的物化之利用。③ 从法律规范的制度成本效益和法律规范所具有价值宣示功能出发，有学者论证了基因信息的保护只能采取隐私而非财产保护模式。④ 还有学者认为，“应当坚持人类个人基因具有人格权属性，采取人格权的法律保护体系，如此处理既不会将人类个体基因的人格物化，又能通过人格权的商品化理论保护人类个体基因所拥有的财产利益”⑤。这其实就是认为“人格权的本质正由单纯注重精神利益的伦理学人格权向既注重财产性又注重伦理性的二元本质人格权转化”的“人格权二元性”观点。⑥ 该说与王利明教授在解释“人格权商品化”合理性时的论断相仿，“应当承认在市场经济条件下，某些人格权具有一定经济价值，人格权的商品化并没有改变人格权的具体性质，从根本上说，它只是人格权的内容和权能增加了经济利益的性质，特别是利用的权能发生扩张，但人格权本

---

① 王泽鉴．人格权保护的课题与展望（三）——人格权之具体化及保护范围1．台湾本土法学，2006（83）．

② 唐雪梅．器官移植法律研究//梁慧星．民商法论丛：第20卷．北京：法律出版社，2001：155-165．

③ 王康．基因权的私法证成和价值分析．法律科学，2011（5）．

④ 罗胜华．基因隐私权的法律保护．北京：科学出版社，2010：298-308．

⑤ 张莉．论人类个体基因的人格权属性．政法论坛，2012（4）．

⑥ 袁雪石．论人格权的二元性．北京：中国人民大学博士学位论文，2008：3．

身固有的属性并没有改变，人格权本质上是精神权利”①。

2.“人格性财产权说”

“人格性财产权说”主张以人格权和财产权的双重机制对基因加以保护，“由于基因上人格法益与财产法益交融共存，对其人格法益予以保护的人格权机制要受到其财产性因素的变造，而对其财产法益予以保护的财产权机制要受到人格性因素的限制”②。

3.“人格物说”

“人格物说”与“人格性财产权说”颇有相通之处，根据该说，个人基因具有物质与信息的一体性、高价值性与高风险性并存的特征，并由此衍生出人格法益与财产法益的复杂组合，在私法定性上个人基因是有体物，是镶嵌人格法益的物，是聚合人格权与物权的人格物。③

4.“知识产权（无形财产）说”

基于基因所具有的信息性一面和人格利益与财产利益的二元构成，有论者认为，“通过对基因隐私的人格权、财产权双重特征的模拟，基因的这种‘智—财’权益模式提供了一种对基因来源比较完整的权利保护”④。也有学者认为基因信息财产权既区别于传统物权法上所有权，也不同于知识产权，是一种新型、独立的无形财产权。⑤ 还有学者建议，应采取知识产权制度中著作权的中介团体制度，来设立基因财产权的中介体制，由于相当接近于知识产权的性质，在这个理论之下，人对其基因拥有基因人格权和基因财产权。⑥

5.“人格权或财产权选择说”

根据该说，基因兼具人格权与财产权的双重属性，基因人格权是对自

---

① 王利明．人格权法研究．2版．北京：中国人民大学出版社，2012：242.

② 刘红臻．人体基因财产权研究——“人格性财产权”的证成与施用．法制与社会发展，2010（2）.

③ 冷传莉．个人基因法益权利化保护论纲——基于“人格物”创设的视角．现代法学，2014（6）.

④ 胡瓷红．法律与基因的对话——生命法学的现实问题研究．公法研究，2002（00）.

⑤ 田野，郭晓庆．基因提供者的利益分享机制研究．社科纵横，2013（9）.

⑥ MICHAEL M J LIN. Conferring a federal property right in genetic material: stepping into the future with the genetic privacy act. 22 Am. J. L. and Med. 109，121（1996）.

然人基因这种物质表现形式所体现的人格利益设定的权利，是物质性人格权；当基因一旦与人体分离后，是一种真实的物质存在，具有了财产权的特性，成为基因财产权（有体财产权）。① 该学说中的“基因人格权”与“基因财产权”的关系是“逻辑或”而并非所宣称的“兼具”，在基因存在于人的身体时属于基因人格权，分离后属于基因财产权。

第二节 人体组织与个人基因信息权益之定性

一、对人体组织、个人基因信息私法定性之各学说评价

（一）人体组织私法定性之各学说评价

1. 德国“人格权续存说”与美国“隐私权说”评价

德国理论界“人格权续存说”观点认为，与人体分离的组织并未改变原先存在的人格权结构，亦即原来活人身体上的人格权要素依然存在于与其分离的人体组织上，原则上应属于人格权之范畴，但可能例外存在“法律上瞬间”而视为物权范畴的情形。该说存在如下不足：

其一，以“人格权”一体保护人体组织难以保护人体组织提供者的财产利益，恐有不足。传统人格权作为以消极权能构造的权利，不允许主体基于自主性对人体组织为处分，制度掣肘了人体器官的移植和组织研究利用，罔顾人体组织中的经济或者产业利益反而会戕害人格尊严本身。

其二，“法律上瞬间”的完全物权规则适用也有问题。人体组织与人体分离后进入生物银行，尽管并未指定受益者，但并不意味着其允许任何形式的利用，仍然可能涉及提供者的控制权和基因隐私利益。② “人格权本质说”配合“法律上瞬间”其实走的是中间道路，然而一律偏于“人格权”定性的处理，技术略显粗糙。

其三，“人格权残存说”无法解释死胎并未产生人格权，何来“残存”的问题，也面临与“人的权利能力终于死亡”之间的冲突。对于美国“隐私权说”利用“对身体的控制权”（the right to control one’s body）实现对人体组织利用的控制，有合理性一面，但学界认为应当发展为“财产

① 曹丽荣．自然人基因的法律属性．河北法学，2008（7）．

② 关于基因隐私利益的内容，可以参考罗胜华．基因隐私权的法律保护．北京：科学出版社，2010：91－97．

权”保护方式。①

美国案例法中对于一般人体组织物权性质之态度基本还停留在“非财产权”阶段，提供组织之人享有“自主决定权”（decision-making process），应当属于隐私权（privacy）范畴，实际上并未触及一般人体组织定性判断。

2.“物权（财产）说”评价

在大陆法系的德国、日本和我国台湾地区，“动产说”或“特殊物说”为通说。“动产说”或“特殊物说”克服“人格权续存说”的僵化性，为人体组织取得和利用消除法律障碍，这是一种现实主义的立场。但也存在不足。

其一，仅以物权规则适用于人体组织的利用，忽视人类尊严面向，形成对公序良俗的持续冲击，人的“物性”和“客体化”等担忧都可能成为现实。

其二，其对人体组织从“人格权”转换为“物权”的解释缺乏说服力。“紧密关系松弛说”过于抽象难解，且以紧密关系松弛“完全”排除人格权的保护是否妥当也值得怀疑，“先占说”罔顾人体组织上对个人基因信息的负载，任由先占会危及人类尊严。

总之，从“人格权续存说”到“物权说”很可能是从一个极端到了另一个极端，属于矫枉过正。

3.“兼具说”（“逻辑与”）评价

人体组织定性的兼具说，试图在同时承认人格性和财产性的基础上，构造一个兼收并蓄的概念予以指称，多以物权保护为根据、人格权保护为补充，主要包括“重叠说”“修正物权说”“人格物说”和“物格说”等。

“重叠说”虽然在人体组织从“人格权”保护向“财产权”保护上避免了转换的理论难题，但其自身面临两个不足：其一，活人体同时具有财产权性质，与传统民法人格与财产的二元划分理论产生抵触；其二，在人体组织分离之后完全处在财产权的保护之下，完全去除了财产权保护，与人性尊严价值不合。“修正物权说”认为任何人体组织都属于“物”，但同时处于人格权的保护之下，使得分离前后人体组织在保护、支配上的差异难以区分。

---

① ERIK B SEENEY. Moore 10 years later—still trying to fill the gap：creating a personal property right in genetic material. 32 New Eng. L. Rev. 1131（1998）.

"人格物说"和"物格说"均以物权规则为根据，兼顾人格利益要素，对于不同的"物"分别给以不同的对待，这种分"格"的思路颇具启发性。但是，两种学说一则并未说明区分"格"的具体标准为何；二则没有注意到"信息"作为客体的趋势，仍置于"物"的范畴中研究，导致体系混乱。

4. "区分目的说"（"逻辑或"）评价

德国联邦法院在著名的"储存精子灭失案"中提出的"区分目的说"对于我国台湾地区影响较大。"区分目的说"实际上对于人体组织的定性进行了"质"的分割，根据不同目的分别确定其属于"人格"或者"物"，二者构成"逻辑或"关系，与不分目的一体定性相比具有合理性。但该学说所进行的"质"的分割没有注意到即使在"人格"状态下也有"物"性要求，即依照自主性进行下一步的处理，在"物"的状态下也有"人"性扩张，即要保护其负载的人类尊严，必须在公序良俗等私法工具的控制下进行利用和处分，这是一种"量"的关系。而且，"器官权说"并未涉及脱离人体后器官和组织的利用，并未解决实质问题。

（二）基因私法定性之各学说评价

1. "基因权（人格权本质）说"评价

该说认为，人类基因本质上是一种人格利益，属于人格权范畴，财产性只是人格性的延伸，是人格利益的物化之利用。笔者认为，"基因权（人格权本质）说"抓住了基因权中人格权属性应占主要地位这一点具有合理性，但也存在以下不足。

其一，基因所具有的财产价值并不是源于"公开"，与"人格权商品化"的机理差异较大。美国法上的"公开权"用于个人信息的商品化，包括姓名、肖像、身体形象等直接个人信息通过公开而实现商业利益的商品化。① "名人就是人格化的商标"，公开权一般发生于名人身上，以暗示其

---

① 1960年Prosser教授发表《隐私》（Privacy）论文，将隐私权的侵权分解为四种侵权行为：（1）侵扰他人的独居、隐秘与私人事务（侵犯隐秘：invasion of privacy by intrusion）；（2）公开揭露他人私生活领域（公开揭露：disclosure of private facts）；（3）公开置他人被公众误解（扭曲形象：false light privacy）；（4）为了自己的利益盗用他人姓名或肖像（擅自商用：invasion of privacy by appropriation）。在美国法学会（American Law Institute）编纂的《美国侵权法重述（第二次）》（Restatement（Second）of Torts，1964）中，该分类方法被吸收，公开权被表述为"Commercial Appropriation of Plaintiff's Name or Likeness，or the Right of Publicity"。See *Restatement*（*Second*）*of Torts* §652C OR *Restatement*（*Third*）*of Unfair Competition* §46.

对该商品或服务的支持，其所适用的只是直接个人信息充任“第二商标”的情形，而基因信息难以实现“准商标”功能。

其二，其所研究的“基因权”并未明确是作为物质的基因还是作为信息的基因。如果是前者，则与人体组织（人类遗传物质）一体，首要定性为人格权面向似有疑问，如果是后者，则应首先定性为人格利益。

2.“人格性财产权说”评价

该说承认基因所具有的人格和财产兼备性，综合运用两种机制对基因信息予以保护，为平衡人格价值和科技进步、经济发展之间的冲突提供了实用主义的通道，在实践上可行。但其将基因定位为“财产”，也存在两点不足。

其一，虽论及关注人格权与财产权的交叠混同之处，综合运用双重保护机制，仅仅是人格权、财产权二分的例外，但未指明理论构造技术为“拟制”还是“衡平”。

其二，仅涉及人格权、财产权理论，并未涉及与之相关的权利客体为物还是信息，是有体财产权还是无体财产权，在理论构造上尚差“临门一脚”。

其三，基因信息表彰人类尊严和价值，一般被作为敏感个人信息或隐私权得到保护，人格权面向应为主要方面，将其核心定位为财产权面向似乎也有疑问。

3.“人格物说”评价

“人格物说”与“人格性财产说”颇有相通之处，对于“人格性财产权说”的评价同样可以适用于“人格物说”。另外，“人格物说”将个人基因定性为“有体物”显然与“个人基因具有物质与信息的一体性”的认识不合，如果个人基因是一种信息，何以成为“有体物”？该说论者显然没有区分作为物质与人体组织（人类遗传物质）一体的基因和作为信息存在的基因。

4.“知识产权（无形财产）说”评价

应当承认，知识产权（无形财产权）说用于基因信息的人格和财产二元利益构成，在解释上颇有力度，但该说也存在不足。

其一，知识产权概念本身面临容量不足的困难，“获得一个一致、统一的客体理论一直是知识产权理论纠结之所在”①，“知识”概念难以容纳

① 韦之．知识产权客体的统一称谓之我见．电子知识产权，2006（4）.

新兴权利，如与其具有高度同质性的“人格权商品化”现象难以融入。

其二，“无形财产权说”将重心定位为财产似乎也有问题，毕竟基因信息事关人类尊严和个人隐私，与知识产权（即使是人格性较强的著作权）相比人格含量仍要高得多。

5.“人格权或财产权选择说”评价

该学说存在的问题如下。

其一，混淆了物质的基因和信息的基因，物质的基因能够与人体分离，人体组织的分离会导致基因的分离，但信息的基因不仅存在于人的活体中，还广泛存在于与人体已经分离的器官、组织、生殖细胞、尸体、体液甚至毛发中，何有分离之说？

其二，“逻辑或”的关系否认了离体组织中基因信息的人格权性质，与一般日常经验不符。比如，基因检测使用不当可能滋生基因歧视，既然利用离体组织进行的检测与人格权无关，单凭财产权的手段如何保护？

二、人格权、物权和知识产权疆域之重构

（一）权利类型构成中的二“基色”：“人格性”与“财产性”

1.“人格性”与“财产性”的含义

“基色”一词来自色度学，自然界中的多数彩色光都可以由红、黄、蓝三种颜色混合而成，这三种颜色即所谓的“三基色”。本书借助“基色”概念来说明多数的绝对权由“人格性”和“财产（物权）性”不同比例混合而成。

根据学界的通行观点，人格权作为人身权的一种，与财产权有着显著区别：第一，是否可以用金钱价值加以衡量。财产权可以具有直接金钱价值，但人格权不能用金钱加以衡量。第二，是否能和主体相分离，权利能否转让和继承。财产权能够和主体分离，作为让与的标的和继承的标的。第三，客体不同。一般来说，财产权只能以人格要素之外的物为客体，人不能对自己享有财产权，但人格权的客体只能是人之内在伦理要素。第四，救济原则与方式不同。人格权受到侵害，除了可以请求财产损害赔偿之外，尚可请求精神损害赔偿，而财产受到损害一般只能请求财产损害赔偿。[①]

① 龙卫球．民法总论．2版．北京：中国法制出版社，2002：124.

所以，人格权具有一身专属性，只能为特定的权利人所享有，不能与权利主体相分离，由专属性出发可以衍生出不可抛弃、不可转让并不可继承的性质。① 作为仅含消极权能的权利结构，即使主体也不享有自主性，其运作由“不可让与规则”调整，不得支配、无权加以处分。然而，无论是大陆法系“物权”还是英美法系“财产权”观念，实际都是指称作为主体的“人”对自身之外的物质生存条件的一种支配权能，体现主体的自主性和自由性。人格尊严或者人性尊严作为宪法的最高价值，实际包含两个维度，即主体性和自主性，前者应当解释为“人类尊严”，后者应当解释为“个人尊严”，二者内涵并不相同。人格权体现的是“人类尊严”，为具消极性限制因素之权利，而物权体现的是“个人尊严”，赋予了主体自主决定权或者支配权能。可以将“人格性”和“财产性”关系简化如下：

“人格性”＝消极权能＝“不可让与规则”

＝“人类尊严”（主体性）

“财产性”＝积极（支配）权能＝“财产规则”

＝“个人尊严”（自主性）

有学者以活人体为例提出“物权、人格权与人类尊严三元权利结构模型之建构”或“人体法益构造的三位一体论”，即“人体是人体物权、物质性人格权和类的人性尊严三项法益的直接物质载体”②。以上观点具有以下不足：（1）将物质性人格权和类的人性尊严并列，显然将物质性人格权等同于“有限制的支配”，而将人类尊严等同于“一身专属性”，混淆了二者本质上的一致性。（2）将人体物权与以上两者并列，未注意到“人体物权”作为“财产性”其实与主体对于自己人格要素的“有限支配”具有同质性。换言之，主体对于人格要素的“自我决定”和“自由利用”并不是“人格性”的表现，而与“财产性”具有同质性。对于人格权是否具有支配性，有观点认为，“支配性反映的是权利主体对权利客体的关系，即绝对权的权利人在其权利范围内可以按照自己的意志依法对其权利客体管

① 陈民．论人格权//郑玉波．民法总则论文选辑：上．台北：五南图书出版公司，1984.

② 邱雯惠．人体组织及其衍生物在民法上之权利结构．台北：东吴大学博士学位论文，2009：200-203；汪志刚．民法视野下的人体法益构造——以人体物性的科技利用为背景．法学研究，2014（2）.

领和处理，无须得到他人的同意或他人的积极行为的辅助。从这个意义上说，人格权应当归入支配权的范畴”①。这种观点存在如下问题：首先，其对支配性的界定与理论界对绝对性的界定相混淆；其次，该观点与人格权的消极性相矛盾。关于人格要素的“自我决定”和“自由利用”，如在各国规范人体试验与涉及人的生物技术研究的立法中，“自愿参与”和“告知后同意”成为人体试验和人体组织利用的基本伦理规范和法律要求，这是“自主性”的应有之义；再如，虽然不允许器官买卖，但各国一般允许取自尸体的器官捐献和一定范围亲属之间的器官捐献，这也是“自主性”的表现。以上“自主性”实际体现了主体对客体的支配权能，尽管不一定取得经济利益，支配权能也受到限制，但本质上仍属于“自主性”和“积极（支配）权能”，与“不可让与规则”作用下具有“一身专属性”的“人格性”相去甚远。此时对于特定人格要素的“自我决定”和“自由利用”属于“财产性”的表现。

2. 二“基色”方法的适用领域

当然，作为二“基色”的“人格性”和“财产性”区分标准分别对应最为“纯正”的人格权和财产权，在现代社会遭遇了例外和挑战：第一，如学者所提出的，某些权利在后世发展起来，具有财产利益和人格利益两重性质，不能单纯归入财产权或人格权中，而被视为混合性权利，如知识产权、社员权。第二，人格权商品化对传统的人格权、财产权二元区分也带来了挑战。这种挑战就是人格权所承载的主体利益在理论上的一元化无法适应其在实践中二元化发展的需要。第三，在人体组织、人类基因的取得和利用中，既有人类尊严（人格性），又有个人尊严（财产性），使得理论上对人体组织和人类基因的定性产生了很大分歧。第四，某些特殊的物也存在定性困难，如具有人格纪念意义的物品等。因此，以上困难仍应借助于权利类型构成中的二“基色”，“人格性”与“财产性”的混合分析来解决。

（二）人格权与财产权之间过渡的频谱

1. “人格性”与“财产性”混合而成的权利

在人格权与财产权、人格性与财产性二元区分之下，很多具有财产利益和人格利益两重性质的权利无处摆放，于是各种理论应运而生，希望通过人格权概念或者财产权概念的再解释或者相对化以解决混合性的人格权

① 王利明．人格权法研究．2版．北京：中国人民大学出版社，2012：30.

商品化问题，如前所述及的“物格”理论、“人格物”理论、“人格性财产权”理论、“本质决定论”等等，但这种努力往往并不成功。笔者认为，人格性与财产性作为两个基点分别对应最为“纯正”的人格权和财产权（物权），在二者之间存在的权利多数为混合性，由权利类型构成中的二“基色”——“人格性”与“财产性”混合而成，这体现了人格权与财产权之间的过渡性格，可以对人格权与财产权之间进行频谱分析。“频谱”属于物理学名词，是频率谱密度的简称，指频率的分布曲线，广泛应用在声学、光学和无线电技术等方面。此处借用，主要是指人格权与财产权之间各种权利的不同分布状态。

人格性与财产性如同两种成分，大多数的权利均是在人格权与财产权之间，既有人格利益又有财产利益蕴含其中，平时我们说该权利属于人格权或者财产权的时候，可能仅仅是此种权利中人格利益和财产利益分别占了主要部分。以著作权为例，著作权是民事主体对其作品以及邻接客体所享有的权利，其由人格利益和财产利益两部分组成，两者关系密切，有时使用作品的一个行为同时体现了人格利益和财产利益两方面的内容。但是，两者仍然具有相对独立性，它们可能分别属于不同的主体，并且在有效期上也有显著的区别。著作人格权又称为精神权利（moral right），是指著作权人因其作品所享有的以精神利益为内容的权利。它的人格性质不像普通人格权那样强烈，因而在一些场合下作者可以放弃、许可他人行使甚至有限地转让，人格权利一经产生便永远存在。不过人格权中的发表权同财产权一样有一定的保护期限，修改权、保护作品完整权则永远受到保护。著作财产权是指作者为了经济利益使用、处分其作品的权利，著作财产权的保护有一定期间，如自然人著作权按照我国著作权法规定是自然人死亡后第50年的12月31日。① 著作权中财产权是主要的，以至于有很多

① 长期以来，我国知识产权界对于著作权中包括的“人身权”应当为“身份权”还是“人格权”观点并不一致，所以学者多使用“人身权”或者“精神权利”，而我国台湾地区则较为一致，采用的是“著作人格权”。参见：刘春田．知识产权法．3版．北京：中国人民大学出版社，2007：87；吴汉东．知识产权法．5版．北京：法律出版社，2014：72；郑成思．知识产权论．北京：法律出版社，2003：160；刘孔中．智慧财产权法制的关键革新．台北：元照出版公司，2007：29；谢铭洋．智慧财产权之基础理论——智慧财产权法系列（一）．台北：自版，1995：18. 笔者认为，这种权利属于能够对抗不特定第三人的权利，不属于仅仅在特定身份人之间发生效力的权利（身份权），应当属于人格权无疑。

学者主张著作权本来就是“财产权”，发表权与人格的联系具有不确定性；署名权实在没有必要，因为任何劳动者与其劳动产品之间的联系都是客观的；保护作品完整权与人格完整性并不关联。知识产权“人格财产一体性”并不成立，应当坚持知识产权就是财产权。① 也有台湾地区学者指出，著作人格权有妨害言论自由行使的负面效应，美国在加入《伯尔尼公约》之后对其“版权”保护体系仅仅做出微调，并未完全接受著作人格权的概念，即是这种担忧的体现。著作权属于单纯财产权。② 应该说，以上对著作人格权的否定观点并不奇怪，因为我们平时所见到的侵权样态以及权利之授予使用，甚至转让都与人格权关系不大，好像仅涉及财产利益问题，但是我们并不能由此否定人格性，作者将其作品授权使用之后仍然对其作品享有一定的控制权，如修改和保护作品完整权，这种权利在财产权体系当中是无法容纳的。尽管我们承认，著作权中的“人格利益”含量较少，甚至在美国“版权法”体系中其“人格”色彩更弱（作品署名权可直接被转让而非仅许可使用）但并不能将之简单等同于财产权。在知识产权理论中，对于专利权、商标权的财产性很少有争议，但在寻找人格性时，往往发现难以找到或者感觉即使找到意义也不大。③ 这说明，同为知识产权的专利权、商标权，相对于著作权，其中的财产利益更多而人格利益更少，可能更有资格被称为“财产权”。

对于传统民法中的人格权，也有学者提出“身体、信用、姓名、肖像、名誉等等，未尝不可同时成为财产权的标的”④。传统民法中的生命权、身体权、健康权、自由权、姓名权、肖像权、名誉权、隐私权等等，可以被区分为物质性人格权和精神性人格权，物质性人格权事关人之物质

① 李琛．质疑知识产权之“人格财产一体性”．中国社会科学，2004（2）．

② 王敏铨．著作人格权之负面效果与合理使用——伯恩公约与美国法之探讨．月旦法学杂志，2004（111）．

③ 有观点以专利署名权为例，认为署名权仅仅确立了发明人同其完成的发明创造之间的关系，但这仅仅是发明人的权利而非专利权人的权利，根本不属于专利权范畴，行使专利权行为带来的利益仅限于财产利益，专利权是一种纯粹的财产权，其中不含任何人身利益。参见：刘春田．知识产权法．3版．北京：中国人民大学出版社，2007：297.

④ 颜厥安．财产、人格还是资讯？论人类基因的法律地位//鼠肝与虫臂的管制——法理学与生命伦理论文集．台北：元照出版公司，2004：166.

性或实体性存在，其商品化为伦理道德和法律所“牢牢看守”；但精神性人格权，仅仅是人的一种符号化生活或者信息，无关人之实体，“看守”自然放松。现代社会精神性人格权商品化成为一种趋势，道德上无奈认可，法律上被动接受。精神性人格权，即个人信息权利，其中既包括了人格利益，事关人性尊严；也包括了财产利益，事关人格自由。精神性人格权中除了消极面之保护（不得损及人类尊严），尚有动态积极的一面，虽然任何人不得将其肖像权、姓名权或其他人格权全部出让，因为此举挑战了现代法治中人性尊严的保护要求，但精神性人格权多数存在自己利用与许可使用的问题，特别是商业利用，如许可他人利用自己的姓名、肖像、声音、某部分的形象（如腿模、手模）作商业用途，许可他人披露自己某些隐私以扩大图书报刊的发行量、网站的点击率等。对于物质性人格权，美国学者斯蒂芬·芒泽（Stephen R. Munzer）认为，人对于自己的身体享有有限的权利（limited property right）：第一，法律禁止人们自卖为奴并在活人之间转让任何为维持生命不可或缺的器官；第二，法律限制人们自杀或自残；第三，法律禁止卖淫。[①] 但现代社会中，对于物质性人格权能否被商品化，也不再是“铁板一块”，器官移植、精子卵子交易、买卖血液也并非不可讨论，甚至在某些国家性交易都具有合法性。对于人体组织的实物利用和基因利用，有的国家已经出台有关生物银行或者生物数据库的法规，将其纳入了管制之下的利用。王利明教授提出的“本质决定论”认为，应当承认在市场经济条件下，某些人格权具有一定经济价值，人格权的商品化并没有改变人格权的具体性质，从根本上说，它只是人格权的内容和权能增加了经济利益的性质，特别是利用的权能发生扩张，但人格权本身固有的属性并没有改变，人格权本质上是精神权利。[②] 但不管接受与否，商品经济的大潮已经席卷一切，“本质决定论”的解释也已经捉襟见肘。应当明确的是，精神性人格权相对于知识产权，其人格性更多，财产性处于附属层次，物质性人格权相对于精神性人格权当然人格性更凸显一些，生命权中只有人格性而不应有财产性。

---

① STEPHEN R MUNZER. A theory of property. Cambridge：Cambridge University Press，1990：43.

② 王利明．人格权法研究．2版．北京：中国人民大学出版社，2012：242.

2. 对私权依“人格性”“财产性”维度的排序

对于由“人格性”和“财产性”共同构成权利，学界提出“物格说”和“人格物说”等学说进行定性，但如前所述，该两种学说只是涉及定性而没有“人格性”和“财产性”量的比例。笔者认为，对于混合型的私权可以参考学者提出的“人类尊严接近原则”，即根据客体与人类尊严的接近程度来划定相互之间的顺序。① 还有学者提出“人性尊严关联度”原则，并认为生命活性、个体表征度和功能地位三种因素影响人性尊严的关联度。② 一种权利的人类尊严越强，即“人格性”成分越多，则“财产性”成分越少；“人格性”成分越少，则“财产性”成分越多。

由以上讨论，按照“人格性”维度进行排序，人格性“含量”由高到低依次应当分为以下十一个梯次。

第一梯次为生命权。生命权是作为法律主体存在的自然人的最高利益，是享有其他权利和利益的物质前提。现代社会始终坚守“生命不可任意剥夺”的底线，联合国《公民权利和政治权利国际公约》第 6 条规定“人人固有的生命权应受法律保护，不得任意剥夺任何人的生命”。其实，生命不仅不可任意剥夺，生命也不可放弃，在生命上没有“自主性”和“支配性”存在余地。③ 生命利益不纯粹是私人利益的问题，实际上已经进入了社会公共利益的领域，体现人类尊严。非法剥夺他人生命的行为主要由公法调整，犯罪者应当受到最大的惩罚，而剥夺自己生命同样为不法，只是由于惩罚手段存在悖论而未“入罪”。生命权应当是最为“纯正”的人格权，具有“一身专属性、不可转让性和不可抛弃性”。

第二梯次为身体权、健康权。身体权以活人身体完整性利益为内容，

---

① 邱雯惠．人体组织及其衍生物在民法上之权利结构．台北：东吴大学博士学位论文，2009：174.

② 汪志刚．民法视野下的人体法益构造——以人体物性的科技利用为背景．法学研究，2014 (2).

③ 有学者以“安乐死”和“英勇献身”为例主张自然人对自己生命利益的“有限支配权”。参见：杨立新．人身权法论．北京：人民法院出版社，2006：392－393. 笔者认为，“安乐死”问题一直是生命伦理学中的重大争议问题，如果加以承认的确会使生命权的消极性变得松动而成为“有限支配权”；而“英勇献身”可能只是将自己置于生命危险中，并不说明其选择了死亡。

具有固有性和专属性特点，权利人不得将其权利转让、抛弃，这体现了“人格性”；身体权以身体为客体，权利人可以在法律和社会公共道德允许的范围内，对其身体的个别器官或组织加以处分，如捐献器官、血液等，于身体某一部位发生病变或其他情况时决定是否切除或治疗，此时身体权体现了“有限支配权能”，体现了“财产性（自主性）”。健康权以自然人机体生理机能正常运作和功能完善发挥和维持人体生命活动的利益为内容，同样具有固有性和专属性，体现了“人格性”；身体权也是“有限支配权”，如在不违反法律和公共道德的前提下，权利人可以牺牲自己的健康接受某种药物的人体实验，即体现了“财产性（自主性）”。如前所述，这里的“财产性（自主性）”是指有限支配性，并不是获取经济利益，健康权不可能存在经济利益和商品化问题。由于“有限支配权”的体现，身体权和健康权应当位列生命权之后。

第三梯次为尸体上的权利。尸体上二元利益负载至为明显，所以围绕其私法定位产生了“物权说”“准物权说”和“人格残存说”等学说。对于尸体及其分离组织的“人格性”，德国法学家梅迪库斯认为，无论如何，有关物的一般规则不适用于尸体，除非尸体已经变成“非人格化”的木乃伊或骨骼，死者家属对尸体不享有所有权，而只具有一项不同于所有权的死者照管权利（及义务），以这一法律地位涉及死者安葬为限。① 就尸体“人格性”含量，有学者指出，“倘吾人以人类尊严保障强度最强之活人体作为基准点而为观察，尸体上的人类尊严要素是，当尸体状态越是接近甫死亡时点、尸体之完整性越高者，则其人类尊严保护之强度越高”②。同时尸体具有特殊的可利用性与价值性，初始可以从尸体上摘取器官或者组织移植给他人，救助病患，其后可以被捐献用于医学解剖、制成人体标本，这又是“财产性”的体现。不过这种“财产性（自主性）”或者“有限支配性”“处分性”可以由死者生前确定，如果死前未做拒绝捐献的意

① 梅迪库斯．德国民法总论．邵建东，译．北京：法律出版社，2000：876.

② 邱雯惠．人体组织及其衍生物在民法上之权利结构．台北：东吴大学博士学位论文，2009：174.

思表示，也可以在其死后由相关近亲属共同决定。[①] 在“人格性”上尸体低于活人体，在“财产性”上则尸体高于活人体。

第四梯次为受精卵和人类胚胎上的权利。胚胎（受精卵）干细胞是进行干细胞研究的最佳素材，但因人类胚胎的特殊地位，该研究面临极大的伦理道德风险与法律争议。[②] 受精卵和胚胎毕竟不是作为主体的“人”，是“一般财产”还是“比一般人体组织应受更多尊重但又不及人的地位”在司法上也有争议。如在美国 Davis v. Davis 案，法院采纳第三种观点，即因能够发育成人而应受到特别尊重的“中间过渡范畴”，原、被告不享有真正的财产利益，而是一种应受法律限制的共同决定如何处理的权利。[③] 我国无锡体外胚胎监管与处置权纠纷案二审判决也采纳了这一观点。[④] 在美国另一起案件 Jeter v. Mayo Clinic Arizona 中，原告为人工生殖做成的前胚胎（pre-embryo）被被告丢失五个，法院一方面认为，受精三天分裂至八细胞之冷冻前胚胎，并非“错误死亡”（wrongful death）案例中有权提出损害赔偿之“人”；另一方面，法院援用该州 Restatement §323（1965），认为被告既然为原告夫妇提供服务，即应保护其人身（person）以及事物（thing）之完整，法院为了避免直接承认前胚胎之财产权（property）性质，而迂回地以事物（thing）一词称之。[⑤] 根据我国《人胚胎干细胞研究伦理指导原则》第 4 条的规定，胚胎干细胞不得用于生殖性克隆研究，严格按照不可让与规则，对胚胎干细胞的使用范围做出限定。同时其第 6 条对配子、胚胎的受精时间以及与其他生物杂种研究等

---

① 我国《人体器官移植条例》第 8 条规定：“捐献人体器官的公民应当具有完全民事行为能力。公民捐献其人体器官应当有书面形式的捐献意愿，对已经表示捐献其人体器官的意愿，有权予以撤销。公民生前表示不同意捐献其人体器官的，任何组织或者个人不得捐献、摘取该公民的人体器官；公民生前未表示不同意捐献其人体器官的，该公民死亡后，其配偶、成年子女、父母可以以书面形式共同表示同意捐献该公民人体器官的意愿”。

② 陈英钤．胚胎干细胞研究管制的挑战——如何避免黄禹锡事件在台湾重演．台北大学法学论丛，2008（67）.

③ *Davis* v. *Davis*，842 S. W. 2d 588（Tenn. 1992）.

④ 江苏省无锡市中级人民法院（2014）锡民终字第 1235 号民事判决书。

⑤ *Jeter* v. *Mayo Clinic Arizona*，121 P. 3d 1256 at 1270（Ariz. App. Div. 1, 2005）.

做出限制，因为这些同样从根本上挑战人之主体性或者人类尊严，必须依照公序良俗原则加以坚决禁止。① 这体现了“人格性”。同时，对于受精卵和胚胎的利用，体现了提供者的“自主性”和有限支配权，这是“财产性（自主性)”。由于胚胎只是具有成长为人的“潜能”，其“人格性”含量自然要比活人体（身体）的要低。

第五梯次为自人体分离的组织与个人基因信息权利。自人体分离的组织“越接近人类人体原始存在之状态，或人体组织的分离影响原人身的生命完整性程度越大者，其人类尊严强度愈高”②，这是“人格性”的体现；对于人体组织中蕴含的个人基因信息，同样攸关人类尊严，不得破坏人作为类的价值，这也是“人格性”的要求。对于人体组织，所来源的自然人基于其身体权享有“有限支配权”，权利人可以在法律和公序良俗允许的范围内，对其身体的个别器官或组织加以处分，如捐献器官、血液、精子、卵子等，这体现了“财产性（自主性)”；对于其中蕴含的个人基因信息，信息主体对取得和利用其信息享有控制权，这也体现了“财产性（自主性)”。就具有成为独立生命体潜能的人体组织，越是接近生命体之形成阶段，其人类尊严含量越高，此类人体组织主要是生殖细胞或胚胎。③ 所以，相对于生殖细胞、受精卵和细胞，其他人体组织和个人基因信息“人格性”含量要低，而“财产性”含量要高。

第六梯次为其他间接个人信息权利（主要是隐私权）。间接个人信息是指不能据单一信息识别出信息主体，该信息必须与其他信息相结合才能识别出信息主体。一般来说，直接个人信息只包括个人的姓名、肖像、特

---

① 我国科学技术部和卫生部联合制定的《人胚胎干细胞研究伦理指导原则》（国科发生字〔2003〕460号）第4条规定，“禁止进行生殖性克隆人的任何研究”。第6条规定：“进行人胚胎干细胞研究，必须遵守以下行为规范：（一）利用体外受精、体细胞核移植、单性复制技术或遗传修饰获得的囊胚，其体外培养期限自受精或核移植开始不得超过14天。（二）不得将前款中获得的已用于研究的人囊胚植入人或任何其他动物的生殖系统。（三）不得将人的生殖细胞与其他物种的生殖细胞结合。”

② 邱雯惠．人体组织及其衍生物在民法上之权利结构．台北：东吴大学博士学位论文，2009：174.

③ 以现代生物培养、克隆技术，体细胞也具有生殖可能性，只是发育为人的可能性较生殖细胞而言仍属渺茫，故体细胞上之人类尊严要素强度仍不可与生殖细胞相提并论。

殊身体形象、声音等，其他一般属于间接个人信息。有学者认为应按照与人格尊严有无直接关系，把个人信息分为与人格尊严有直接关系的个人信息和与人格尊严没有直接关系的个人信息。[①] 笔者不赞同这种分法，信息社会个人信息的自动化处理，使得原来不具有意义的信息片段同样具有了意义，碎片化的个人信息可以形成个人的“人格剖面图”[②]。“个人作为目的性的存在，只有消除个人对‘信息化形象’被他人操控的疑虑和恐慌，保持其信息化人格与其自身的一致性而不被扭曲，才能有自尊并受到他人尊重地生存与生活”[③]。所有个人信息都同人类尊严具有重要关联，蕴含人格利益，体现“人格性”。个人信息具有“识别性”，可以产生经济价值和社会管理价值，所以学者建议“个人信息中涉及敏感隐私的部分，其保护应该得到强化，个人的人格自由和人格尊严应该得到更高水平的保护；而就个人一般信息，信息主体做出一定让渡，让信息业者得到收集、处理和利用的更大自由，以利其经营”[④]。这里强调一般个人信息的利用以信息主体让渡为前提，彰显了信息主体“自主性”和对个人信息“有限支配性”，即本书所谓“财产性”。关于一般个人信息中的经济利益，间接个人信息一般不能直接产生经济价值，只有将若干间接个人信息串联比对完成对个人身份的形塑（profile），甚至只有将若干人的个人信息处理汇集成特定种类的数据库，才能产生经济价值。因为该种类的数据库对于商家来说具有极大的营销价值，会受到“商业秘密”的保护。总结来说，由于基因信息属于敏感个人信息范畴，相较于其他一般个人信息，其更加接近于“人类尊严”和“人格性”。

第七梯次为直接个人信息权利。直接个人信息是指单一信息即可识别出信息主体，无须借助与其他信息的结合。所有个人信息都同人类尊严具有重要关联，蕴含人格利益，体现“人格性”，直接个人信息也不例外。由于不属于敏感个人信息，信息主体有权决定其个人信息被收集、处理、

① 刘德良．论个人信息的财产权保护．北京：中国人民大学博士学位论文，2008：30－31.

② 林子仪．权力分立与宪政发展．台北：月旦法学出版社，1993：185.

③ 张新宝．从隐私到个人信息：利益再衡量的理论与制度安排．中国法学，2015（3）.

④ 张新宝．从隐私到个人信息：利益再衡量的理论与制度安排．中国法学，2015（3）.

利用，同样彰显了信息主体“自主性”和对个人信息“有限支配性”，即本书所谓“财产性”。但相较于间接个人信息而言，直接个人信息中的经济利益更多，在面对“商品化”时，直接个人信息与间接个人信息存在重大差异，这正是划分之价值所在。就蕴含的利益来说，直接个人信息中一般具有表彰人性尊严价值的人格利益与体现功利价值的经济利益，所谓的“人格权商品化”一般只针对直接个人信息。因为只有直接个人信息才能够直接与个人身份相联系并具有“外显性”，商家在商业活动中才能直接将之与商品或服务相联系，利用其产生的“晕轮效应”或示范效应使受众产生效仿或“爱屋及乌”行为。相对于间接个人信息来说，直接个人信息的“人格性”更弱，“财产性”更强，其商品化更易为社会观念所接受。

第八梯次为著作权。如前所述，相对于个人信息权利，著作权中的“人格性”含量较低，“财产性”含量较高，但并不能将之简单等同于财产权。

第九梯次为专利权。如前所述，同为知识产权的专利权，相对于著作权，其中的财产利益更多而人格利益更少，可能更有资格被称为“财产权”。

第十梯次为商标权。如前所述，商标权中的“人格性”已经几乎没有意义，其仅仅为工业产权。

第十一梯次为物权。这里的物权，基本相当于“物格说”中的“一般物格”①。物权人对特定的有体物享有占有、使用、收益和处分之权能，一般无关“人类尊严”。但对于学者所讨论的有纪念意义的物品、家族家庭历史有关的物品、具有特定意义的民居、文物等特殊的物②，笔者认为仍然可以放在本梯次中研究，可以借鉴“物格”的思路。不过，作为“纯正”的物权，“人类尊严”或“人格性”的含量本书暂且不予考虑。

可以对以上排序梯次进行赋值，生命权和物权分别代表人格权和财产权的两个极端，将生命权中的“人格性”含量确定为“10”，“财产性”含量确定为“0”；将物权中的“人格性”含量确定为“0”，“财产性”含量确定为“10”。以横轴（x）为“财产性”含量，以纵轴（y）为“人格性”含量，则生命权的坐标为（0，10），物权的坐标为（10，0）。其他阶层中

① 杨立新．民法物格制度研究．北京：法律出版社，2008：32－36.

② 冷传莉．论民法中的人格物．武汉：武汉大学博士学位论文，2010：68－80；易继明，周琼．论具有人格利益的财产．法学研究，2008（1）.

的权利则在此两个端点之间，赋值如下：第一梯次生命权（0，10）；第二梯次身体、健康权（1，9）；第三梯次尸体上的权利（2，8）；第四梯次受精卵和人类胚胎上的权利（3，7）；第五梯次自人体分离的组织与个人基因信息上的权利（3.5，6.5）；第六梯次其他间接个人信息权利（4，6）；第七梯次直接个人信息权利（4.5，5.5）；第八梯次著作权（7，3）；第九梯次专利权（8，2）；第十梯次为商标权（9，1）；第十一梯次为物权（10，0）。（见图 2-1）

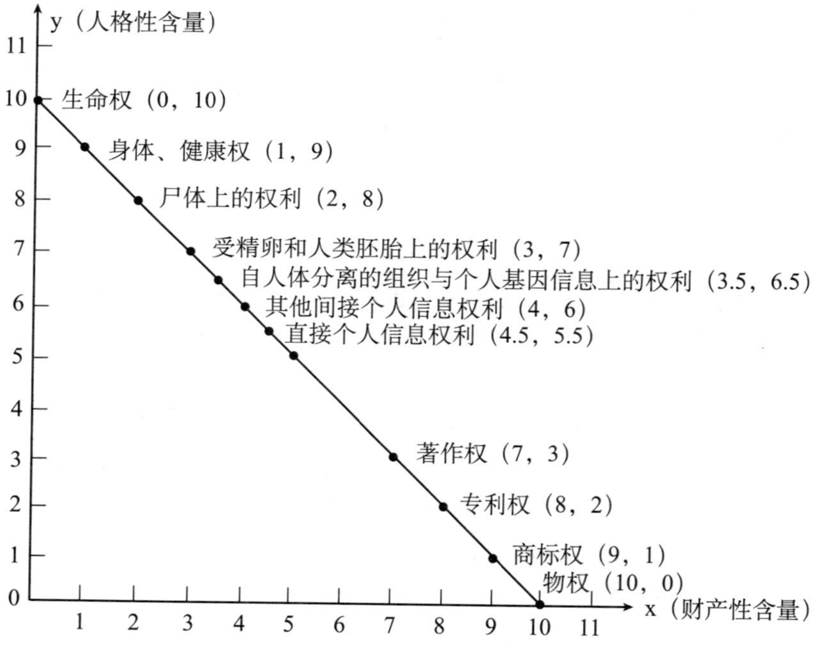

图 2-1　绝对权体系坐标图

要说明者如下。

（1）坐标系中对各种权利的赋值仅仅具有近似性，为什么第二阶层的赋值应当是（1，9），而不是（1.2，8.8）或（0.7，9.3），笔者不能给出数学运算公式，只能给出大致解释：所给出的坐标值，表明该种权利在两种利益衡量中的大体位置，并未达到数学运算的精确性。两种利益因素的大体比例，同样也不够精确。

（2）坐标系中对权利的赋值可能随着形态不同而有变化，如在第三梯次中的尸体的权利，随着尸体物化程度的不同，其在整个坐标图中的位置会有变化：在尸体初始物化时，从身体变为尸体，这是一个本质的转变，与“人类尊严”关联度即“人格性”下降，“财产性”上升，一定时间之内它的器官、组织可以进行医学上的利用；经过一定时间尸体生理活性丧失，变为普通意义上的尸体，与“人类尊严”关联度即“人格性”下降，对其进行的“有限支配”范围越来越大，但尚需注意到“人类尊严”所体现的公序良俗；当尸体转化为骨灰、骨骼和木乃伊时，尸体已经彻底物化成为纯粹的物的形式，但是其中仍然存在人格利益，还不能作为一般物对待；在尸体分解为其他物质形式，丧失了尸体以及骨灰、骨骼、木乃伊的形式之后，尸体的原形态彻底消灭而成为自然界的一般物质，甚至都不属于法律上的“物”了。本研究中对尸体的赋值仅仅考虑一般情形。

（3）对于各种权利在坐标系中的顺序，可能也有争议。如尸体和受精卵、胚胎的位置，尸体的“人类尊严”关联度即“人格性”随时间推移是逐步下降的，而受精卵和胚胎的“人类尊严”关联度即“人格性”随时间推移是上升的，所以梯次位置不一定完全固定。

（4）坐标系中对各种权利的赋值主要以现有认识和法律规制条件为依据，将来可能会有所变动。

三、人体组织和个人基因信息在私法上的定性

（一）人体组织与个人基因信息的分立

在研究个人基因信息的地位时，有学者将人体组织与基因信息均视为有体物，“人体器官、组织等人体脱离物可视为民法上的物，个人基因亦然如此”①。对此观点，笔者不能苟同。基因是一种物质还是信息，关系到其在私法上的定性。如果将基因单纯作为一种物质，作为身体的一部分，将基因与负载它的人体组织（人类遗传物质）进行一体保护，并不必须单列加以研究。但是如果我们仅强调基因的物理性质（physical nature），就会导致如下结论：抛弃人体组织就一并抛弃了其中的基因，捐赠人体组织也一并捐赠了其中的基因。如果基因科技研发者以研究或科技方式触及了人体组织的基因层次，就触及了“生命密码”的层次。这正是

① 冷传莉．个人基因法益权利化保护论纲——基于“人格物”创设的视角．现代法学，2014（6）.

前引 Moore 案所牵涉的关键问题之一，而加州最高法院所引用的“抛弃理论”（abandon theory）也与这种思考方式直接相关。[①] 基因不仅是一种物质，而且是一种信息，这种信息不仅表彰人格利益（人类尊严和个人尊严，主体性和自主性），也可以成为基因科技研发的“原材料”，可能为研发者带来巨额商业利益。“作为物质的人类基因”和“作为信息的人类基因”并非仅是在不同情境下的称谓，二者确有区分之必要。

另有学者进一步以民法上的“加工”和“天然孳息”理论来解释人体组织与其负载的个人基因信息的关系。[②] 加工和天然孳息是物权法上确定动产原始取得的重要制度，问题在于基因是否为“有体物”，基因信息是否为一种“物”，或者说其能否适用物权法规则？有关国际公约和国家立法对基因信息的收集和利用一般采“告知后同意”原则以实现其自主权，而绝对不适用“加工”理论和天然孳息归属制度。笔者认为，人体组织与其负载的个人基因信息虽然都在“人体组织”实体上面，但两者客体不同，构成两种不同的权利。

两种以上权利反映在一个“物质实体”上在实践中并不鲜见。例如一本著作，买方会享有该“书”的所有权，作者仍享有该“作品”的著作权、出版者对“版式设计”享有出版者权。这样，三种权利都体现在该本书上，但三种权利的客体并不相同，所有权的客体是“书”（有体物），著作权的客体是“作品”（特定有用的信息或符号系统），出版者权的客体是“版式设计”（特定有用的信息或符号系统）。该书被买卖及权利转移，除法律另有规定或者当事人另有约定外，标的物的知识产权不属于买受人。同样，所有权人对书的抛弃或赠与，也不会引起知识产权的转移。市场上的专利产品买卖、某品牌商品的买卖虽然会导致所有权转移，但专利权和商标权亦不会变化。再比如，一张照片上可能有被摄像者的肖像权、摄像者的著作权和其他人对照片的物权，三种权利客体不同，主体可以分离。

---

① 学者指出，Moore 案件通过将基因解释为“人体组织”而回避了对基因本身性质的直接认定，或者说它根本就没有注意到基因与“人体组织”在提取和移植过程中法理意涵的不同而将二者混为一谈。参见：刘红臻．人体基因财产权研究——“人格性财产权”的证成与施用．法制与社会发展，2010（2）．

② 刘承庆．生物科技智慧财产权之研究——以人体组织所衍生之权利为中心．台南：成功大学硕士学位论文，2004：100－103．

对于人体组织及基因信息的关系也是如此，人体组织上有“物”的利益，还有人体组织提供者对基因信息的利益，另外还可能有基因科技研发者对基因科技成果（如细胞株）的利益。虽然各种利益都可以表现在一个人体组织上面，但客体未必相同，主体未必一致。虽然多数情形下，对人体组织的实物利用与基因利用合并发生，但不能将之绑定在一起。该基因信息涉及隐私权或名誉权，并非源于该人体组织之实体本身，而是我们将该“信息”与特定个人相联系的结果，隐私权或名誉权的权利客体并非该人体组织之实体，而是该人体组织析出的特定自然人的抽象人格。因此，基因个人信息与该人体组织实体上的权利结构其实无关。换言之，人体组织提供者对组织的放弃或抛弃并不意味着对基因信息的放弃或抛弃。

（二）人体组织与个人基因信息的定性应分别确定

通过笔者之前构筑的绝对权体系坐标图，人体组织权利和个人基因信息权利都属于混合性权利，由“人格性”和“财产性”两种成分构成，并偏向于“人格性”一端，主体对人体组织的“支配”权能受到较大的限制或者管制。

根据“人类尊严接近原则”，即使同为人体组织，尸体、离体器官组织、胚胎、受精卵等由于“人格性”含量不同，其支配权能受到的限制或者管制也不同。有学者据此归纳总结人体组织可被商品化的原则是：(1) 以移植为目的所摘取之器官，多被禁止买卖交易；(2) 摘除后之人体组织被加工的程度越高，越容易被承认其可交易；(3) 人体组织摘除后人体越具有该组织之再生可能性者，越容易被承认其可交易；(4) 越是维持生命所不需要之人体组织，越可能具有财产权性质。① 即使同一类人体组织，因生命潜能不同受到的管制也不同，如受精卵和胚胎用于干细胞研究，根据我国科学技术部和卫生部联合制定的《人胚胎干细胞研究伦理指导原则》，“利用体外受精、体细胞核移植、单性复制技术或遗传修饰获得的囊胚，其体外培养期限自受精或核移植开始不得超过 14 天”。

按照是否能够追溯到提供者对于人体组织的利用，有学者认为应当区分“指名”和“匿名”，并据此区分为“指名人体组织信息”和“非指名

---

① 邱雯惠．人体组织及其衍生物在民法上之权利结构．台北：东吴大学博士学位论文，2009：184.

人体组织信息”，后者特别是基因序列的信息可能是专利权的标的。[1] 笔者认为，对于匿名利用的人体组织中的基因信息，由于“可得识别”出信息主体，仍然属于基因个人信息的范畴。人体组织的匿名化处理只是为了保护个人隐私践行研究伦理的特殊设计，并不能否认“个人信息”性，基因科技研发者不能以此为据否认人体组织提供者的贡献。不过，对于匿名化的个人信息，其“人格性”的确要弱一些，研究中受到的限制或管制要少一些。

小　结

一方面，人体组织不能成为一般的“物”；另一方面，在人体器官移植、基因诊断、基因治疗等医疗操作越来越常规的背景下，人体的器官和组织以及二者蕴含的基因获得了外在性和独立价值，被作为“物”进行利用。人体组织、个人基因信息上复杂的利益结构，对传统的人格权一身专属理论、以经济利益为中心的物权支配理论皆提出了挑战，既有的经典私权理论范式失灵，也导致理论困境。实践中各国往往在“人格权”和“财产权”之间寻求平衡通过折中来维护理论体系的完满性和自洽性，面对混合状态的利益构成，理论界也进行了较多探索，如对人体组织的私法定性有德国“人格权续存说”与美国“隐私权说”、物权（财产）说、兼具说（“逻辑与”）、“区分目的说”（“逻辑或”），对基因的私法定性有“基因权（人格权本质）说”“人格性财产权说”“人格物说”“知识产权（无形财产）说”和“人格权或财产权选择说”等。

既有对人体组织和人类基因信息的研究偏重定性，并未涉及定量分析。人格性与财产性如同两种成分，大多数的权利均是在人格权与财产权之间，既有人格利益、又有财产利益蕴含其中，平时我们说该权利属于人格权或者财产权的时候，可能仅仅是指此种权利中人格利益和财产利益分别占了主要部分。根据权利类型构成中的二“基色”——“人格性”与“财产性”，可以对绝对权进行排序，“人格性”含量由高到低、“财产性”

① 邱雯惠．人体组织及其衍生物在民法上之权利结构．台北：东吴大学博士学位论文，2009：262.

含量由低到高依次应当为：第一梯次为生命权；第二梯次为身体权、健康权；第三梯次为尸体上的权利；第四梯次为受精卵和人类胚胎上的权利；第五梯次为自人体分离的组织与个人基因信息权利；第六梯次为其他间接个人信息权利（主要是隐私权）；第七梯次为直接个人信息权利；第八梯次为著作权；第九梯次为专利权；第十梯次为商标权；第十一梯次为物权。人体组织权利和个人基因信息权利都属于混合性权利，由“人格性”和“财产性”两种成分构成，并偏向于“人格性”一端，主体对人体组织的“支配”权能受到较大的限制或者管制，但在此体系中人体组织与个人基因信息的定性应分别确定，人体组织提供者对组织的放弃或抛弃并不意味着对基因信息的放弃或抛弃。

第三章　个人基因信息权益的本权归属

本章所称“本权”系指原初之权，其他主体享有的即为“他权”，他权源于本权。本章同时使用了一个比较模糊的词“权益”，主要是考虑到基因科技的新兴性，目前诸多价值判断和理论问题仍存较多争议，至于制度建立更是尚付阙如，故尚不宜称之为实定法上的“权利”，而只能作为“法律上所保护的利益”，即法益存在，只有在立法确定后其才会成为一种“权利”①。在美国 Moore 案中，法院多数意见认为个人基因信息权益无须确定归属，而只需要诉诸违反充分告知的忠实义务责任即可，笔者对此并不认同。因为只有承认个人基因信息财产权益并确定本权归属，才能讨论对于基因科技成果利益的分享问题。

① 除非引文必要本书一般称之为“权益”。我国《侵权责任法》第 2 条对“民事权益”作了例示性规定，民法学界也多主张区分权利与法益，法益虽受到法律的一定保护，但无论在内容的确定性还是在保护力度上均与权利有差距。参见：王利明．民法总则研究．2 版．北京：中国人民大学出版社，2012：417－418.

第一节　个人基因信息权益本权配置的各种观点及其评析

学界就个人基因信息本权配置提出了多种理论方案，包括“全人类本权说”“国家本权说”“特定族群本权说”“人体组织提供者本权说”“收集者、利用者本权说”等。“全人类本权说”“国家本权说”“收集者、利用者本权说”三种方案配置给人体组织提供者的利益最少，宜先行加以辨析。

一、“全人类本权说”及其评析

(一)“全人类本权说”

有学者主张基因是全球性的共同资产（global commons)。[①] “人类基因组计划”英国分支的领导者、2002 年诺贝尔生理医学奖获得者约翰·萨尔斯顿即认为，DNA 上的基因信息是人类共同的遗产，应由全人类共享，不能被任何个人独占，基因组序列的公布属于发现而不是发明，所有成果应当公开供科学家及需要的人使用。[②] 此种观点大致认为，人类从动物进化而来，拥有共同的祖先，同时，现有的基因和基因密码是人类适应几百万年大大小小的自然和社会变迁，经过世代发展，不断优胜劣汰，最终积淀下来的完善、精确、合理的基因组合。从这个意义上说，没有一个人的基因是完全属于其个人的，任何一个人的基因都是全人类的，拥有共同的祖辈和相同的发展历程，人类基因的权利主体应该是全人类。[③] 该学说借鉴了国际法上的人类共同财富原则（common heritage of mankind or

① SABRINA SSFRIN. Hyper ownership in a time of biotechnological promise: the international conflict to control the building blocks of life. 98 Am. J. Int'l L. 641, 644 - 645 (2004).

② 李震山．多元、宽容与人权保障——以宪法未列举权之保障为中心．2 版．台北：元照出版公司，2007：425.

③ 颜厥安．财产、人格还是资讯？论人类基因的法律地位//鼠肝与虫臂的管制——法理学与生命伦理论文集．台北：元照出版公司，2004：192 - 196.

humankind，或称共同继承财产、共同遗产原则)，根据有关公约该原则被适用于深海海底、南极大陆、月球及其他星体等。

可以作为佐证的是人类基因组组织（Human Genome Organization，HUGO）在1996年发布的《基因研究行为原则宣言》（Statement on the Principled Conduct of Genetic Research）中承认人类基因组系人类共同遗产之一部分（Recognition that the human genome is part of the common heritage of humanity）。[①] 而这样的思想，从联合国教科文组织（UNESCO）有关《国际人类基因数据宣言》（International Declaration On Human Genetic Data）也可看出：第1条“人类基因组意味着人类家庭所有成员在根本上是统一的，也意味着对其固有的尊严和多样性的承认，象征性地说，它是人类的遗产”及第4条“自然状态的人类基因组不应产生经济效益”，亦表示不应利用该共有遗产获取经济上之效益。[②] 其实，前引Moore案件也隐晦地以此为理由否定了原告Moore所主张的对于细胞株的财产权利，“因为被告所获得专利的，其实是细胞株及其所产生的产物——淋巴激素（lymphokines）。这些淋巴激素的基因材料在每一人身上都是相同的，并非原告所独有”[③]。

（二）“全人类本权说”缺乏现实性

“全人类本权说”缺乏现实性的理由如下。

1. 主权国家的现实下，全人类作为主体缺乏可操作性

有学者指出，“全人类本权说”其实应为“象征性的集体所有者”，主要是考虑到对基因资源的探测、样本搜集、信息保护以及任何导致商业利用（特别是医药方面）的技术与产品开发离不开主权国家及其立法，没有一个全人类的组织和机构可以代表全人类对人类基因进行跨国界保护、利

---

① HUGO Ethics Committee, STATEMENT ON BENEFIT-SHARING, See http://www.hugo-international.org/img/benefit_sharing_2000.pdf.

② International Declaration on Human Genetic Data (16 October 2003), See http://www.unesco.org/new/en/social-and-human-sciences/themes/bioethics/human-genetic-data/.

③ *Moore* v. *Regents of University of California*, 51 Cal. 3d 120 (1990).

用和管理。[1] 联合国教科文组织《世界人类基因组与人权宣言》[2] 认为，人体染色体“象征性地说，它是人类的遗产”，说明视其为人类遗产只是从伦理意义而言的，而非实定法上的规定，更非私法上的产权归属，与所有权理论绝非一回事。

即使“全人类本权说”的力倡者也承认其主张不具有现实性。该论认为，从理想状态言，“若人类共同财富之原则能够被广为接受，则任何人都不拥有其基因的财产权，研究单位也不能够就其分析定序的基因申请专利。已经申请归档的专利应该要撤销”；但就现实而言，“若此一原则不能在国际上贯彻，那么基因衍生专利化现象将持续成长，如此一来则基因提供者就享有对于其基因的财产权。其具体制度化方案，可参考著作权的保障模式来立法”[3]。

2. 目前所形成的权益配置格局，早已偏离“全人类本权说”之宗旨，并无回头可能

尽管善良的学者、科学家和民众对于商业利益介入、基因科技成果的专利化表示了反对，但在发展趋势上其并未以人们的良好意愿为转移。在前述 Moore 案和另一起典型案件 Daniel Greenberg 案[4]中，人体组织所衍生之生物科技产品均由被告申请并获得了专利。[5] 其实不仅基因生物科技产品，在专利实务上 DNA 序列也已获得专利权保护。例如，美国专利局于 2001 年 1 月 5 日公布了新版的实用性审查基准，据此“基因”可以申请专利，即只要发明人能将该基因从自然状态中剥离，并经由提炼粹取过程将该基因与其他相结合的分子予以隔离，同时揭露该分离基因的功能即

① 邱格屏．论人类基因的权利主体．中州学刊，2008 (3).

② 联合国教科文组织 1997 年 11 月 11 日第 29 届会议通过，联合国大会 1998 年 12 月 9 日第 53/152 号决议批准。(2000 - 02 - 03). http: //unesdoc. unesco. org/images/0012/0012 29/122990eo. pdf.

③ 颜厥安．财产、人格还是资讯？论人类基因的法律地位//鼠肝与虫臂的管制——法理学与生命伦理论文集．台北：元照出版公司，2004：195 - 196.

④ See *Greenberg* v. *Miami Children's Hospital Research Institute*, *Inc.*, 264 F. Supp. 2d 1064, 1068 - 1071 (2003).

⑤ 我国《专利法》第 5 条第 2 款规定：“对违反法律、行政法规的规定获取或者利用遗传资源，并依赖该遗传资源完成的发明创造，不授予专利权。”根据该规定，Moore 案如果发生在我国，被告可能无法获得专利。

符合实用性的要件。对于功能不明的DNA片段，因不具有特殊且实质的实用性，尚无法取得专利。[①] 另外，欧洲专利会员国自1998年5月12日开始施行的由欧洲议会通过的《关于生物科技发明的法律保护之指令》（简称《欧盟生物科技专利指令》），也明确规定当人类基因具有明确的实用性时，可以授予专利保护。[②]

1992年《生物多样性公约》（CBD）是关于生物资源保护的最重要的国际公约，它规定了生物资源的国家主权，并首次规定了利益分享的原则。尽管该公约并不适用于人类遗传资源，但其出台背景能证明“全人类本权说”的脆弱性。在《生物多样性公约》出台之前，联合国的确曾设想以“人类共同遗产”（适用于月球和海洋）方式对生物资源加以保护，1979年《关于各国在月球和其他天体上活动的协定》（简称《月球协定》）和1982年《联合国海洋法公约》曾经规定由人类作为整体来共同受益，生物资源也可以仿照处理。不过“全人类本权说”非常脆弱，一经破坏则体系土崩瓦解。1990年代美国克林顿政府打破了“全人类本权说”，宣布对海洋底土采取“先到先得”政策（first-come-first-served basis）并排斥利益分享，从根本上摧毁了联合国这一努力。[③]

一方面，将基因信息看成人类共同遗产，这就意味着遗传资源之上不存在任何权利，对遗传资源的获取无任何限制，满足了发达国家无限制地获取产业发展所需原材料的要求；另一方面，如果人体组织中蕴含的基因信息被确定为全人类所有，面对以此为基础所衍生的科技成果，类似案件中原告一方即缺乏向已享受成果利益的被告主张赔偿或补偿的任何请求权基础，其不能主张“不当得利”或其他。更荒谬的是，当人体组织提供者通过契约与基因信息利用者达成利益分享时反而可能构成不当得利。基因信息的全人类所有本来是要达到利益的全民共享宗旨，实际上却造成了“谁利用谁所有”的后果，导致利益配置严重失衡。

---

① 陈志兴．基因衍生专利发明之保护——以个人基因组序列可专利性为核心．台北：台北大学硕士学位论文，2002：95.

② 王凯玲．生物技术发明之专利保护．台北：台湾大学硕士学位论文，1999：25.

③ 关于修订内容及克林顿政府在修订过程中的角色可以参见Pogge T. 的评价。Pogge T（2008）. World poverty and human rights. 2nd edn. Cambridge：Polity Press：131－132.

3. 可以从相关生物性资源国际公约之间存在一定冲突的情况，反观人类基因的法律地位

学者往往引用国际公约对于个人基因信息属于全人类的学说理论加以论证和佐证。其中，人类基因组组织（HUGO）伦理委员会明确了人类基因为共同继承遗产之一部分的原则；植物遗传资源则在联合国粮食与农业组织（FAO）于1983年通过的《植物遗传资源国际承诺书》（International Undertaking on Plant Genetic Resources for Food and Agriculture，IUPGR）中被定义为一种“人类遗产”，其并依人类共同遗产的基本原则，明示植物遗传资源应该为次世代之利益加以保育，不应（基于私权概念）限制其利用，实际上采纳了自由获取原则。① 然而在1992年联合国环境与发展大会上由各国政府签署的《生物多样性公约》（CBD）中，遗传与生物（植物和动物）资源并没有被定为“人类共同遗产”，国家主权被视为遗传与生物资源的唯一归属，而其规范该等资源之取得与利用的权利也一并被承认。② 其余附随的条款如由公平与衡平分配利用取得之利益、平等协商原则、事前告知同意到技术移转等，都说明了CBD是一个建构在特定财产意识下的国际法则。由此产生了国际公约之间的冲突，其中IUPGR主张生物基因为人类共同财产，CBD则主张生物资源为国家所有权。其后IUPGR做出了妥协，将“人类共同财产”修改为“各主权国之共同关切”③。而其对于“人类共同继承财产”的概念是否应适用于规范遗传与其他生物资源之开发、利用与归属，各主权国与学说之看法本来就存在相当大的分歧，这导致对公约的解释对于各国没有强制力，公约的

---

① 《植物遗传资源国际承诺书》（IUPGR）是FAO于1983年通过的一个自愿性的、不具有法律约束力的文件，它是第一个有关植物遗传资源保护和可持续发展的国际文件，具体介绍可参见：张小勇．遗传资源的获取和利益分享与知识产权．北京：知识产权出版社，2007：51.

② CBD第15.1条明确承认国家对其自然资源的主权，但各国在如何对待这一问题方面差异较大，有些国家将其理解为所有权。详细介绍可参见：薛达元，崔国斌，蔡蕾，等．遗传资源、传统知识与知识产权．北京：中国环境科学出版社，2009：196-214.

③ 对于公约冲突的介绍与评论，参见：黄居正．台湾原住民基因资料库财产权之归属——以财产权理论为核心之探讨．台北：我国台湾地区行政管理机构补助专题研究计划成果报告，2008：50.

妥协再次印证了“人类共同继承财产说”只宜在技术伦理领域存在，在法律上则难以落实。而反观人类基因，“全人类本权说”自然也存在同样的问题。

二、“国家主权说”及其评析

（一）“国家本权说”

该种观点认为，人体组织是公民个人的，但基因资源是属于国家的，作为基因资源载体的人体组织样本也应归国家所有。同一种基因在不同的公民个体中均可能存在，但不能说个体体内有某种基因存在，该个体即对该种基因资源拥有所有权。基因资源是一个广义的概念，不能将之直接等同于某个具体的公民个人体内存在的某个基因。存在于公民个人体内的血液，只有经国家有目的、有组织地予以采集，有选择地予以整理，才会成为能够应用于科学研究的血液样本。也只有在国家的统筹安排下，集中全国的科研力量，对收集到的血液样本进行研究，一国潜在的基因资源才得以开发出来，变成可以实际造福于本国人民的具体的财富。① 比较法上，冰岛为了促进生物银行（biobank）及基因研究，于1998年率先立法建立了一个集中性的全民医疗记录数据库，该数据库对患者采取“推定同意”（presumed consent）规则，将之确定为“国家资源”；2000年5月13日冰岛国会通过了“生物银行法”（Act on Biobanks），并于2001年1月1日实施，该法对病患者的组织取得仍然采取“推定同意”规则，对其他民众则采取“告知后同意”（informed consent）规则，人体组织提供者不得主张对所提供人体组织和基因的所有权，也即属于“国家资源”。冰岛将全民医疗记录数据库和生物银行特许由美国私人公司deCODE经营。②

（二）“国家本权说”导致产权虚置

“国家本权说”导致产权虚置的理由如下。

1. 国家取得基因信息之私法权益缺乏正当性

对其他遗传与生物资源，CBD“重申各国对它自己的生物资源拥有主权权利”，有学者指出，在规范的意义上这等于是承认了其是一种由国家

---

① 邱格屏．人类基因的权利研究．北京：法律出版社，2009：50.

② 黄居正．台湾原住民基因资料库财产权之归属——以财产权理论为核心之探讨．台北：我国台湾地区行政管理机构补助专题研究计划成果报告，2008：64.

主权自无主物转化的财产："发现本身并不能被赋予法律上的权利，除非该物在被发现之时是一个无主物"。从多元财产权的角度来说，CBD 对遗传与生物资源所采取的"无主物"概念，等于是空白授权国家主权进行剥夺原住民或特定族群财产权的"征收"，却又任凭其以内国社会权力关系决定与财产权之剥夺必然对应的补偿是否公平。① 值得注意的是，虽然 CBD 重申了"主权"原则，但解释的是遗传资源的国际法律地位问题，并未授予国际对于遗传资源的财产权或所有权，遗传资源的国内法律地位问题是国内立法或者次一级立法的职责。②"国家本权说"显然有问题。

在人群生物银行的实践上，冰岛可谓先行者。冰岛"全民医疗记录数据库"和"基因信息库"均被规定为"国家资源"，并特许由美国私人公司 deCODE 经营，人体组织提供者不得主张任何财产权益。但这些规定的必要性与合理性遭遇了伦理和法律上的双重质疑。有论者提出，deCODE 公司可以独占该数据库并获得经济利益，冰岛国家整体或民众个人又得到了什么？如果业者或机构一方面宣称"搜集利用民众的基因信息或人体组织是为了人类健康及医学发展等'公益'"，但是另一方面研发的成果所衍生的商业利益主要都落入少数个人或机构的口袋的话，原本是为了广大"公益"的宣称而愿意贡献自己基因信息或人体组织的民众，很可能会产生不公平甚至被欺骗的感受；而且在医学研究中，若是以人作为研究对象时必须取得主体听取说明、能够明了之后所自愿表示出的同意，即所谓的"告知后同意"（informed consent）规则，而不应采取"推定同意"（presumed consent）规则。③ 冰岛最高法院已于 2003 年 11 月 27 日判决《卫生部门数据库法》（Act on a Health Sector Database）的部分条文因违反《冰岛宪法》第 71 条的隐私权保护规定而无效，其中包括其所采取的"推

---

① 黄居正．台湾原住民基因资料库财产权之归属——以财产权理论为核心之探讨．台北：我国台湾地区行政管理机构补助专题研究计划成果报告，2008：61，64.

② GLOWKA L. A guide to designing legal framework to determine access to genetic resource. Gland and Cambridge：IUCN Environmental Law Centre，1998：4.

③ 刘宏恩．基因科技伦理与法律——生物医学研究的自律、他律与国家规范．台北：五南图书出版公司，2009：52－53.

定同意”规则。①

2. 个人基因信息国家本权可能造成权益行使上的“公共产品悲剧”

微观经济学认为，产权类型对于资源的有效配置和利用有着重要作用。在一个以经济效率为目标的狭窄范围内，更容易选择私人产权而不是公共或社团产权，私人产权比其他权益安排更为有效。这是因为公共产权容易引发经济学上的“公共产品悲剧”②，而这种悲剧的产生实际上源于公共产品导致的市场失灵。有关研究以喀麦隆有关实践为例，来类比个人基因信息本权归属国家可能带来的问题。美国国家癌症中心（NCI）委托的科学家在喀麦隆国家公园内发现一种蔓藤类植物 ancistrocladus korupensis，含有抑制 HIV-1 与 HIV-2 的反转录酵素活性成分。由于喀麦隆政府仅抽象规定遗传与生物资源之利益归属于国家，以及专利授权费用应缴纳给国库，对资源之真正控制者的权利并无着墨，使资源控制者丧失保护资源之意愿，反而造成了典型的“公共产品悲剧”，即除了 NCI 的委托开发者策略性地选择与直接受有利益的中介者与实验室进行交易以回避政府机构监管外，中介者与实验室为了直接获益也乐意违反前述法律规定，继续大量搜集、栽植与出口。③

3. 我国现有规范并不支持遗传资源在私法上的国家所有

我国 1998 年 6 月 10 日由科技部和卫生部联合发布了《人类遗传资源管理暂行办法》，其中第 4 条规定国家对重要遗传家系和特定地区遗传资源实行申报登记制度，第 17 条规定我国境内的人类遗传资源信息，由我国研究开发机构享有专属持有权，未经许可不得向其他单位转让。但是《暂行办法》仅从国家主权和行政管理角度予以展开，并未涉及私权配置的问题。2019 年 7 月 1 日起施行的《中华人民共和国人类遗传资源管理条

---

① R GERTZ. An analysis of the Icelandic Supreme Court judgement on the Health Sector Database Act. (2004) 1: 2 *SCRIPTed* 241. (2013 - 09 - 06). http://www.law.ed.ac.uk/ahrc/script-ed/issue2/iceland.asp.

② GARRETT H. The tragedy of the commons. 162 *Science*, 1243, 1248 (1968). 在公共产权的条件下，资源将被过度使用，每个市场参与者都不会考虑自己的活动对未来的影响，与这种影响相联系的成本实际上是由未来的参与者分摊的，即每个参与者都对其他人造成一定的负外部效应。这种现象被形象地称为“公共产品悲剧”。

③ 黄居正．台湾原住民基因资料库财产权之归属——以财产权理论为核心之探讨．台北：我国台湾地区行政管理机构补助专题研究计划成果报告，2008：70.

例》相比《暂行办法》在私权配置上进步较大，不仅规定“为科学研究依法提供或者使用人类遗传资源并支付或者收取合理成本费用，不视为买卖”，还规定“采集我国人类遗传资源，应当事先告知人类遗传资源提供者采集目的、采集用途、对健康可能产生的影响、个人隐私保护措施及其享有的自愿参与和随时无条件退出的权利，征得人类遗传资源提供者书面同意”，以上规定中蕴含人类遗传资源“本权”配置的萌芽，也蕴含利益分享的制度接口。①

三、“收集者、利用者本权说”及其评析

（一）“收集者、利用者本权说”

有学者提出，个人基因信息应当属于人体组织的衍生物，根据民法上的“加工”和“天然孳息”理论，应当归属于基因信息的收集者或（和）利用者。② “加工说”的立论，系着眼于人体组织物或分离物经医院或者研究机构实验室培养、复制或研发后，可能成为价值不菲之衍生物，应适用民法“加工”的相关规定定其归属：倘其所增加之价值无几，则归属于原材料方（人体组织提供者），若该加工后之物质价值显著大于原材料者，应归加工方（基因信息的收集者或/和利用者）。“天然孳息”说也有学者称为“权利来源说”，其将人体组织本身，以及与人体分离后的人体组织所产出的后代、衍生物及化学物质，定义为民法所称的天然孳息，其收取权应依据民法规定：有收取天然孳息权利之人，其权利存续期间内，取得与原物分离之孳息多余。根据以上两说，人体组织和作为衍生物的基因信息，在当事人无特别约定的情形下一般归属于收集者或（和）利用者。

（二）“收集者、利用者本权说”依据不足且会影响其研究的可持续性

1. 民法有关加工与天然孳息的规定不适用于界定基因信息权益本权归属

主张基因信息权益应当赋予基因信息收集者或（和）利用者的观点其

---

① 参见《中华人民共和国人类遗传资源管理条例》（2019 年 3 月 20 日国务院第 41 次常务会议通过，2019 年 7 月 1 日施行）第 10 条第 2 款、第 12 条第 1 款。

② 刘承庆．生物科技智慧财产权之研究——以人体组织所衍生之权利为中心．台南：成功大学硕士学位论文，2004：100－103.

主要论据是民法上有关“加工”和“天然孳息”的规定。① 加工和天然孳息是物权法上确定动产原始取得的重要制度。

学说认为，加工系指就他人之物，加以制作或改造，使成新物而生物权变动的法律事实。加工的构成要件有：加工之标的物须为动产；加工的客体须为他人所有；须因加工而制成新物。加工的法律效果是物权变动，采加工物归属于材料所有人的原则，而以所有权归属于加工人为例外，此纯在权衡材料所有人与加工人的利益，并不涉及资本或劳力孰应优先保护的社会政策，解释上应认具强行性质，加工物所有权的归属，不能依当事人意思加以变动，因为加工而生的物权变动系基于事实行为，与当事人之意思无关，此外并不涉及第三人的利益。② 我国物权法并未规定添附制度，加工作为添附的一种形式也未有明确规定，但我国理论上和司法实务中承认添附制度。③

学说认为，孳息，指原物（物及权利）所生之收益，可分为天然孳息与法定孳息。称天然孳息者，谓果实、动物之产物及其他依物之用法所收获之出产物。出产物包括有机的出产物（如树木的果实、动物的乳雏），及无机的出产物（如矿山的矿物、石山的石材）；所谓“依物之用法”，学说上向来多认为系指依原物之经济上效用，但最近倾向于作广义解释，认为系指依原物之种种使用方法，故牧牛之乳，固为孳息，耕牛之乳，亦不例外。有收取天然孳息权利之人，其权利存续期间内，取得与原物分离之孳息。民法系采原物主义，而不采生产主义，即对于原物有收取权之人，天然孳息一旦分离，当然即归其取得，对于原物施以生产手段的，究为何人，在所不问。至于收取权人，除法律另有规定或当事人间另有约定外，为原物所有人。④ 天然孳息的归属在我国《物权法》第 116 条已有相似的明确规定。⑤

---

① 刘承庆．生物科技智慧财产权之研究——以人体组织所衍生之权利为中心．台南：成功大学硕士学位论文，2004：100－103.

② 王泽鉴．民法物权．2 版．北京：北京大学出版社，2010：203－206.

③ 王利明．物权法研究．3 版：上．北京：中国人民大学出版社，2013：484.

④ 王泽鉴．民法总则．北京：北京大学出版社，2009：183.

⑤ 《中华人民共和国物权法》第 116 条第 1 款规定，“天然孳息，由所有权人取得；既有所有权人又有用益物权人的，由用益物权人取得。当事人另有约定的，按照约定”。

问题在于基因信息是否为一种“物”，或者说其能否适用物权法规则？虽然学界通说认为，尸体以及与人体分离之一部，不问其分离原因如何均成为物（动产），其权利行使不得违背公序良俗①；但对于人体或与人体分离的组织中所蕴含的基因信息的性质，各国理论远未形成通说，部分学者认为人类基因兼具人格权与财产权双重属性。② 基因人格权益保护主要通过个人信息权或隐私权加以实现，有关国际公约和国家立法对其收集和利用一般均采“告知后同意”原则以实现其自主权，而绝对不适用“加工”理论和天然孳息归属制度。基因财产权益与人格权益属于人格之一体两面，难以分离，自然也不能适用以上规则确定归属。

2. 其可能导致对人体组织提供行为动机激励不足，影响生物科技研究发展的可持续性

冰岛、英国、日本等在人群生物银行的建立中均宣称，“人体组织提供者不得以任何形式向人类生物数据库主张经济利益”，强调研究的利他性和公益性，但基因信息的利用中商业利益的介入又不可避免。“生物医学研究之商业化趋势对于公众信赖及参与者自主权方面之保障将造成负面之影响，在人群生物数据库的商业介入仍为一无法避免甚至为一必要之因素之情形下，商业利益该如何分配方属正当，则成为一备受争议之课题”③。

一般人体组织的捐赠动机，通常是出于利他思想，比如为了支持某种特定疾病的研究。④ 利他主义符合价值伦理之导向，但现实中必须避免利他主义被商业主义或其他自利动机者加以利用，否则会造成另外一个极端的不公平。因此，在生物科技研究的法律制度设计上，必须周延考量，利他主义导向必须配合善良完备的公益管理机制，才能实现公益利益目标，

---

① 王泽鉴．民法总则．北京：北京大学出版社，2009：175.

② 曹丽荣．自然人基因的法律属性．河北法学，2008（7）；余光辉．个人基因上的权利类型探究．学术论坛，2011（1）；王康萍．论个人基因信息的法律地位．甘肃政法学院学报，2009（9）.

③ 刘宏恩．基因资料库研究中的公众信赖、商业介入与利益分享．台北大学法学论丛，2005（57）.

④ CHARLOTTE H. HARRISON. Neither Moore nor the market：alternative models for compensating contributors of human tissue. 28 Aht. J. L. & MED. 77，92（2002）.

获得民众信任与支持。[①] 如果一味强调人体组织提供者的利他性，却任由研发者独享利益，最终会因对人体组织的提供行为激励不足而导致缺乏样本支撑和民众支持，生物科技研究因此也将难以持续。

第二节 “人体组织提供者本权说”的证成与施用

个人基因信息本权配置的正当性或者标准如何确定，如何划定个人基因信息本权主体范围，是“人体组织提供者本权说”与“特定族群本权说”之争议焦点。

一、个人基因信息本权配置的正当性判定

有些学者指出：“专利法无法为基因提供者分享基因衍生专利的利益提供任何法律上的依据”[②]。因为在知识产权方面较有影响的学说莫过于约翰·洛克的财产权劳动学说，具体到基因衍生专利，生物公司付出了劳动、投入了大量人力、物力开展研究，而基因提供者只是提供了实验的原材料，并没有对后续基因技术的产生付出创造性劳动，所以专利权应当由研发者享有。如果基因原材料提供者坚持要对后续成果分享利益，那么推广开来，整个知识产权领域的权利归属似乎要陷入一片混乱。但笔者并不认同以上看法。

（一）关于信息财产权正当性判定的三种学说

1. 财产权劳动学说

“财产权劳动学说”由英国学者洛克在其《政府论》中为反对“君权神授”而提出。他说：“土地和一切低等动物为一切人所共有。但是，每人对他自己的人身享有一种所有权，除他以外任何人都没有这种权利。他的身体从事的劳动和他的双手所进行的工作，我们可以说是正当地属于他的。所以，只要他使任何东西脱离自然所提供的和那个东西所处的状态，

① GARRATH W and DORIS S. Human genetics banking：altruism，benifit and consent. 23 New Genetics and Society，89，96－98（2004）.

② 董炳和．论人类基因提供者分享基因衍生专利利益的法律基础及模式//郑成思．知识产权文丛：第8卷．北京：中国方正出版社，2002：169.

他就已经掺进了他的劳动，在这上面掺加了他自己所有的某些东西，因而使它成为他的财产”；“我的劳动使它们脱离原来所处的共同状态，确定了我对它们的财产权”①。按照这一论述，每个人不仅对自己的身体享有所有权，而且对于其劳动创造的东西应当享有所有权，之所以如此是因为遵循了“身体——劳动——东西”的路径，从身体的所有权中发展出劳动的“所有权”进而到劳动创造的“某些东西”的所有权。洛克的这一论证“完成了人‘对自己人身享有所有权’到‘对自己的劳动享有所有权’的转换和过渡”②。“财产权劳动学说”将之前的财产权正当性的“先占理论”推向了新的阶段，被18世纪的英国出版群体拿来用于为作者对其作品享有相应的财产权而作辩护。③ 之后，该学说成为论证知识产权正当性的主流学说。后世学者在这一路径的基础上，进一步明确了“劳动”何以成为财产权的正当化基础，如从劳动导致价值增加的角度来论述知识产权的正当性，认为“谁对社会价值做出了贡献，谁就应该获得补偿”④。随着知识产权客体范围的不断扩大，有观点以“财产权劳动学说”来论证其他财产权益，如“人格权商品化”，“名人是经过长年累月的积累与竞争方得脱颖而出并达到相当的市场地位。人格同一性中的姓名、肖像、记录等，系名人的劳动成果，应该成为某一类型的财产”⑤。

但是，“财产权劳动学说”在解释信息财产权上也面临一些困难，比如“人格权商品化”多发生于名人的姓名权、肖像权的商业利用上。一般而言，造成名人与非名人社会成就差异的因素有三大类：个人努力、社会既有条件（如自幼家境贫富）以及个人天生的能力。“财产权劳动学说”将之完全归于个人努力“劳动”而排除社会因素和天赋条件，似乎过于绝对，未见得有说服力。再如，对于商标权所产生的品牌价值，恐怕更多应归于资金的投入、广告宣传力度等，完全归于劳动因素似乎也有问题。

---

① 洛克．政府论：下篇．叶启芳，瞿菊农，译．北京：商务印书馆，1964：19.

② 易继明．评财产权劳动学说．法学研究，2000（6）.

③ 向波．知识产权正当性之批判解读——以利益冲突为基本视角．法学杂志，2015（8）.

④ 冯晓青．“增加价值”论——知识产权正当性的一种认知模式．电子科技大学学报（社科版），2004（1）.

⑤ *Uhleander* v. *Henrichsen*，316F. Supp. 1277，1282（D，Minn. 1970）.

2. 人格理论

人格理论强调作品与作者之间的人格联系，并从这个角度来阐述知识产权特别是著作权的正当性问题。人格理论认为作品是作者人格的体现，基于保护作者人格的需要，法律应当对作品给予保护。① 有学者以“人格理论”对“人格权商品化”做出解释，“姓名、肖像等人格性特征的公开价值虽然是媒体、社会的产物，但不可否认个人的天赋及其努力是财产价值形成的基础，其情形犹如著作权或专利权等智能财产权，因此人格权的经济价值应排他地归属于人格权的主体，财产利益与精神利益应同为人格权的内容，避免因他人侵权产生的外部性，以促进交易谈判”②。

对于“人格理论”，有学者批评认为，“由智力劳动产出的财产不是纯粹的财产，同时是人格的反映，奇异的人格财产一体性由此而来。按照这种思路，财产的本质由形成财产的劳动过程决定，一旦劳动过程中有智力投入，财产便失去了单纯的本性，兼具了人格要素的特征”③。另外，人格理论在一定程度上说明了著作权的正当性，但却很难说明专利权和商标权的正当性。

3. 激励理论

根据激励理论，为了鼓励信息的创造，应该授予创造者垄断性的专有权利以资激励。公共产品在消费上不具有对抗性和排他性。因此对公共产品来说，“搭便车”现象难以避免。知识或信息虽然具有公共产品的性质，但作为私权的知识产权，其确实通过赋予信息的创造者一定期间一定范围的垄断权利，以提供一种激励使得信息能够被不断生产和更新创造，只不过如此可能又会造成信息的权利主体要价太高影响该产品被利用，从而无法实现资源配置的最优效益。这种悖论在于：“为了利润最大化，垄断者设置了对于社会效率而言过高的使用费，于是使用变少，因此，与静态效率所要求的创新传播相比，知识产权法可能导致了较少的创新传播。”④

---

① 向波．知识产权正当性之批判解读——以利益冲突为基本视角．法学杂志，2015（8）．

② 王泽鉴．人格权法：法释义学、比较法、案例研究．北京：北京大学出版社，2013：451－452．

③ 李琛．质疑知识产权之“人格财产一体性”．中国社会科学，2004（2）．

④ 考特，尤伦．法和经济学．6版．史晋川，等译，上海：格致出版社，上海三联出版社，上海人民出版社，2012：107．

与财产权劳动学说、人格理论不同，激励理论是从信息使用者角度展开论证的，即授予信息的创造者以专有产权（如知识产权）可以使得使用者有足够的信息利用和消费。

激励理论也被用于解释其他信息权利的正当性，如“人格权商品化”，“如果人人得以任意利用这些人格特征，则这些人格特征就变得毫无价值”①。对于信息权利正当性的论证，该理论经常和财产权劳动学说、人格理论结合在一起被使用。

（二）个人基因信息权益配置理论应当结合三种学说

1. 财产权劳动学说之运用

尽管财产权劳动学说在解释知识产权，特别是标志性产权如商标等方面具有局限性，但不可否认，其仍是可证成知识产权正义性，特别是专利权和著作权正义性的主要理论学说，“通过自己的劳动和努力所创造的东西属于他自己的观念和原则，把财产的概念和智力产品联系起来，可以为个人就其智力上的创造主张自己的财产权提供理论基础”②。

2. 人格理论之运用

人格理论可以被用于解释个人基因信息本权归属和对基因科技成果的利益分享。依我们初步的经验：有许多能力，即使不是完全由遗传所决定，遗传似乎也提供了极为关键的条件，也就是说，其中包含有高度非个人努力的因素，如天生丽质、天分、才艺、聪明等；当然，也有不幸，如遗传性疾病。传统的财产权劳动学说对解释知识产权虽然极具说服力，但不能包打天下，对于个人基因信息权益的本权归属，依照该学说就有问题。一般而言，在社会生活中获得利益，通常是指借助工作、劳动、财产交换或其知识研发（如知识产权的例子）等方式，然而也可能以人格之特质作为获利之基础。人体组织对于生物科技研究具有基础性作用，应当根据其“贡献率”来论证参与技术成果利益分享的正当性。考虑个人基因信息之独特性，考虑个人自主权之延伸（告知后同意与退出的权利），以及人体组织在研究素材之供给及整体研究流程中均有其贡献的观点，应当肯

① 张红．人格权总论．北京：北京大学出版社，2012：198.

② 蒲莉．寻求遗传资源和传统知识法律保护的正当性——以经济学为视角．华中科技大学学报（社会科学版），2006（4）.

定人体组织提供者有主张参与分配衍生商业利益之权利。

人体组织提供者的“贡献率”还包括他们承受的“负外部性”。人体组织提供者甚至其背后的家庭、族群要承受基因生物科技研究所带来的“负外部性”①。现在的基因数据库多是由病患团体支持建立的，通过研究者的努力虽然在将来可能解决其疾患，但也可能并无成效，同时已经给其本人带来成本投入（被持续记录、检查、报告），给本人甚至族群带来歧视（被“标签化”，如被他人知悉其为某种遗传疾病患者或高风险者后会在就业、保险、教育方面遭遇诸多不利）对待，这是研究带来的负效应或者“负外部性”，理应通过一定的利益分享机制对其补偿以在一定程度上加以消除。

3. 激励理论之运用

一方面，如果人体组织和个人基因信息一般被作为公共产品，而无私权财产权加以保护，任何基因科技的研发者都可以免费取得和使用，最终必然导致“公共产品悲剧”，使得医生或研究者与人体组织提供者的信任关系遭到破坏，人体组织提供者就会拒绝提供自己的身体组织，生物科技研发将因缺乏研究素材而大受影响；另一方面，如果人体组织和个人基因信息的财产性权益得到承认，对于基因科技成果的安排有了制度性保障，这将激发病患团体、传统住民或特定社群成员参与研发的热情，而这样社会将从中受益。因为安全的财产权是经济增长的前提条件，“对财产权的法律保护创造了有效地使用资源的激励”②。因此，从经济学的角度来讲，为了保持并促进基因科技研发健康发展，必须确立个人基因信息的“产权”归属于人格权主体。

① 所谓负外部性，是指由于市场活动而给无辜的第三方造成的成本，也即某人或者某企业的经济活动会给社会上其他人带来损害，但该人或该企业不必为这种损害进行补偿。解决负外部性的基本思路是让外部性内部化，即通过制度安排使主体活动所产生的社会收益或社会成本，转为私人收益或私人成本，使技术上的外部性转为金钱上的外部性，在某种程度上强制实现原来并不存在的货币转让。参见：考特，尤伦. 法和经济学. 6版. 史晋川，等译，上海：格致出版社，上海三联出版社，上海人民出版社，2012：155.

② 波斯纳. 法律的经济分析：上. 蒋兆康，译. 北京：中国大百科全书出版社，1997：18.

二、“特定族群本权说”与“人体组织提供者本权说”的抉择

（一）“特定族群本权说”与“人体组织提供者本权说”

1. “特定族群本权说”

该种观点认为，有鉴于关于研究分析之基因信息并非单纯来自个人，而是来自族群间共通的基因信息，不论具备罹患疾病基因之族群成员已经患有或者尚未罹患该疾病，抑或是正常基因之族群，都为基因信息研究提供了一定程度的贡献；而且，人体组织提供者之族群有可能要遭受不利评价或者歧视的成本，并非仅仅由组织提供者单独负担，在考量以该致病基因为基础衍生的基因技术成果之利益时也应以该族群成员为优先考量。[①]有学者将此具有集体权性质之信息隐私权称为“家族权”，并认为出于基因研究引发对后世代的影响和责任应确立“未出生世代基本权利”和“发展权”[②]。也有学者从罗尔斯正义论出发，认为特定族群的分享最符合正义原则。[③]

以上所谓特定“族群”，按照界定可能泛指一群人之集合，一群具备同种身份之人，例如美国人、法国人；也有可能指的是不同环境的特殊性，依照呈现的特征对人类加以分类，如地处赤道黑皮肤的非洲各国人群。生物科技通过人体组织及基因信息之研究探究基因信息与某种特定功能或疾病之间的联系，因此其重心并非前述同种公民身份或者不同特殊环境所归类的族群，而是应该着重于在基因信息与每个独立个人关系上，并且依照基因信息的遗传性去划定具备同一种基因信息为共同特征之族群或者社群。按照这个特征，有学者指出基因信息经济利益分享的族群应当是以人体组织提供者为代表的一般社会概念中的小家庭，及其家族，具备相

---

① GEORGE J ANNAS. American bioethics：crossing human rights and health law boundaries. Oxford University Press Ltd.，2005：113－114；黄映智．人体组织提供者就该组织衍生利益得主张之私法上权利．台北：台北大学硕士学位论文，2005：65.

② 李震山．多元、宽容与人权保障——以宪法未列举权之保障为中心．2版．台北：元照出版公司，2007：309以下.

③ 陆诗雅．从罗尔斯正义论探讨人群生物资料库之惠益共享．台北：台北大学硕士学位论文，2009：117－121.

同疾病之遗传基因而受到同种病困扰的疾病团体（disease organization）、具备相同遗传基因而表现出同样生理特征（如皮肤白皙、抗冻性好、爆发力强）的一群人（ethnic group）等。① 还有学者主张调整纯粹“以人为本”法律思想，跳出“以人为中心”的思想窠臼，进入以“生命为中心”，迄以“生态为中心”的全新生态主义法律制度与架构，将基因信息主体及其家庭、未出生之人全部纳入该“族群”②。

2. “人体组织提供者本权说”

该种观点在我国为多数说。如有学者提出了“人格性财产权”的概念定性基因信息③，有学者指出基因信息权利属于基本权，主要包括基因隐私权、基因平等权、基因财产权、基因人格权、基因知情权等，是一项综合性的权利。④ 比较法上，有美国学者提出基于人性尊严和自主决定权，人体组织提供者享有对身体组织和基因信息的权利：一个人有权自由决定如何控制、处置其身体，并有权排除他人干涉、利用，进一步反映在人体组织及基因信息上，权利人可以自主决定如何运用身体及处分身体组织，并且可以自由决定其人体组织内蕴含之基因信息可以如何加以利用。⑤ 还有观点认为，人体组织提供者作为基因主体享有利益的基础在于其对基因技术成果的贡献，应该视其人体组织的提供对于研究的贡献大小，并按照“贡献率”取酬。当然有论者提出了反对意见，基因信息对于人体组织提供者而言，系基于遗传而来，性质上类似于个人之天赋，关于天生之基因特点，如果允许人体组织提供者加以主张，则无异于“中大乐透”，应检讨其公平性。⑥

---

① GREELY H T. The control of genetic research: involving the “group between”. 33 Hous. L. Rev. 1409，1410（1997）.

② 李震山．多元、宽容与人权保障——以宪法未列举权之保障为中心．2版．台北：元照出版公司，2007：431，439.

③ 刘红臻．人体基因财产权研究——“人格性财产权”的证成与施用．法制与社会发展，2010（2）.

④ 张小罗．基因权利研究．武汉：武汉大学博士学位论文，2010：60－65.

⑤ LAURA M IVEY. Moore v. regents of the university of california: insufficient protection of patents' rights. 25 Ga. L. Rev. 489（1991）.

⑥ 张文贞，牛惠之．浅论人类基因衍生专利：科技发展、伦理与法律的三角习题．应用伦理研究通讯，2003（27）.

（二）为什么要配置给人体组织提供者而不是特定族群

1. 个人基因信息的人格权面向决定了必须由信息主体自主决定权益行使

如前所述，个人基因信息权益被认为具有人格性和财产性双重性质，随着基因科技的发展，基因逐渐为人类所认识和控制，通过基因检测可以发现致病基因、研发基因药品、申请基因成果专利等，基因信息不再表现为单纯的人格利益，同时具有了巨大的经济价值。但因为基因信息属于"敏感个人信息"（sensitive categories of data），人格性应更强一些。王利明教授提出的"本质决定论"认为，应当承认在市场经济条件下，某些人格权具有一定经济价值，人格权的商品化并没有改变人格权的具体性质，从根本上说，它只是人格权的内容和权能增加了经济利益的性质，特别是利用的权能发生扩张，但人格权本身固有的属性并没有改变，人格权本质上是精神权利。①

德国法上，对于公开与利用他人隐私与信息的案型应诉诸"一般人格权"制度，"高度属人化且已成为人格一部分的'个人信息'，不能令其商品化或物化，以贬抑人性尊严"②。信息主体有权决定，哪些有关个人的信息可以透露给公众，以及这些信息可以被如何使用。换句话说，原则上，在向公众透露了个人信息的情况下，自己要能够决定以什么形象出现在他人或社会大众面前，这种权利就是"个人信息自决权"③。既然个人基因信息属于个人信息之一种，自然应有所谓"信息自决权"之适用。个人信息自决权突破了对人格权保护的消极性，不仅在人格权受到侵害时可以主张侵权法保护，而且可以通过契约或者其他安排决定人格权的行使，支持所谓"人格权商品化"。既然个人基因信息权益以人格权面向为主，财产权面向为辅，那么就不应在将人格利益保留给信息主体的情况下，将财产利益剥离给全人类、国家或者信息收集者、利用者。

---

① 王利明．人格权法研究．2版．北京：中国人民大学出版社，2012：242.

② 李震山．多元、宽容与人权保障——以宪法未列举权之保障为中心．2版．台北：元照出版公司，2007：209.

③ 陈志忠．个人资料保护之研究——以个人资讯自决权为中心．台北：我国台湾地区司法机关印行，2001：127. 此处依照我国学界习惯将之改为"个人信息自决权"。

2. 个人基因信息财产性本权赋予其他主体会造成所谓“反公用品悲剧”

1998 年，美国学者赫勒（Heller）提出了“反公用品悲剧”（Tragedy of the Anticommons）。他指出：如果一个资源存在多个权利持有人，每个人都可能排斥其他人使用稀缺的资源，那么，这种不合作不利于实现社会预期的目标，会出现“反公用品悲剧”现象。[①] 与“公共产品悲剧”系由于产权虚置、不明晰，所以需要明晰产权不同的是，“反公用品悲剧”系由于产权支离破碎，故需要整合产权。赫勒和其他学者都准确地指出“反公用品悲剧”问题在生物医学的研究中表现较为突出。[②] 如果个人基因信息权益中的人格利益保留给信息主体，而把财产利益本权配置给其他主体，即会出现权益的支离破碎，导致以上所谓“反公用品悲剧”。由于人体组织处于基因信息技术研究的上游，基因信息技术成果必须以一定人体组织的存在为基础，而“告知后同意”（informed consent）原则和“选择退出权”（opt-out）决定了人体组织提供者完全能够控制其他主体对基因信息的取得和利用；而基因信息被其他主体收集后其可以撇开人体组织提供者完全决定人体组织的经济利用而无须征得组织提供者的同意，独享经济利益而无须对组织提供者分享或补偿。如果两方主体拒绝合作，生物科技研究即不可能开展，陷入双输的局面。而这一切，皆源于个人基因信息本权配置上权益的支离破碎，单方主体“成事不足”而“败事有余”。

3. 将个人基因信息本权配置给人体组织提供者，不会影响效率

从人体组织之供给侧及需求侧观之，双方对于人体组织所衍生之商业利益各有其贡献，因此，在决定该商业利益之归属模式时，可能有三种模式供选择：全部归属于人体组织供给侧或需求侧之主体，抑或由二者共同分享之。对于模式一，如仅有人体组织提供者，而欠缺需求侧利害关系人之资金投入及研究，并不当然会有进一步衍生之商业利益，如径将研发成果衍生商业利益归属于供给侧之主体，则对于需求侧之主体而言，将不再有诱因促使其投入生技产品之研发。对于模式二，本书已经论及，由于对人体组织提供者欠缺惠享安排，因激励不足会发生“反公用品悲剧”进而

① MICHAEL A HELLER. The tragedy of the anticommons: property in the transition from Marx to market. 111 Harvard Law Review, 621 (1998).

② MICHAEL A HELLER & REBECCA EISENBERG. Can Patents Deter Innovation? the Anticommons in Biomedical Research. 280 Science 698 (1998).

影响生物科技研究和产业的可持续发展。基于公平及促进产业发展之考虑，第三种利益共享之模式显然较为合理。有学者指出其正当性体现在：首先，承认人对组织和基因有财产权可借由落实公平及防止不当的致富，使其在道德上可以被接受；其次，财产权在排除剥削和不当得利后，可保持病人与医疗人员间的信赖关系；最后，财产权将使人体组织或衍生物牵涉到诸多不同利益时达到最佳的平衡状态。① 当然这种分享利益不可能太多、太高，否则又会影响下游产业发展，最终会传递到作为基因技术消费者的病患者身上。

（三）特定族群利益的保护

如何划定个人基因信息本权的主体范围，是“人体组织提供者本权说”与“特定族群本权说”之争议焦点，即由于基因具有一定的族群甚至人类共同性，为什么“人体组织提供者本权说”只认为人体组织提供者有权分享该技术成果利益呢？“特定族群本权说”面临的实践困境主要有两点：（1）划定族群分享主体的困难性；（2）有关族群中部分成员提供其人体组织样本，将使群体负担不利评价或者可能遭受基因歧视以及弱化，其决定是否参与之自主权部分如何处理的问题。②

笔者认为，基因信息的确非个人专有，作为生物科技研究样本的基因信息可以来自族群中的某个人或部分、全部人，人体组织提供者似乎不能独占参与基因技术成果的利益分享。因此人类基因组组织在 2000 年发表关于基因研究的利益分享宣言，该宣言针对从事基因研究之事业，建议利益分享对象应是整个族群而非个人，该组织并主张基因研究企业负有特别的道德义务，利益分享可通过从企业每年的净收益中提取 1%至 3%实施之。③ 但是如果考虑到基因研究中的样本取得，除了有带病基因外尚须正常基因样本加以对照，凭什么只有病患者提供的样本能够参与利益分享？但如此考虑可能造成参与分享的主体扩大及全人类。有学者指出，简单将

---

① 王素珍．人体组织之保障与管制——财产权与人格权结合的另类思考．新北：辅仁大学硕士学位论文，2003：57.

② 黄映智．人体组织提供者就该组织衍生利益得主张之私法上权利．台北：台北大学硕士学位论文，2005：75 页以下.

③ See HUGO Ethics Committee，*Statement on Benefit-Sharing*（2000），http：//www.eubios.info/BENSHARE.htm，Eubios Journal of Asian and International Bioethics 10（2000），pp. 70－72.

所有的“同类”都不作区分地划归为分享主体，难免会带来“同类”的确认问题。族群具有极大的不确定性，一时很难界定，加上基因技术开发具有周期长的特点，无疑将使此问题雪上加霜。其建议以获得专利权之日为确定分享人范围的基准日，并可以实际提供基因样本的个体为其代表人，申请国家专利行政部门发出“确认书”，规定在一定期限内必须由本人提出证据证明他属于同类基因的拥有者，超过时限者即视为放弃权利。① 但是，持此种观点的学者自己也承认这种方案并不完美。

将“人体组织提供者本权说”与“特定族群本权说”两相考量，考虑到方案应兼具可行性与合理性，笔者认为把分享的对象限于样本提供者可能更为恰当。在制度安排上可以让样本提供者直接分享部分技术成果利益，而对于其他族群成员和社会公众则通过对技术成果的国家税收、强制许可、合理使用等实现间接分享。而且对于直接分享的方式，有学者进一步指出应不限于金钱形式，可以实行缓和的、非金钱形式的分享。② 该建议具有一定合理性。坚持“人体组织提供者本权说”，当然就无须经过所谓“族群同意权”来取得人体组织，人体组织的提供与取得只要不违反法律和公序良俗，由研究伦理委员会从外部控制其行为的合宪性与合法性后即应当认可其效力，无须更大范围内告知与取得意见。因为法律的调整作为一种社会治理手段，应当止于当止之处，其并非万能。

三、理论难题的解决与国际趋势

(一) 理论难题：承认人体组织提供者对基因信息的财产权益会否导致“人格权商品化”？

就“人格权商品化”问题，有学者指出，传统理论中人体器官、组织、基因等身体组成部分从不得被商品化和市场化，发展到为满足器官移植和基因研究的需要而有限度地承认“非营利性”支配，再到医疗机构、基因科技的研究和投资机构等技术资本的操控者把其还原为祛人格的有机

① 贾小龙，王敏．基因衍生专利保护问题研究——基因资源提供者参与分享基因衍生专利利益探讨．北京航空航天大学学报（社会科学版），2006（4）.

② KOROBKIN. Buying and selling human tissues for stem cell research. 49 Arizona Law Review，49（2007）.

功能体、具有非凡赢利潜能的原料仓库和矿藏。[①] 如何看待基因信息的财产权益承认所导致的"人格权商品化"?

(1) 基因信息及其技术成果的商品化不会造成"滑坡效应"

滑坡效应（slippery slope）是指，如果我们允许了 A，那么下一步就会允许尚有争议的 B，以至于最后会允许道德上绝对不认同的 C、D、E。[②] 由此，有人担心人体组织的财产利益一旦被承认，可能进一步引起生命的贬值、客体化、商业化和商品化，一些无良科学家会损害到拥有独特基因的弱势团体。笔者认为，科技具有中立性，关键是看如何运用，如基因时代下的基因治疗，可以用来治疗一些现在传统医学难以攻克的疾病，但也可能因此助长优生选择并造成人类基因多样性的减少，但如果为了避免可能会产生的负面效果而禁止科技发展，这样的推论难以成立。为防止负面效应的发生，我们相信可以用社会上相关的规范来防止，例如法律、专业、科学伦理等来划清界限，承认人体组织及其蕴含的基因信息具有财产利益，并不必然地就会带来身体的商品化，财产权负有的社会义务将会适当地课加其行使此项权利的限制。面对着基因技术成果的巨大商业价值若任由研发者独享利益，拒绝承认基因信息本身蕴含经济利益，只会导致利益失衡，并最终反过来导致生物技术产业发展遇到障碍。况且，基因信息蕴含一定经济利益的承认总不会比克隆、代孕等更具伦理和法律上的挑战性。

(2) 各国正走在某些人格权商品化的路上，只是走得远近不同

面对人格权商品化的趋势，精神性人格权益被他人非法利用，其所获得的收益应当予以剥夺，在制度上如何实现？美国法通过脱胎于隐私权的公开权（right of publicity）来实现，而德国法传统的国家或地区则逐步通过创立精神损害赔偿的管道，明确规定在侵害精神性人格权时所获得的利益，应当在确定精神损害赔偿数额时予以考量，"侵权人获利"因素的引入正是为了解决人格权商品化产生的经济利益剥夺问题，我国《最高人民法院关于确定民事侵权精神损害赔偿责任若干问题的解释》（法释

① 刘红臻．人体基因财产权研究——"人格性财产权"的证成与施用．法制与社会发展，2010（2）．

② 杨秀仪．病人，家属，社会：论基因年代病患自主权可能之发展．台湾大学法学论丛，2002，31（5）．

〔2001〕7号）第10条即明确规定了精神损害赔偿中对“侵权人获利”的考量。主张“侵权人获利”与精神损害相关的观点属于现代民法观点，但主张其与财产损失相关的思路代表了“人格权商品化”问题处理的未来。“侵权人获利”在精神损害赔偿中的引入实际上体现了一种解决问题的曲折迂回的思路，在精神损害的算定上引入“侵权人获利”作为一种衡量因素，实际上达到了与承认“侵权人获利”属于财产损失类似的效果。[①] 我国《侵权责任法》第20条实际上承认了某些人格权的双重利益构成，即某些人格权中既包括了精神利益或伦理价值，同时也包括了财产利益。对于可获财产利益的某些人格权，受害人财产损失可以采取“侵权人获利”来算定。所以，正如有学者所指出：承认基因信息财产利益不过是这整个趋势中的一部分而已，不应过于强调其道德上的负面评价，而应以“合理的风险”或“可接受的威胁”来思考此一问题。[②]

（二）比较法和国际公约态度之转变

对于人体组织提供者能否主张分享基因技术成果之财产利益，前引美国加州最高法院对Moore案的判决态度是：人体组织提供者，对衍生自人体组织的生物科技产品，不应享有财产上的利益。虽然该案对于加州之外并没有拘束力，但其他法院也多采取了拒绝承认财产利益的观点。针对Moore一案的判决结果，Mosk大法官在该判决的不同意见书中批评多数意见没有认可人体组织为个人财产，即使个人对其身体的控制极少，也不能否认个人对其身体的财产权，法院的多数意见否认人体组织提供者的财产利益，但却不否认其他人的利益，这样的见解是前后不一致的。同时，他也怀疑仅通过“未告知”诉因是否能适当地保护患者的权利。最后，Mosk法官批评多数意见未能考量其他支持对身体的财产权的政策关怀，例如不当得利。然而，研究者与人体组织提供者的关系似乎随着近来一些案例的发展逐渐变化，尤其是组织提供者系病友团体，开始向研究者主张研究成果之利益分享；法院虽然仍囿于人体组织不具财产权性质的态度，却也认为组织提供者对于研究成果之产生也有贡献，认可双方的契约安

① 郭明龙．论精神损害赔偿中的“侵权人获利”因素．法商研究，2009（1）.

② 张文贞．从基因信息与基因市场的面向来分析（III）．台北：我国台湾地区“科学委员会”专题研究计划成果报告（公开查询），2005：13.

排。例如前引 Daniel Greenberg 案件[1]中，美国非营利组织 Canavan Foundation 鼓励患有该病的家庭（与被告医院并无医患关系）提供病理组织供基因检测发展之用，1993 年被告迈阿密儿童医院成功分离出 Canavan 基因后擅自申请了检测方法专利，并向作为原告方的患者收取检测费，组织提供者在 2000 年提起诉讼控告迈阿密儿童医院强占、未履行告知后同意、不当得利与信托责任违反等，双方最终于 2003 年和解，原告方承认被告享有专利权，被告方不再向原告收取检测费，对于原告方应否分享利益并未做出司法判定。但 1994 年涉及遗传性弹性假黄瘤（Pseudoxanthoma elasticum，PXE）的案例中，患方作为人体组织提供者与研究者达成协议参与了利益分享。这说明，关于生物医学研究组织提供者的权益保护，已经从不得为任何主张，逐渐朝向强调对自身人体组织和基因信息之控制权以及通过契约协商模式控制后续衍生专利权方式进行了典范转移。[2] 更值得注意的是，1995 年美国联邦基因隐私和无歧视法案（the Federal Genetic Privacy and Non-Discrimination Act），在 104 条 a 项中断然地阐明财产权，承认个人在基因材料上的财产利益，包括 DNA 及血液样本。1996 年，新泽西州也通过了基因隐私法（Genetic Privacy Act），新泽西的基因隐私法对个人基因信息提供隐私财产权的保护，隐私财产权的概念已经超越了单纯基因材料的范围。[3] 以上两个规范都可以让个人在受到侵害时寻求私法上的损害赔偿，去对抗那些企图侵害他们财产权、隐私权的人。

国际公约上虽然有规定人类基因属于全人类共同遗产（Common Heritage），但利益分享（benefit-sharing）已渐渐成为国际法上之要求。例如：人类基因组组织伦理委员会（HUGO）于 2000 年所发布的《关于利益分享之声明》（Statement on benefit-sharing），2003 年世界卫生组织报告（WHO report）的《基因数据库：利益利用及其对人类及专利权之冲

---

① See *Greenberg* v. *Miami Children's Hospital Research Institute*, *Inc.*, 264 F. Supp. 2d 1064，1068－1071（2003）.

② 李崇僖，刘源祥．从生医研究趋势探讨参与管理者权益之保障．月旦法学杂志，2007（142）.

③ 王素珍．人体组织之保障与管制——财产权与人格权结合的另类思考．新北：辅仁大学硕士学位论文，2003：48.

击》(Genetic Databases: Assessing the Benefits and the Impact on Human & Patient Rights),以及联合国教科文组织(UNESCO)于2003年通过的《国际人类基因数据宣言》(International Declaration on Human Genetic Data)皆于基因研究中强烈呼吁重视对参与者族群利益分享之要求。① 国际公约和宣言实际上逐渐向着承认人体组织提供者等参与者一定利益的方向前进。

小 结

学界就个人基因信息本权配置提出了多种理论方案,包括"全人类本权说""国家本权说""特定族群本权说""人体组织提供者本权说""收集者、利用者本权说"等。根据关于信息财产权正当性判定的三种学说,即财产权劳动学说、人格理论和激励理论,在涉及个人基因信息权益配置时应当结合三种学说,将财产权劳动学说用于解释基因科技成果权的归属,将人格理论用于解释个人基因信息财产权益的归属,将激励理论用于补充以上理论。个人基因信息的人格权面向决定了必须由信息主体自主决定权益行使;将个人基因信息财产权益本权赋予其他主体会造成所谓"反公用品悲剧";将个人基因信息权益本权配置给人体组织提供者,不会影响效率。对于"特定族群本权说""人体组织提供者本权说"的分歧,笔者认为应当区分直接分享与间接分享,人体组织提供者实行直接分享,特定族群甚至全体国民实行间接分享。明确个人基因信息权益配置,不会导致"道德滑坡"或加剧"人格权商品化"的崩塌。

值得注意的是,行政法规《中华人民共和国人类遗传资源管理条例》坚持了"人体组织提供者本权说"。该条例修改了之前的部门规章《人类遗传资源管理暂行办法》中的规定,不仅强调在取得遗传资源时要坚持"自愿参与和随时无条件退出"的知情同意,实际将"本权"完全配置给

① 刘宏恩.基因资料库研究中的公众信赖、商业介入与利益分享.台北大学法学论丛,2005(57).

了“人类遗传资源提供者”①，而且规定可以“为科学研究依法提供或者使用人类遗传资源并支付或者收取合理成本费用”。以上制度配置有利于我国人类遗传资源的采集和利用，有利于基因科技研发的持续健康发展。

---

① 《中华人民共和国人类遗传资源管理条例》第12条规定：“采集我国人类遗传资源，应当事先告知人类遗传资源提供者采集目的、采集用途、对健康可能产生的影响、个人隐私保护措施及其享有的自愿参与和随时无条件退出的权利，征得人类遗传资源提供者书面同意。在告知人类遗传资源提供者前款规定的信息时，必须全面、完整、真实、准确，不得隐瞒、误导、欺骗。”

第四章　人类基因科技成果之专利化及利益分享方式

随着生物科技迅猛发展，人类能够在分子层次上揭示生命的奥秘，对于基因信息的解析使得人类的知识急速膨胀，伴随着这些发现，衍生出生物科技上的众多发明。这些成果凝聚着研究者的智慧与心血、投资者的勇气和希望，他们共同期待发明成果能够顺利产业化，在各个生活领域尤其是医药方面产生重大经济价值和社会价值。对科技创新和知识创造的保护与激励，主要有四种方法：政府对艺术和科学的供给或资助、慈善捐赠资助、商业秘密保护和知识产权保护。[①] 由于对艺术和科学的利用不一定对全体纳税人有用，政府的供给或资助实际上导致行政权在资源配置上起到基础性作用，这种做法被证明提供的创新激励不足，容易滋生腐败；慈善捐赠资助虽然监管花费少一些，但可持续性存疑；商业秘密保护制度阻止了信息的充分利用，且保密制度往

① 考特，尤伦．法和经济学．6版．史晋川，等译，上海：格致出版社，上海三联出版社，上海人民出版社，2012：105-106.

往难以奏效，产生大量纠纷解决成本；现代社会市场经济国家最终都选择了知识产权制度转为激励知识创造的最佳工具。“依据专利制度的社会契约理论，专利申请人为了就其创新的技术方案获得一定时期的排他性使用权，就需向社会充分公开其技术方案，以避免社会的重复性劳动和为此支付不必要的费用，这是契约双方互为支付的对价”①。人类基因科技成果要实现“产业化”，专利权制度也成为各国的普遍选择。但由于人类基因科技成果涉及较大伦理争议，专利的授予涉及巨大的经济利益，同时又关系到医疗资源的分配、公众之健康维护、人类基因健全性等重要法益的保护，由此引发了近年来在人类基因研发成果专利化上的激烈争论。人类基因科技成果应否专利化，如何专利化，以及如何平衡利益冲突，究竟谁有权源能在人体基因所衍生之知识产权利益上有所主张，相关主体应当获得补偿还是分享利益等议题，都需要研究解决。

第一节　人类基因科技成果之专利化

人类基因科技成果之专利化问题，涉及两个方面：其一，人类基因科技成果能否受到专利法保护，或者在多大范围上受到保护，此为专利适格性（patent eligibility），即是否属于可专利主题（patentable subject matter）；其二，人类基因科技成果如果可以受到专利权保护，则获得保护的实质性条件是什么，即“可专利性”（patentability）。以上两个方面在专利政策上都可以归结为实质的法益权衡，不过前者主要解决人类基因相关科技成果能否被授予专利权问题；而后者建立在专利适格性基础上，解决符合哪些条件才能授予专利权的问题，如“三性”（如新颖性、创造性和实用性）。对于专利授予范围与方式的争议，生物科技发达国家和地区如欧、美、日实务上见解已发生诸多歧异，涉及非常繁复的专业生物科技知识，也牵涉广泛的国际经济竞争与医药健康政策的考虑在内，各国专利政策上的歧异与不透明性更加深了基因衍生专利相关法规范适用的困难性。

---

①　刘银良．生物技术法．北京：清华大学出版社，北京交通大学出版社，2009：112.

一、人类基因科技成果的专利适格性

（一）人类基因科技成果专利适格性的争议

“专利适格性是指一项发明创造属于可专利主题，在一国专利法规定的可授予专利权的客体范围内”①。专利适格性要求及例外情形规定可以对专利申请进行初步过滤，提升专利制度运行效能。关于人类基因科技成果能否获得专利保护，主要有否定说和肯定说。

1. 否定说

有学者从“人类共同财富”说出发否定人类基因信息的私权化，也反对人类基因科技成果的专利化，“若人类共同财富之原则能够被广为接受，则任何人都不拥有其基因的财产权，研究单位也不能够就其分析定序的基因申请专利，已经申请归档的专利应该要撤销”②。其潜在理由是“根据进化论，在漫长的生命进化过程中，鉴于代谢途径、代谢分子、基因和细胞结构的保守性，现在的生物科技发明能够涉及的生物材料（例如肥胖基因、胰岛素分子或能够产生抗生素的某种微生物）都肯定存在上百万年或者更长时间，这样的时间远非专利法的视野所能延及，因此无论怎样估计，都会涉及生物材料的新颖性判断问题，这种现象在其他技术领域中也鲜能一见”③。还有学者认为，人体基因是天然存在，是发现而非发明，因而它不在传统的专利保护范围之内；基因衍生专利正在挑战人类的道德底线，危及了人类已有道德传统与基本信仰。④ 由是观之，否定说的论据主要涉及伦理上的忧虑与技术上的困境（科学发现不能授予专利权）。

还有学者认为现行人类基因衍生专利制度阻碍了技术进步，“基因衍生专利政策虽然表面上看来是鼓励创新科研活动的中性制度，但其实并非

---

① 伍春燕，焦洪涛．从 Myriad 案看人体基因的专利适格性．电子知识产权，2014 (4).

② 颜厥安．财产、人格还是资讯？论人类基因的法律地位//鼠肝与虫臂的管制——法理学与生命伦理论文集．台北：元照出版公司，2004：196.

③ 何欣伦．论我国专利法对生物科技保护之趋势．台北：铭传大学硕士学位论文，2011：56.

④ 彭立静．论人体基因衍生专利对道德底线的挑战．武汉理工大学学报（社会科学版），2009 (2).

如此，以排他权之保护作为鼓励研究之诱因的同时，必须考虑保留公共领域中知识的必要性。因为一旦公共领域中知识过于狭隘，对于任何想要从事研究创新的人而言都会造成阻碍，如此一来就使得专利制度之本来目的受到反挫”①。

2. 肯定说

肯定者认为，基因序列之定序与解读不同于一般事物之发现，其需巨额投资且为高风险之研究，也是研究人员投入庞大心血的研究结晶，是故应对其研究贡献赋予专利保护。② 以上见解被冠以“奖励理论”之名，专利被认为是专利权人与社会之契约，社会承诺赋予专利权人法律独占地位，专利权人则以公开技术信息作为对价。③“奖励理论”进一步被区分为“发明诱因说”（incentive-to-invent theory）和“公开诱因说”（incentive-to-disclose theory）。依照前者，生物科技的创新成本高、周期长但模仿成本低、周期短。因此必须借助智慧财产权（intellectual property right，IPR）加以保护，以维持科技创新者的利得，来维持研发诱因，此为“发明诱因说”④。依照“公开诱因说”，专利制度是鼓励发明人公开其技术信息的手段，倘若无专利制度，发明人不会选择公开其信息而是以商业秘密加以保护，这会引发某些社会成本，如重复研发进而阻碍整体技术进步。⑤

3. 本书观点

其实无论愿望如何，“基因技术可专利性，初步以为在国际上已无争议”⑥。世界各国已经走在人类基因科技成果专利化的路上，只是路的远

---

① 李崇僖．人体基因研究之伦理规范问题初探．月旦法学杂志，2007（141）．

② 陆诗雅．从罗尔斯正义论探讨人群生物资料库之惠益共享．台北：台北大学硕士学位论文，2009：53．

③ 何建志．生物技术专利之最适范围——商业政策与法律分析．台湾大学法学论丛，2004，33（5）．

④ 范建得．基因科技智慧财产权制度暨基因科技之产业发展（II）．台北：我国台湾地区“科学委员会”专题研究计划，2001．

⑤ 同③．

⑥ 林瑞珠．我国基因科技相关智财法制之决策与国际参与（2/3）．台北：我国台湾地区“科学委员会”专题研究计划期中进度报告，2005．

近尚有不同。1953 年，Watson 与 Crick 共同发现 DNA 的双螺旋结构时，他们拥有很好的机会将其申请专利并可能由此获得高额利润，但两人均拒绝将双螺旋结构专利化。[①] 在美国，Diamond v. Chakrabarty 案[②]提出“任何在阳光下由人类创造之发明，而非自然存在的生命体（living creatures），皆具备专利适格性”，由此打开了人类基因专利的大门，截至 2012 年 8 月，美国有近 5 000 项专利与人体基因有关。[③] 同样是生物科技发达国家，欧洲各国如英国、德国、法国、意大利、瑞典等相较之下虽然态度较保守，但其内国法律随着导入欧洲专利公约（EPC）之概念而作修正，特别是欧盟在 1998 年 7 月 6 日通过《欧盟生物科技专利指令》（Directive 98/44/EC on the Legal Protection of Biotechnological Inventions）后，生物科技发明受到专利权保护，专利保护之范围扩大。[④] 从全世界范围来估计，约 20%的人类基因组已被申请专利。[⑤] 迄今，世界上几个主要发达国家和部分发展中国家，在关于生物科技专利的某些重要方面已达成共识：在保持其特殊性情形下，生物科技专利也具有一般性，即如能满足专利法规定的条件，生物科技发明就可以获得专利法保护。[⑥]

（二）人类基因科技成果专利适格性：发现与发明的辨别

1. 发现与发明辨别的标准

各国专利法一般遵循大致相似的原则，只有发明才具有专利适格性，发现不应被授予专利。但随着生物科技的发展，这一原则通过解释和实务操作被不断突破，专利法几百年来一直严格遵循的发明与发现的区分规则受到质疑。在美国法下，专利的保护原则上限于应用科学的发明，而排除基础科学研究、自然法则、自然现象、抽象理论或存在于自然界之物的发

---

① STURGES M L. Who should hold property rights to the human genome? an application of the common heritage of humankind. 13 Am. U. Int'l L. Rev. 244 (1997).

② *Diamond v. Chakrabarty*，447 U. S. 303，206 U. S. P. Q. 193 (U. S. 1980).

③ Human Gene Patent Report 2012，http：//hgpr. org/final HGPR. pdf.

④ 林怡芊．欧盟 98/44 号生物技术发明保护指令中专利适格标的之研究．新竹：“清华大学”硕士学位论文，2004：23.

⑤ Open Source Biotech. [2013 - 10 - 05]. http：//www. bios. net/daisy/bios/2296/version/default/part/Attachment Data/data/Red%20Herring%20-%20April%2017，%202006. pdf.

⑥ 刘银良．生物技术的法律问题研究．北京：科学出版社，2007：23 - 24.

现，但由于实务界顺应生物科技迅猛发展，对上述法则解释上趋向宽松，使得只要有相当程度的人工介入，就能将自然的产物（“发现”）转变为可专利的物体（“发明”）。最初在 1880 年的 Tilghman v. Proctor① 一案中，美国联邦最高法院认为，若申请专利范围属于一种“原理”，虽然由申请人首先发现并加以利用，仍不能批准其获得专利；在 1948 年的 Funk Bros. Seed Co. v. Kalo Inoculant Co. ② 案中，美国联邦最高法院则首次就微生物是否可获得专利保护发表意见，并确定了凡是自然规律与自然现象就不得授予专利的基本原则。③ 而 1980 年美国联邦最高法院审结的 Chakrabarty 案根本上改变了这一基本原则，“任何在阳光下由人类创造之发明”皆具备专利适格性。④ 美国专利商标局（USPTO）认为，只要是以“已分离的基因”（isolated DNA）为形式提出专利申请，即具备专利适格性。⑤ 值此生物科技迅速发展之际，美国专利法规与司法实务为美国生物科技发展提供了巨大支持。虽然美国专利法并未修正，但是通过法院的解释与美国专利商标局的审查实务要求，美国逐步扩大了生物科技的专

---

① *Tilghman* v. *Proctor*, 102 U. S. 707 (1880).

② *Funk Brothers Seed Co*. v. *Kalo Inoculant Co*., 333 U. S. 127 (1948). 本案中申请人利用一种豆科植物之根瘤细菌，吸收空气中之氮，并将其转化为有机氮化合物。美国联邦最高法院于本案认为，这些细菌就像太阳所发出之光热，属于人类不断探索之知识宝库中的一部分，为自然原理原则之表现，应由任何人无偿利用。

③ 冯震宇．智慧财产权发展趋势与重要问题研究．台北：元照出版公司，2003：108-109.

④ *Diamond* v. *Chakrabarty*, 447 U. S. 303, 206 U. S. P. Q. 193 (U. S. 1980). 本案发生于 1972 年，Ananda Chakrabarty 就一种被改变基因的细菌提出专利申请，这种细菌可以用于分解清除石化油污。美国专利商标局（USPTO）拒绝其申请，主张“活的生物体本身不得专利化”（as living things they are not patentable）（Chakrabarty, 477 U. S. 306）。海关及专利上诉法院（Court of Custom and Patent Appeals）支持了美国专利商标局的决定（596 F. 2d 952 [1979]）；联邦最高法院在决议中认为其具有可专利性，因为“权利要求主张的并不是迄今未知的自然现象，而是非天然存在的产品或化合物——是具有‘与众不同的名称、特征及用途’的人类智慧的结晶”（477 U. S. 309）。

⑤ 谢铭洋．科技发展之智慧财产权议题．台北：翰芦图书出版有限公司，2005：62-64.

利适格范围。[1] 人类基因组系由约 3 万个基因所构成，23 688 个已经完成定序并确认其功能，并由 NCBI（National Centre for Biotechnology Information）收录于数据库，其中近 20%亦即 4 384 个基因在美国受到专利权保护，分属于 1 100 多位专利权人。[2] 有学者认为，生技产业在美国蓬勃发展的原因有二：其一是 1980 年美国联邦最高法院对 Diamond v. Chakrabarty 案件的判决鼓舞了初萌芽的生物科技产业；其二是同年国会制定的 Bayh-Dole 法案（Public Law No. 96－517）与 Stevenson-Wydler 法案（Public Law No. 96－480），通过技术移转政策，促进政府出资的研究结果之商业化，使得由政府提供资金支持的科学家将其工作注意力转移至专利权及其商业化上。[3]

欧盟各国为了在欧盟市场内部协调各国法律差异，并且使其知识产权制度适应生物科技发展变化需要，形成了执委会指令（Commission Directive）。执委会于 1988 年针对生物科技发明提出知识产权保护指令初步计划，但该计划于 1995 年被欧洲议会（European Parliament）在其协调程序中驳回，原因在于无法辨识 DNA 序列介于不能得到专利保护之发现（discovery）与可能为工业财产权（industrial property right）所涵盖之真正发明（true invention）间之差异。最终形成的 Directive 98/44/EC 指令继续强调对专利法之运用仍须尊重捍卫个人尊严与其完整性，并确立了单纯发现任何形成或发展阶段之人体，包括生殖细胞、单纯发现之人体成分（element）或其产品（production），以及人体基因序列或部分基因序列均

① JULIAN C. Gene patents are under attack in the US. Pharmaceutical Medicine, 2010.

② *Ass'n for Molecular Pathology* v. *Myriad Genetics*, *Inc.*, 702 F. Supp. 2d, p. 209. 另可参见：李素华．基因科技成果之专利保护及权利范围——从美欧新近个案谈基因衍生专利权对公共卫生之影响//吴全峰．2011 科技发展与法律规范双年刊：健康、科学与人权，台北：我国台湾地区"中央研究院"法律学研究所，2012：67.

③ 吴佩琳．生物材料专利对科技发展之冲击及其可能管制方式之探讨——以胚胎干细胞为例．台南：成功大学硕士学位论文，2005：78.

不具可专利性。[①] 指令再次重申“单纯发现”的物质不具有专利适格性之基本原则，但又同时在立法理由第 23、24 段（Recital 23 and Recital 24）规定，“DNA 序列或部分序列片段必须在专利申请书中揭露其功能，包括该序列会产生何种特定蛋白质或部分蛋白质，或具体说明所产生之蛋白质功能为何”；只有在符合与其他科技领域相同的专利新颖性（novelty）、发明步骤（inventive step）与产业利用性（industrial application）等三项专利实质要件时，才可能授予其专利（立法理由第 22 段）。对于发明与发现的辨识，立法理由第 3 段第 2 款规定，“由自然环境分离的生物物质或由科学方法所生产的生物物质可作为发明之标的，即使其之前已存在于自然环境中”；第 5 段规定，“人体形成和发展的不同阶段之身体以及人体的成分（包括基因序列或基因部分序列）之单纯发现绝非可授予专利的发明”；“由人体分离所得或以其他技术方法所产生之成分（element），包括一基因序列或其部分序列，即使此成分结构与存在于自然中之成分结构相同也可构成具可专利性之发明”。总之，指令 98/44（Directive 98/44）的原初目标是为生物科技学发明提供法律保护，在欧盟内建立生物科技领域之法律确定性，并且帮助欧洲生物科技公司提升发明、展现效率以吸引投资。欧盟对基因科技成果的保护水平与美国相比应当是各有千秋，不过美国司法实践一般坚持凡具新颖性、进步性及实用性的发明物品或方法，均得给予专利权保护；但欧盟另有两项例外规定：违反公序良俗，以及动物新品种及育成方法。[②]

2. 美国发现与发明区分标准之转向

就基因衍生专利适格性问题，美国 Association for Molecular Patholo-

---

① 参照原文：“Recital 16：Whereas patent law must be applied so as to respect the fundamental principles safeguarding the dignity and integrity of the person；whereas it is important to assert the principle that the human body，at any stage in its formation or development，including germ cells，and the simple discovery of one of its elements or one of its products，including the sequence or partial sequence of a human gene，cannot be patented；whereas these principles are in line with the criteria of patentability proper to patent law，whereby a mere discovery cannot be patented.”

② 范建得．基因科技智慧财产权制度暨基因科技之产业发展（II）．台北：我国台湾地区“科学委员会”专题研究计划，2001：4.

gy v. USPTO[①] 案（以下简称“Myriad 案”）在全世界生物科技研发的科学界和产业界、司法界引起极大争议，一时间学界也在争论基因科技成果专利化的未来方向。[②] 本案基本案情如下。

成立于 1991 年位于美国犹他州的 Myriad Genetics（以下简称 Myriad 公司）持有涉及 BRCA1（检验乳腺癌）和 BRCA2（检验卵巢癌）基因的 7 项专利权，在分离 BRCA 基因、合成 BRCA cDNA（complementary DNA，cDNA）和提供 BRCA 基因检测诊断服务方面享有排他性的权利。该公司因为垄断相关检验方法使其可以自由确定检测费用，令很多受检者不堪重负，科学家的研究自由也受到限制。

2009 年 5 月，分子病理学组织（Association for Molecular Pathology）、美国公民自由联盟（American Civil Liberties Union）、美国公共专利基金会（Public Patent Foundation）、部分乳腺癌和卵巢癌患者等 20 位署名原告将 Myriad 公司以及授予专利权的美国专利商标局（USPTO）告上法庭，请求法院判决宣告上述 Myriad 公司 7 项专利的 15 项权利要求全部无效。原告方理由是，根据美国专利法第 101 条[③]，Myriad 公司分离的 BRCA 基因属于自然产物（products of nature），不属于可专利主题（patentable subject matter）。2010 年 4 月纽约南部地方法院由 Robert 法官撰写的多数意见认为分离 DNA 分子与天然 DNA 分子的核苷酸序列相同，其携带的信息必然一致，两者没有显著差别，因此分离 DNA 分子不具备

① *Association for Molecular Pathology* v. *USPTO*, 653 F. 3d 1329 (Fed. Cir. 2011).

② KALI M, ESTHER VAN ZIMMEREN. Dynamic patent governance in Europe and the United States: the Myriad example. 19 Cardozo journal of international and comparative law, 287, 341 (2011). 另可参见：肇旭 . Myriad 案与基因衍生专利的未来 . 河北法学，2014 (1).

③ 美国专利法第 101 条规定：“任何人发明或发现任何新的且有用的方法（process）、机器（machines）、产品（manufacture）、或组合物（composition of matter）、或对它们的任何新的、有用的改进（any new and useful improvement），都可以因此而获得专利权，只要其符合授权的条件和要求”。适格的专利客体包括了方法、机器、产品、组合物以及它们的改进，必须要具有有用性、实用性或有形性。另须注意，第 101 条中的“发明或发现”中的“发现”实为发明的同义语，绝非法律意义上的科学发现。

可专利性，遂支持了原告的全部诉求，宣告 7 项专利的 15 项权利要求全部无效。①

Myriad 公司上诉至联邦巡回上诉法院。2011 年 7 月，联邦巡回上诉法院部分推翻、部分维持了地方法院判决结果，裁定分离 DNA 分子以截然不同的化学形式存在，是与人体中的 DNA 分子不同的化学分子，分离 DNA 分子属于可专利性主题，具有专利适格性；通过比较或分析分离 DNA 分子鉴定癌症易感突变的权利要求不具备可专利性；通过改变细胞生长速度筛选潜在癌症诊疗方法的权利要求具备专利适格性。②

原告不服，上诉至联邦最高法院。2012 年 3 月，联邦最高法院签发调卷令，要求联邦巡回上诉法院根据 Mayo Collaborative Services v. Prometheus Laboratories 案中联邦最高法院的决定重新审理 Myriad 案。

2012 年 8 月，联邦巡回上诉法院重新审理 Myriad 案，但仍然坚持第一次判决结果。

2012 年 9 月，原告美国公民自由联盟及公共专利基金会递交申请，请求联邦最高法院针对联邦巡回上诉法院的第二次判决再次签发调卷令。

2013 年 6 月 13 日，美国联邦最高法院的九位大法官推翻联邦巡回上诉法院判决一致裁定，根据美国专利法第 101 条（35 U.S.C. §101），从人体分离的基因（天然存在的 DNA 片段）不属于专利保护客体，理由是所述基因涉及"天然物质"，"Myriad 公司没有创造任何事物……其发现了重要和有用的基因，但是从基因的周围遗传材料中将基因分离出来并不是一种发明行为"。法院还认可了互补基因（complementary DNA，cDNA）属于专利保护客体，理由是："当制备 cDNA 时，实验室技术人员创造了某些新的事物……因此，cDNA 不是'天然产物'"。最后，法院提示该判决不涉及方法专利要求，分离基因的新应用和核苷酸顺序已经改变的天然存在 DNA 仍可具有专利性。③

① *Association for Molecular Pathology* v. *U.S. Patent & Trademark Office*, 669 F. Supp. 2d 365 (S.D.N.Y. 2009).

② *Association for Molecular Pathology* v. *U.S. Patent & Trademark Office*, 653 F. 3d 1329 (Fed. Cir. 2011).

③ *Association for Molecular Pathology* v. *Myriad Genetics*, 569 U.S. 12 - 398 (2013).

联邦最高法院的裁定结束了美国专利商标局三十多年来授予基因衍生专利权的历史，成为近些年来生物技术领域最受瞩目并最具颠覆性的案件。① Myriad案裁定改变了Charkrabarty案②和Funk Brothers案③所确立的先例传统。1948年Funk Brothers案中，联合最高法院认为混合培养的固氮菌所具备的不互相抑制特性属于自然特性，没有任何细菌因人工干涉而获得了天然细菌所具备的特性或用途，因而推翻了巡回法院的判决，判定专利无效。④ 1980年Charkrabarty案是美国专利法历史上最重要的案件之一，联合最高法院认为Chakrabarty微生物具有可专利性，因为"权利要求主张的并不是迄今未知的自然现象，而是非天然存在的产品或化合物——具有'与众不同的名称、特征及用途'的人类智慧的结晶"。由此是否具有明显不同的名称、特征和用途成为区分自然产物和非自然存在的制造物或合成物的标准。自Chakrabarty案以来，尽管自然产物不可专利原则在认定可专利适格性时发挥作用，但关于自然产物的判断在悄然变化，USPTO和法院逐渐开始接受经分离的基因不再属于自然产物。受这些判决的影响，美国联邦专利暨商标局逐渐承认基因、干细胞和大量人类使用的非生物产品属于可专利主题，并授予了大量专利。⑤ 但联邦最高法院2013年对Myriad案的判决偏离了这一传统，学者评价这是"将利益平等共享原则引入基因衍生专利，对生物技术产业高度发展所产生的具体问题的具体尝试"，"使得利益的天平向着公众利益一方进行了调整，但是是否达到平衡点，仍需要时间的检验"⑥。尽管如此，美国专利商标局（USPTO）还是迅速做出了回应，在Myriad案最终判决的同一天发布了备忘录，声称Myriad案极大地改变了专利局关于核苷酸技术的审查政策，要求审查人员驳回关于自然产生的核苷酸或其片段的产品发明申请，无论其

① 肇旭．基因衍生专利中的利益平等共享——以Myriad案为视角．伦理学研究，2014（2）．

② *Diamond* v. *Chakrabarty*，447 U. S. 303，206 U. S. P. Q. 193（U. S. 1980）．

③ *Funk Brothers Seed Co.* v. *Kalo Inoculant Co.*，333 U. S. 127（1948）．

④ 陈磊．对人工分离DNA序列专利客体适格性的反思——AMP v. USPTO案判决评析．电子知识产权，2012（5）．

⑤ Manual of Patent Examining Procedure（MPEP）. Eighth Edition（Revision 9）. August 2012.

⑥ 同①．

是否经分离，因为其属于美国专利法第 101 条规定的不可专利主题；专利申请只限于非自然产生的核苷酸，例如一个 cDNA 或者一个其自然产生的核苷酸顺序已经被改变的核苷酸（例如，一个人工变异序列）仍旧属于可专利主题。①

对人工分离 DNA 基因序列的专利适格性，美国判例作出了重大转向，不再认可对其授予专利，但是 cDNA 等其他形式可以，基因诊断方法也可以。这一点与欧盟 98/44 指令立法理由第 5 段的规定一致："人体形成和发展的不同阶段之身体以及人体的成分（包括基因序列或基因部分序列）之单纯发现绝非可授予专利的发明"。在专利的客体上，我国将基因作为一种化学物质专利来加以保护：首先，基因可能被认定为"发现"或者疾病治疗、诊断的方法，难以得到专利法保护。在我国，凡利用遗传资源，并依赖该遗传资源完成的发明创造，依法不授予专利权；对科学发现、疾病的诊断和治疗方法不授予专利权。② 其次，基因"有条件"地具备专利适格性。③ 根据我国《专利审查指南 2010》，人们从自然界找到以天然形态存在的基因或 DNA 片段属于科学发现，不能被授予专利权；但首次从自然界分离或提取出来的基因或 DNA 片段，其碱基序列是现有技术中不曾记载的，并能被确切地表征，且在产业上有利用价值，则有可能获得专利权保护。④ 可见，基因在我国具备专利适格性，人工分离的人类 DNA 片段的可专利性仍有可能获得专利权保护。

---

① 伍春燕，焦洪涛．从 Myriad 案看人体基因的专利适格性．电子知识产权，2014（4）．

② 《中华人民共和国专利法》第 5 条第 2 款规定："对违反法律、行政法规的规定获取或者利用遗传资源，并依赖该遗传资源完成的发明创造，不授予专利权。"第 25 条规定："对下列各项，不授予专利权：……（三）疾病的诊断和治疗方法；……"

③ 周莳文，等．构建我国基因衍生专利池的设想．华南理工大学学报，2012（1）．

④ 我国《专利审查指南 2010》第二部分第十章 9.1.2.2 规定："人们从自然界找到以天然形态存在的基因或 DNA 片段，仅仅是一种发现，属于专利法第 25 条第 1 款第（一）项规定的'科学发现'，不能被授予专利权。但是，如果是首次从自然界分离或提取出来的基因或 DNA 片段，其碱基序列是现有技术中不曾记载的，并能被确切地表征，且在产业上有利用价值，则该基因或 DNA 片段本身及其得到方法均属于可给予专利保护的客体。"

（三）人类基因衍生专利制度的优越性及未来走向

1. 人类基因衍生专利制度的优越性

人类基因科技成果可以选取的保护形式有发现、发明专利和商业秘密等，各国已经基本走在专利化的路上，这源于专利制度相对于发现和商业秘密制度的优越性。

（1）科学发现制度不利于为科技创造者提供持续稳定的成本补偿和行为激励，进而不利于鼓励知识的创新和研发。

有观点认为，知识信息本身属于公共产品（public good）范畴，它不会因为使用而用尽（exhaustion），在使用上不具对抗性（rivalry），因此在符合帕累托效率（Pareto efficiency）的边际成本定价法下，已经存在的智慧财产的定价应为其边际成本，亦即学习或模仿成本。因此，在智慧财产权不受保护的情况下，其价格仍将为正，恰等于学习或模仿成本。① 但另有学者指出，对知识学习的代价远低于发明的代价，不能靠学习者愿意支付的代价去保障发明者的利益，在知识财产权产品的定价上，使用者所愿支付的学习成本小于创新者的发明成本。因此，对知识赋予排他性的专用财产权保护可以提高发明者的报酬（即缩短使用者和创新者之间的成本差距），以鼓励创新、研发。②

科学发现制度却不具有以上制度优势。对于科学发现权是否属于知识产权或私权，在我国学界存在争议。有的学者主张将一切智力创造活动所产生的权利列入知识产权，包括发现权，其理由是《成立世界知识产权组织公约》已有规定，且我国《民法通则》明确对该权利给予保护。也有学者持相反意见：有的认为，科学发现不宜作为知识产权的保护对象，世界上绝大多数国家的法律及国际公约都没有对科学发现授予私权性质的财产权利；有的进而认为，诸如发现权、发明权以及其他科技成果权并非是对智力成果的专有使用权，而是一种取得荣誉及获取奖励的权利，该项制度应归类于科技法。③ 我国学界通说认为，科学发现不属于作为私权的知识产权范畴，除了《成立世界知识产权组织公约》外，世界相关国际公约和

---

① 胡均立，许美玉．台湾生物科技产业发展之研究．台湾经济，1997（248）．

② 范建得．基因科技智慧财产权制度暨基因科技之产业发展（II）．台北：我国台湾地区“科学委员会”专题研究计划，2001：4．

③ 吴汉东．知识产权法．5版．北京：法律出版社，2014：9．

国别鲜有将其纳入知识产权的立法例。① 根据我国《民法通则》第 97 条规定，发现人有权申请领取发现证书、奖金或者其他奖励。还有观点认为研究者可以通过科学发现提高自己的知名度，获得研究资金资助，或进行职称评定等，也可以激励促进研究者去研发基因及其关联的不同疾病。②但是，一则这种对于发现人的成本补偿和研发激励不属于私法范畴，并且与对知识赋予排他性专用权的保护相比缺乏稳定性；二则它“忽略了专利制度不仅对发明创造提供激励机制，同时对专利成果商业化产业化也发挥着重要作用”③。

（2）商业秘密保护方式不利于信息公开，不利于社会整体科技进步

《与贸易有关的知识产权协定》（the Agreement on Trade-Related Aspects of Intellectual Property Rights，TRIPs）将商业秘密称为未披露的信息（undisclosed information），将其定义为“（1）信息是保密的，即该信息的整体或各部分的确切排列和组合，并不是通常从事有关这类信息的人所普遍了解或容易获得的；（2）由于是保密信息因而具有商业价值；（3）合法控制该项信息的人已经根据情况采取了合理措施予以保密”（TRIPs 第 39 条）。我国尚未制定专门的商业秘密法，而是以《反不正当竞争法》来保护商业秘密。商业秘密包括技术秘密和经营秘密。技术秘密，也称专有技术，也称 know-how，即未公开的技术信息，它是指与产品生产和制造有关的秘密信息，如技术诀窍、生产方案、工艺流程、设计图纸、化学配方、技术情报等；经营秘密，即未公开的经营信息，它是指与企业的经营管理活动有关的秘密信息，如经营方法、管理方法、产销策略、货源情报、客户名单、标底和标书内容等。④ 实践中，由于专利权有期限限制并且专利权取得程序中要求必须公开其技术方案内容，而商业秘密（技术秘密）只要符合 TRIPs 第 39 条所规定的三项要件，并没有期限

---

① 刘春田．知识产权法．3 版．北京：中国人民大学出版社，2007：20.

② SACGHS Statement to the Secretary's Advisory Committee on Genetics, Health and Society. [2015-01-10]. http://www.cap.org/apps/docs/advocacy/comments/SACGHS_comments_gene_patents.pdf.

③ MICH T，TECH L R WOLRAD PRINZ ZU WALDECK und PYRMONT. Research tool patents after Integra *v.* Merck-Have they reached a safe harbour? 14 Mich. Telecomm. Tech. L. Rev. 367，367-372 (2008).

④ 吴汉东．知识产权法．5 版．北京：法律出版社，2014：329.

限制，所以实务上一些研发者宁可选择技术秘密而不去申请专利以延长法律保护时间及对手模仿时间。①

但在缺少专利保护的情况下，生物科技公司也许还会继续研发产品，但只能采取商业秘密的方式进行保护，使得这些科学信息将离开公众领域。其一，与发明专利制度通过向社会公开其技术内容而换取垄断权相比，商业秘密保护方式由于将知识信息采取保密措施以排除他人利用，技术秘密拥有人只是从社会获得了权利，并没有将其技术信息真正地贡献给社会，与科技创新的初衷相违背。其二，对于基因衍生专利和基因产品的最终消费者来说，由于商业秘密的保护形成的垄断要比发明专利赋予的垄断更为严重，可能会损失公众的医疗利益。其三，对于科学家群体来说，"由于所有的科学研究都是建立在他人研究成果的基础上，科学信息离开公众领域将使得科学家用于研究的'信息原材料'减少，科学家的利益也会受到损害"②。其四，对于基因科技成果的研发者或权利人而言，技术秘密相关规范仅禁止竞争对手通过不当手段（improper means）刺探、窃取研发者或权利人的创新成果，但通过独立发现或反向工程（reverse engineering）等方式所获得的相同技术内容并不在禁止之列。③ 一方面，技术秘密权利人不具有像专利权人那样的排他权，无权像专利权人那样对独立研究出相同技术的第三人行使禁止权；另一方面，如果第三人将其开发出来的技术申请专利并获得专利权后，原技术秘密拥有人不仅不能再享有技术秘密权，而且可能构成专利侵权。在发明专利和技术秘密双轨保护格局下，技术信息拥有人可以慎重考虑选取适当方式保护其技术，以充分保护其合法权益并使利益最大化，但如果关闭专利保护轨道，技术信息拥有人只能借助于商业秘密保护轨道，对社会整体科技研发和技术进步颇有不利之处。

专利制度需要在"赋予排他权以鼓励创新研发"与"维护公共财产以

---

① 吴汉东．知识产权法．5版．北京：法律出版社，2014：332.

② 肇旭．基因衍生专利中的利益平等共享——以Myriad案为视角．伦理学研究，2014（2）.

③ 范建得．基因科技智慧财产权制度暨基因科技之产业发展（II）．台北：我国台湾地区"科学委员会"专题研究计划，2001：5.

利后续科技进步”间寻求平衡之机制。① 尽管专利权的滥用可能阻碍后续的创新和公平竞争，破坏相关主体之间的利益平衡，但与技术秘密通过信息封闭来保持竞争优势相比，专利权制度显示出其优越性，“由于技术创新对于新时代人类社会发展的极其重要性，赋予专利独占权是社会必须承担的代价”②。

2. 人类基因衍生专利的未来制度走向

科学发现不具有专利适格性，科学发明才具有专利适格性，这是专利法的基本原则。③ 在此基本原则基础上，美国法院在司法实践中认定专利适格性时逐渐发展出来自然产物不可专利原则。1948 年的 Funk Brothers 案和 1980 年的 Chakrabarty 案后，美国联邦最高法院发展出“阳光下任何人造之物都属于可专利主题”的重要阐述，但关于自然产物的判断标准在悄然变化，基因、干细胞和大量人类使用的非生物产品先后被 USPTO 纳入可专利主题，“研究成果若无专利保护而任由其他人搭便车（free-riding），率先投入研发者不仅难以回收成本，亦无法经由授权或让与而获得足够的资金及持续投入研发”④。但 2013 年联邦最高法院终审的 Myriad 案打破了这一进程。

在欧洲，也有观点支持纽约州地方法院的这一判决意见，认为由人类定序之基因仅属于发现⑤，但欧盟 98/44/EC 第 5 条第 1 款已经肯定其专利适格性，单纯发现基因或基因序列，不论其在生物体形成或发展的什么阶段，都仅属于发现而非发明，难以获得专利保护，但第 2 条第 2 款又规定，从生物体所分离出来的成分或利用技术方法所制造出的任何成分，包含基因，均可授予专利。以上见解为 EPO 所接受并体现在《欧洲专利公

---

① 李素华．雇佣关系下发明权益之研究．台湾大学法学论丛，2010，39（1）.

② LOUIS KAPLOW. The patent-antitrust intersection：a reappraisal，97 Harvard Law Review，1816，1817（1984）.

③ 张玲．专利法理论与实务研究．天津：天津人民出版社，2002：166.

④ 李素华．基因科技成果之专利保护及权利范围——从美欧新近个案谈基因衍生专利权对公共卫生之影响//吴全峰．2011 科技发展与法律规范双年刊：健康、科学与人权，台北：我国台湾地区“中央研究院”法律学研究所，2012：63.

⑤ GEERTRUI VAN OVERWALLE. Reshaping bio-patents：measures to restore trust in the patent system. The Regulatory Challenge of Biotechnology 238，239（Han Somsen ed.，2006）.

约》(Convention on the Grant of European Patent, EPC) 施行细则第23条第 (e) 款第2项中。

其实，早在美国实务上将基因、干细胞和大量人类使用的非生物产品纳入可专利主题，就在世界各国引发很大争议，迫使各国纷纷被绑在了“专利竞赛”的战车上。应当指出，美国在这一问题上走得如此之远不能说与其本国利益没有密切的关系。众所周知，美国的生物科技产业在世界各国中最为发达，如果专利法能够在生物科技成果的专利法保护方面有所突破，美国可以一直稳坐产业之巅。所以在美国貌似公允、全面的做法后面，包藏着其企图利用自身在该领域的领先地位垄断巨大经济利益的野心。当然，如此做法也给其本国的其他利益主体造成了损害。Myriad案主要涉及三方利益冲突：患者、科学家和Myriad公司。科学团体及科学家关注的是科学研究自由的权利，患者关注的则是享受科学进步的权利，而Myriad公司关注的是其庞大的商业利益。患者原告认为“由于Myriad专利的存在，BRCA1/2基因检测费用为3 000多美元，超出许多患者的支付能力（很多地方的医保未能覆盖），该方法成为癌症诊断中较少采用的检测方法之一，并且也妨碍了医生或患者到其他实验室进行验证性二次测试，而不仅仅是二次解释”；科学家原告认为研究自由受到限制，“由于专利的存在，9个实验室已经停止了BRCA1/2遗传检测研究，还有一些实验室避免进行BRCA1/2基因检测研究”；而Myriad获得了巨大的商业利益，但不能由此认为其就是奸商，因为“专利是说服风险资金投资该领域研究的唯一手段。正是在大量风险资金的资助下，才使得BRCA1/2序列得以鉴定。风险投资寄希望于专利保护以获得商业回报”①。Myriad案判决，应当认为是美国联邦最高法院对之前利益配置的一次调整，以平衡三方的利益冲突，但这是否达到平衡点，仍需要时间的检验。有学者提出，生物科技或其他技术领域的发明被授予专利后，若对公众或公共卫生产生不利影响，不应由专利机关径行否定专利保护的可能性，而应从公益性更高的公共卫生及健康人权角度出发，于专利制度或其他法律构建适当

① 肇旭．基因衍生专利中的利益平等共享——以Myriad案为视角．伦理学研究，2014 (2).

的权利范围。①

经过本次调整后，对于像 Myriad 公司这样的基因科技产业来说，虽然分离的人类 DNA 片段不再具备专利适格性，但其可以用互补基因（cDNA）和基因诊断方法等其他形式来申请专利，之前 Myriad 公司的主要盈利点就是基因诊断，可以借助这些专利、市场地位及其他商业手段维持其竞争优势。而对于从事研究的科学家群体和产业界而言，分离的人类 DNA 片段不再具备专利适格性，科研豁免的范围扩大，避免美国严格的科研使用条件对后续研究形成掣肘，研究自由度的扩大不仅会吸引更多科学家从事基因测序和功能拓展，也会吸引更多企业加入、更多风险投资流入市场和技术竞争中。而患者群体，则可以更好地享受到选择更多、价格更为低廉的科学进步及其应用产生的利益。在我国，其实早有学者在人类基因组计划实施的过程中就指出，“发明人只应对提纯方法享有专利权，对提纯物本身不能垄断”，由此基因序列的破译、基因功能的阐述不可专利化，但基因分离技术应具有可专利性，以上观点的确颇有远见。②

二、人类基因科技成果的可专利性

可专利性（patentability）是指一项属于可专利主题范围的发明具备哪些实质条件，才能授予其专利权。一项发明要获得专利保护，首先必须属于可专利主题范围，具有专利适格性（patent eligible），然后通过实质要件的考查才能决定是否授予专利权。实质要件包括了积极要件和消极要件。

（一）积极要件

积极要件是从正面规定具备什么条件的发明才能授予专利。美国现行专利法的第 101 条规定了专利适格性，第 111 条、第 102 条和第 103 条规定了可专利性的实质条件，发明必须具有实用性（application）、新颖性（novelty）、非显而易见性（non-obvious），方可授予专利权。欧盟 98/44 指令规定，发明必须具有新颖性（novelty）、进步性（inventive step）以

① 李素华．基因科技成果之专利保护及权利范围——从美欧新近个案谈基因衍生专利权对公共卫生之影响//吴全峰．2011 科技发展与法律规范双年刊：健康、科学与人权，台北：我国台湾地区“中央研究院”法律学研究所，2012：95.

② 张玲．专利法理论与实务研究．天津：天津人民出版社，2002：171.

及实用性（industrial application），方具可专利性。我国专利法规定的“三性”为新颖性、创造性和实用性。对于DNA序列或部分序列片段可否被授予发明专利，98/44指令立法理由第22段强调生物科技发明仍须遵照与其他科技领域相同的专利授权标准。对此，我国与世界各国一致，也是如此操作。

1. 新颖性

要成为专利权的客体，该发明须具有新颖性。美国专利法第102条（a）规定了美国新颖性的基本原则，如果在申请日之前没有被揭示，则该发明创造具有新颖性；发明在美国国内公开使用过或者以其他方式为公众所知，或者在国内外出版物上公开发表过，或者已被核准专利，或者在他人向美国提交的申请文件中被披露，则丧失其新颖性。① 该规定采纳了“相对新颖性标准”，我国《专利法》在2008年第三次修正前也采纳这一标准，确立了公开披露将排除申请日后对相同主题授予专利的原则。对于不丧失新颖性的优惠方面，对因研究、实验而发表或使用，或因参与、陈列于政府主办或认可之展览会等方式之公开的情形下，发明人仍应证明其已尽到必要注意义务，在美国专利法第102条之下，基于公共政策，要求发明人通过专利申请之提出及追诉（prosecution），显示对其专利上权利应有的注意程度，如果发明被以书面形式发表、为公众使用或出卖之情形，而且专利申请未在上述情形发生一年内提出，发明人即不能被授予专利。不过有学者认为，实务界在新颖性认定上更为严格，因美国专利法由先发明主义改采先申请主义，所以在判断新颖性的时间点上，由“发明日”改为“有效申请日”，但对拟制新颖性发明，美国专利法改革法案第102（a）（2）条不以在美国提出申请的“申请日”为限，而是只要求具备“有效申请日”即可，此举扩大了美国专利申请案不具拟制新颖性之前案数据范围，使得对新颖性要件有相当程度的限缩。② 就基因衍生专利新颖性的判定，In re Spada案认为，如果揭示了某种已知物质的新用途，即使这个用途在现有技术中是未知的，对于现有技术是非显而易见的，也不能再次授予该已知物质具有新颖性。③ 在In re Gleave案中，联邦巡回法院

① U.S.C. § 102（a），（e），（g）.

② 孙宝成．谈美国专利改革法案．科技法律透析，2007，19（9）.

③ In re Spada，911 F.2d 705，（Fed，Cir.1990）.

认为短的DNA或者RNA分子，如果核苷酸序列存在于现有技术中，即使现有技术并没有揭示它具体的用途也会破坏其新颖性。[①] 概而言之，在cDNA、DNA片段、SNP发明的新颖性审查方面，美国法并未依照成文法规则，其专利法提供的引导非常有限，实质性要件的判定是通过一系列的判例型塑的，In re Bergstrom案[②]、Merk & Co. Inc. v. Olin Mathieson Chem. Co. 案[③]等确立了首次从自然界分离或提取出来的基因或DNA片段，其碱基序列是现有技术中不曾记载的，强调分离和提取的"首次"与碱基序列的"不曾记载"，即认为具有新颖性，而不管其与自然状态的产品在结构和功能上是否相同。[④]

与美国做法相似，欧盟98/44指令（Directive 98/44）新颖性之要求与技术状态（the state of the art）问题有关联。任何公众可以在专利申请日之前，通过书面的、口头的、电子的方法或经由使用获得，即为技术状态，如果发明包含于技术状态内，即不能获得专利保护。在生物技术范围内，偶尔会主张基因不符合新颖性之见解，例如当基因信息出现于公众可获得的特定数据库内时。然而，欧盟一般认为基因出现于数据库不足以破坏发明新颖性。[⑤] 98/44指令条款第3条之（2）重申：由自然环境分离的生物物质或由科学方法所生产的生物物质可作为发明之标的，即使其之前已存在于自然环境中。而第5条之（2）规定，自人体所分离出来的成分或以其他方式之技术方法所取得的成分（包括基因序列或基因部分序列）之结构尽管与在自然界里的另一成分之结构相一致，其发明亦可以授予专利。

根据我国2008年12月27日第三次修正的《专利法》第22条第2款，"新颖性，是指该发明或者实用新型不属于现有技术；也没有任何单位或者个人就同样的发明或者实用新型在申请日以前向国务院专利行政部

---

① In re Gleave，560 F. 3d 1331，(Fed. Cir. 2009).

② *Merk & Co. Inc.* v. *Olin Mathieson Chem. Co.* 253 F. 2d 156（4 [su' th'] Cir. 1958).

③ In re Bergstrom 166 USPQ 256，259（CCPA1970).

④ 较详细论述可参见：曹丽荣．从Myriad案谈基因衍生专利的正当性及美国对基因衍生专利授权实质性要件分析．中国生物工程杂志，2013 (1).

⑤ 吴佩琳．生物材料专利对科技发展之冲击及其可能管制方式之探讨——以胚胎干细胞为例．台南：成功大学硕士学位论文，2005：87.

门提出过申请，并记载在申请日以后公布的专利申请文件或者公告的专利文件中”。该条第5款规定，“本法所称现有技术，是指申请日以前在国内外为公众所知的技术”。本次修正将之前“在申请日以前没有同样的发明或者实用新型在国内外出版物上公开发表过、在国内公开使用过或者以其他方式为公众所知”修改为“不属于现有技术”，改“相对新颖性标准”为“绝对新颖性标准”，专利授权标准提高。另外，第24条规定申请专利的发明创造在申请日以前6个月内，在中国政府主办或者承认的国际展览会上首次展出，在规定的学术会议或者技术会议上首次发表，有助于产业之技术发展与提升，因而例外地认定不丧失新颖性；他人未经申请人同意而泄露其内容导致之公开，也不丧失新颖性。基因衍生专利新颖性认定中的疑难问题主要有两个：其一，权利要求的DNA序列的一部分此前已经公开，是否丧失其新颖性；其二，权利要求的DNA序列是此前已经公开的较长DNA序列的片段，是否影响其新颖性。① 根据较早的看法，已公布序列不能破坏较长基因序列的新颖性；与全长度基因或包含部分序列的较长基因大片段相比，如果尚未以特定形式公开过基因的部分序列，则涉及该基因部分序列的发明应具有新颖性。② 较新的看法认为，如果在后的专利申请就已经公开的核苷酸链主张物质专利，将因丧失新颖性而不予准许，但如果在后的专利申请是发现了已经申请专利的基因序列中某段核苷酸链具备不为公众所知的新功能时，可以申请该功能的应用专利而不能获得该物质的专利。③ 根据国家知识产权局《专利审查指南2010》的规定，“如果是首次从自然界分离或提取出来的基因或DNA片段，其碱基序列是现有技术中不曾记载的”，即认定其具备新颖性，换言之，如果就他人已经获取的基因物质专利中的某一段发现其新功能时不可以再获得物质专利；同时“如果某蛋白质本身具有新颖性，则编码该蛋白质的基因发明也具有新颖性”(9.4.1 (1))。

2. 创造性

专利审查实质要件中的“创造性”，被认为是比实用性和新颖性更高

---

① 张玉敏，马海生．基因序列的可专利性分析．中国专利与商标，2003 (2).

② 马昭若．已表达序列标志的专利问题．知识产权，2000 (2).

③ 同①.

一层的要求，也是最难达到的专利授权要求。[1] 我国所谓“创造性”，在美国法上称“非显而易见性”（non-obvious），在欧盟专利法上称“进步性”（inventive step），但无论什么名词，该要件实质是要求申请案中的发明作为一个整体与整个现有技术相比具有显著差异，而且包括相同的、相近的和相关的领域。在专利实质性获得要件的审查实践中，创造性的判定也是最具挑战性的内容，特别是在生物技术领域。

美国专利法第103条（a）款中要求授予专利的客体具有“非显而易见性”，“就新的发明与先前技术（prior art）之间的差异必须在制造发明的当时，对一个在该技术领域的通常技术人员而言，该发明整体上来看是非显而易见的（non-obvious）”。该规定确定了判定的技术标准为“本技术领域”（专业性）、“制造发明的当时”（时间性）、“通常技术人员”（判定水平）。对于生物科技而言，“在该技术领域的通常技术人员”是指具有一般基因工程知识的人，考虑当时技术状态所有可取得的知识，不依赖一定程度的创造力或极端的独创性，即可制造出所述之发明；对从事研究之人而言，能够应用标准、已知之推理过程完成所述之发明，即足以被称为“在该技术领域的通常技术人员”[2]。关于非显而易见性最重要的判例之一是由美国联邦最高法院1966年判决的Graham v. John Deere Co.（Graham）[3] 案，该案中联邦最高法院提出来一个判定非显而易见性的四步骤测试，即“Graham测试标准”或“Graham要素”。符合发明专利之“非显而易见性”要件，应包括以下评价步骤：（1）先确定申请前之先前技术范围或知识内容；（2）申请专利之发明与先前技术范围和知识内容间有何差异；（3）现有技术领域的通常技术水平；（4）继发性考虑（secondary consideration），包括商业成功的证据，长期没有被人们所解决的，但人们又渴望解决的问题等因素。前三点系从纯技术观点来评价申请专利之发明本身，第四点要求法院“继发性考虑”作为“非显而易见性”的指标，具有一定的主观性。美国法院常用的判定“非显而易见性”的是教导—启示—动机（the teaching-suggestion-motivation，TSM）测试，当现有技术

---

① 关健．美国非显而易见性判定实践的误区和难点．知识产权，2012（7）．

② 吴佩琳．生物材料专利对科技发展之冲击及其可能管制方式之探讨——以胚胎干细胞为例．台南：成功大学硕士学位论文，2005：88．

③ *Graham* v. *John Deere Co*. 383 U.S. 1（1966）．

中对完成的产品具有教导、提示或动机时，“现有技术给予的提示，这个提示与要求保护的发明有一定的关系和是否具有从不同的参考文献教导去结合的动机”，该项发明是显而易见的。① 同新颖性判断相似，基因序列发明的特殊性也给“非显而易见性”的判断带来了困难：一方面，DNA的成分其实很简单，与许多化合物有许多类似的地方，核苷酸的区别在于四种碱基的不同，DNA 的功能取决于四种碱基的排列顺序而非其物质成分（从结构上讲，都是由腺嘌呤、鸟嘌呤、胞嘧啶和胸腺嘧啶组成），所授予的 DNA 序列专利只能是功能（用途）专利，如果想保护物质，可以考虑诉诸“方法专利”或“以方法限定”，以发现基因方法的创造性来认定基因序列的创造性；但另一方面，法院又将“非显而易见性”审查混同于新颖性审查，因为其认为应该着眼于审查现有技术是否使得同技术领域中的一般技术人员能否清楚预测 DNA 序列，而此时依据氨基酸序列推测出核苷酸序列，所做工作尽管繁重却不需要多少创造性。②

在欧盟，对于 DNA 序列或部分序列片段可否被授予发明专利，98/44 指令立法理由第 22 段强调生物科技发明仍须与其他科技领域相同的专利授予标准，即应符合三项要件：新颖性（novelty）、进步性（inventive step）与产业利用性（industrial application）。关于创造性的判定标准，也采纳类似于美国的方法，根据 2000 年 11 月修正的欧洲专利公约（European Patent Convention，简称 EPC）第 56 条之规定，“若该技术发明对于同技术领域中的一般技术人员虽然不是明显但却可以推知，则该发明应缺乏创造性”。

我国专利授权实质条件包括创造性，“创造性，是指与现有技术相比，该发明具有突出的实质性特点和显著的进步，该实用新型具有实质性特点和进步”。创造性与新颖性的功能不同，新颖性主要是为了排除在公共知识、技术领域中已经明显存在的发明，而创造性则是要过滤掉在公共知识、技术领域中隐含存在的发明。我国国家知识产权局《专利审查指南

① 关健．美国非显而易见性判定实践的误区和难点．知识产权，2012 (7).

② 张玉敏，马海生．基因序列的可专利性分析．中国专利与商标，2003 (2).

2010》9.4.2.1（1）对之做出了规定。[①]

3. 实用性

所谓实用性（application），又称产业利用性（industrial application），主要系指所申请的产品必须能够在产业中制造和应用，而且该产品能够产生积极、有益的效果。[②] 因此，工业实用性、可再现性和有益性构成实用性判定的三要素。在专利授予的三个积极条件中，大概实用性的门槛是最低的，然而对于涉及基因序列的发明，实用性问题又是最常遇到和问题最为突出的。发明或者实用新型专利申请是否具备实用性，应当在新颖性和创造性审查之前首先进行判断。

美国的实用性（application）标准规定在专利法第 112 条（1），但在上世纪 20 年代中期一直采取最为宽松的实用性判定标准，主张实用性由市场加以检验，市场会淘汰那些不具有实用性的发明。但在 1966 年终审的 Brenner v. Manson 案[③]中该判定标准开始被收紧，联邦最高法院开启了对化学发明判断实用性较高审查标准的先例，被告 Manson 为制造一种已知特别的类固醇方法寻求专利，该类固醇在老鼠身上有抑制癌症效果。法院判决认为对授予专利而言，该方法不具足够的实用性，法院要求专利发明应对公众具有更多的实用性，而非仅对科学的研究有实用性，化学方法制成的化合物必须具有已知的“实际”用途（practical utility）才能获

---

① 如果在申请的发明中，某蛋白质已知而其氨基酸序列是未知的，那么只要本领域技术人员在该申请提交时可以容易地确定其氨基酸序列，编码该蛋白质的基因发明就不具有创造性。

但是，如果该基因具有特定的碱基序列，而且与其他编码所述蛋白质的、具有不同碱基序列的基因相比，具有本领域技术人员预料不到的效果，则该基因的发明具有创造性。

如果某蛋白质的氨基酸序列是已知的，则编码该蛋白质的基因的发明不具有创造性。但是，如果该基因具有特定的碱基序列，而且与其他编码所述蛋白质的、具有不同碱基序列的基因相比，具有本领域技术人员预料不到的效果，则该基因的发明具有创造性。

如果一项发明要求保护的结构基因是一个已知结构基因的可自然获得的突变的结构基因，且该要求保护的结构基因与该已知结构基因源于同一物种，也具有相同的性质和功能，则该发明不具备创造性。

② 参见我国《专利法》第 22 条第 4 款。

③ *Brenner* v. *Manson*，383 U. S. 519（1966）.

得专利，因此认定专利无效。但 1980 年 Diamond v. Chakrabarty 案[①]提出“任何在阳光下由人类创造之发明，而非自然存在的生命体（living creatures），皆具备专利适格性”，则不仅扩大了专利主题范围，更重新给“实用性”要件松绑。在生物科技领域，美国实务界采取较为宽松的实用性标准，在 1995 年 In re Brana 案[②]中，法院判决在老鼠身上测试的抗癌物质具备可专利性，即使没有标明该抗癌物质可能预防何种特别的疾病，法院认为只要熟悉该技术领域之人，认为该发明有足够的实用性即可，即使人体对这种化合物的安全性还无法判断，只要能够明确特定生物活性就符合实用性要求。这实际上表明已经放弃了实用性标准。到 2001 年 9 月，美国专利商标局又纠正了过于宽松的认定标准，根据最新的美国专利商标局生物科技发明指南，如果一项发明具有公认的实用性，应满足：(1) 该技术领域的普通技术人员基于发明的特性能够较快地体会到该发明是有用的；(2) 这种实用性是特定的（specific）、实质性的（real-world）和可信的（credible）。同时指南中还要求发明必须具有科学的、可信的、真实的支持依据。[③] 美国专利实践中的“实用性”不断在经历“否定之否定”。

欧盟专利法要件之产业应用性（industrial application）对应美国法中实用性之要求。根据 2000 年 11 月修正的欧洲专利公约（European Patent Convention，EPC）第 57 条之规定，“发明可被实施于包括农业在内的所有产业领域，可以认为具备产业应用性”。指令 98/44 试图提供生技领域一个明确的指导方针。

我国专利法上的“实用性”，要求发明必须能够在产业上制造或者使用。根据国家知识产权局《专利审查指南 2010》，《专利法》第 22 条第 4 款所说的“能够制造或者使用”是指发明或者实用新型的技术方案具有在产业中被制造或使用的可能性。[④]

---

① *Diamond* v. *Chakrabarty*，447 U. S. 303，206 U. S. P. Q. 193 (U. S. 1980).

② In re Brana，51 F. 3d 1560 (Fed. Cir. 1995).

③ 曹丽荣．从 Myriad 案谈基因衍生专利的正当性及美国对基因衍生专利授权实质性要件分析．中国生物工程杂志，2013 (1).

④ 国家知识产权局《专利审查指南 2010》第一部分 3.2 规定，“满足实用性要求的技术方案不能违背自然规律并且应当具有再现性。因不能制造或者使用而不具备实用性是由技术方案本身固有的缺陷引起的，与说明书公开的程度无关”。

（二）消极条件——以道德条款为例

对于发明创造，专利适格性要求是对专利申请进行的第一次过滤，以提升专利制度的效能，然后通过实质条件对其进行二次筛选。实质条件可分为消极条件和积极条件。积极条件是指新颖性、创造性和实用性，即人们通常所说的专利“三性”；而消极条件则是用排除法将部分发明创造排除在可专利性客体之外，如违背法律和社会公共秩序的发明创造。

1. 专利法中道德条款的正当性

在欧洲及亚洲国家或地区如日本、中国、我国台湾地区的专利立法中，均规定了如果一项发明违背公共秩序与道德，则不具有可专利性，将道德条款作为可专利性的消极条件。[①] 对此，有学者认为专利为中立性的制度，不应以公共秩序或伦理道德之原因而否定发明受专利保护之可能性，甚至主张专利主管机关并无能力就公共秩序或伦理道德加以审查，并认为若该等发明在取得专利权后，其实施及商业化运用对于公共安全、健康、环境及生态之影响问题，应由其他公领域之主管机关制定完善的法律规范。[②] 大多数学者持相反观点，比较法上除了美国等极少数国家之外，多数国家均明定道德条款及其效力，理由如下。

（1）法律本来就是价值判断的结果。没有法律可以做到价值中立，立法的过程就是利益表达与妥协的过程，蕴藏着对于某问题的价值判断。专利制度在鼓励技术发展上，亦非价值中立的工具，其功能在于提供一个鼓励发明并促进产业发展的诱因，最终目的在于促进人类整体社会之进步与发展。如果发明与整体社会之价值观相抵触，违反社会之公共秩序或伦理道德，则无法实现这一目标。

（2）专利主管机关有能力实现对特定行为的管制。在法治国家中，立法和司法是分权与制衡的关系。立法的规范目的与价值体现在立法者通过法律规范形成条文中，但任何法律规范都有“不确定法律概念”或“一般

---

① 参见欧洲专利公约（European Patent Convention）第 53 条、日本专利法第 32 条，我国台湾地区“专利法”第 24 条、我国《专利法》第 5 条。

② 这个论点可见于一些美国学者论述，如 GITTER D M. Led Astray by the moral compass: incorporating morality into European Union biotechnology patent law. 19 Berkeley J. Int'l L. 1（2001）；CYNTHIA M H. Splicing morality and patent law: issues arising from mixing mice and men. 2 Wash. U. J. L. & Pol'y（2000）.

条款”存在，这实际上是立法对法律执行机关的空白委任状，法律适用机关对于这些不确定法律概念，在适用时有权加以解释，而于解释、界定之过程中，就必须以该立法规范目的所揭示的价值而为之，此为法律执行机关之职责所在。并且，按照司法最终判定原则，如认为专利主管行政机关对此认定存在问题，仍可以按照法律救济途径，由法院对此为最后之认定。因此，质疑专利主管机关判断公共秩序或伦理道德之能力，以专利主管机关无能力审查为理由，而主张不应以公共秩序或伦理道德否定发明受专利保护之可能性，在逻辑上不能成立。①

(3) 专利法属于法秩序中的一环，应与其他法律共同配合完成行为管制的目标。该观点认为专利制度只能管专利授予，而不能管可能引起的公共秩序或伦理道德问题，需交由其他领域之法律加以规范。显然，该观点忽视了专利制度作为整体法律制度之一环所应扮演之角色。

(4) 实践中未规定道德条款的国家，也通过司法政策对违反道德条款的专利加以排除。即使在未明文规定道德条款的美国，也通常将这一点放在“实用性”审查中加以审查，诸如复制人的相关技术发明，在美国同样不承认其可专利性。由此可见，技术中立性不能作为将公共秩序与伦理道德因素排除于专利保护之外之理由。

2. 专利法中道德条款的适用

对于专利法规定的违反道德条款的法律效果，各国和地区规定较为一致，即相应部分一律无效。一个有名的例子是欧洲的“爱丁堡专利”(No. EP 0695351)，该专利的范围是：“动物转基因干细胞之分离、选择与增殖”(Isolation, selection and propagation of animal transgenic stem cells)。由于在科学定义上“动物”包含人类，因而该专利范围包含了人类干细胞的应用，从而招致道德争议，欧洲专利局于2003年7月24日减缩了该专利的范围，使其不包含人类或动物的胚胎干细胞。②

在具体的申请案件中，分辨哪些发明违反道德具有很大不确定性，原因可能有二：其一，在道德多元化的现代社会，人们的道德价值观不一

① 何欣伦．论我国专利法对生物科技保护之趋势．台北：铭传大学硕士学位论文，2011：59.

② 范建得．后基因时代智慧财产法制应有之理性思维．台北：我国台湾地区“科学委员会”专题研究计划成果报告，2005：6.

致，导致对同一发明专利是否违反道德得出可能相反的结论；其二，生物专利是否违反道德，还涉及技术与经济因素的考虑，仅仅凭借抽象的道德原则或主观道德情绪并不能妥善决定。实践中，学者建议以客观道德而非主观道德作为能否适用道德条款的判断标准：首先，在一个法治国家，违反法律应是违反客观道德的必要条件（necessary condition），如果一项行为尚未被法律所禁止，对于涉及该行为的发明，专利机关与法院原则上即不应否认可专利性；其次，违反法律也非违反客观道德的充分条件，由于当代社会分工日趋细密，许多禁止性的法律规定具有高度技术性，或者是服务于某种行政便利，因此不一定能反映社会的普遍道德价值。① 可以作为支持性证据的是，结合《欧洲专利公约》第 53 条（a）与 98/44 号生物专利技术保护指令第 6 条（1）规定，生物科技发明之商业应用违背公共秩序或伦理道德者，应视为不具可专利性；但生物科技发明之利用违反法令禁止性规定者，并不当然违反公序良俗。该指令更进一步列举了四种违反公序良俗的生物科技发明样态，如人类无性繁殖技术方法、改变人类生殖系之遗传特性的方法、为产业或商业目的之人类胚胎利用以及改变遗传特性使动物产生痛苦与其所带来的医药价值不相当者。② 由此，在道德条款的适用上，专利机关与法院必须探求禁止性法律之中所蕴含的价值判断，方能决定该发明是否抵触道德条款而不具可专利性。

我国《专利法》第 5 条第 1 款规定，对违反法律、社会公德或者妨害公共利益的发明创造，不授予专利权。根据国家专利局《专利审查指南 2010》，此处的法律是指狭义法律，即“由全国人民代表大会或者全国人民代表大会常务委员会依照立法程序制定和颁布的法律”；此处“社会公德”是指“公众普遍认为是正当的、并被接受的伦理道德观念和行为准则”且“限于中国境内”；此处“妨害公共利益”是指“实施或使用会给公众或社会造成危害，或者会使国家和社会的正常秩序受到影响”。《专利法》第 5 条第 2 款规定的“违反法律、行政法规的规定获取或者利用遗传资源”，是指遗传资源的获取或者利用未按照我国有关法律、行政法规的

---

① 范建得．后基因时代智慧财产法制应有之理性思维．台北：我国台湾地区“科学委员会”专题研究计划成果报告，2005：8.

② 详细介绍可参见：谢铭洋．科技发展之智慧财产权议题．台北：翰芦图书出版有限公司，2005：81-82.

规定事先获得有关行政管理部门的批准或者相关权利人的许可。第 5 条第 2 款实际系通过遗传资源来源公开制度防止探查者盗取遗传资源或设置不公平的利益分享条款，另外结合第 45 条规定，对于不当授权的“生物海盗”专利，可通过异议程序使其无效，从而使遗传资源重新归属本权人或者回归公有领域，这也是知识产权强国的通行做法。① 以上规定显示了道德条款在我国知识产权制度中的强大功能。根据《专利审查指南 2010》可以窥知，对于道德条款的判断我国基本采取了客观道德的判定方法：(1) 必要性检验。在一个法治国家，法律是社会客观道德价值的最佳表征，应当以广义的“法”，即我国《立法法》中的“法”②，对是否违反道德条款进行“必要性”判定。除了方便操作之外，以法律禁止规定作为客观道德必要条件，也能避免专利授权机关与法院进行恣意的价值判断。(2) 充分性检验。要彻底判定基因衍生专利违反道德条款，不应仅仅根据法律所禁止即认为违反道德，尚有第二重判定，只有当禁止的目的是在宣示并保护国民所普遍支持的重要道德价值，而且否定涉案发明之可专利性不至于使社会利益受到明显而重大损失时，专利授权机关与法院方可认定涉案发明抵触道德条款而不具有可专利性。

第二节 人类基因科技成果的利益分享方式

一、人类基因衍生专利权的初始配置

财产权劳动学说契合人们普遍认同的日常道德观念，成为论证知识产权正当性的主流学说，目前知识产权法基本依该说实现对利益的初始配置。按照“谁对社会价值做出了贡献，谁就应该获得补偿”，发明人因其“劳动产生了增加的价值”，当然“对物的增加的价值享有某种利益与权

① 知识产权申请中的来源披露、遗传资源使用国与提供国的做法和观点的一般介绍，可以参见：薛达元，崔国斌，蔡蕾，等．遗传资源、传统知识与知识产权．北京：中国环境科学出版社，2009：38－42.

② 《中华人民共和国立法法》(2015 年修订) 第 2 条规定的“法”包括法律、行政法规、地方性法规、自治条例和单行条例，以及国务院部门规章和地方政府规章。

利”，应认定为权利人。[①] 但在思考人体组织所衍生之知识产权归属时的根本分配原则时，除了投注心血提出成果的发明者之外，还有谁可以“分一杯羹”呢？只有完成人类基因衍生专利权的初始配置，产权明晰，方可顺利进行二次交易。

（一）发明人与专利权人

1. 发明人

发明人即完成发明创造的人，根据《中华人民共和国专利法实施细则》第 13 条规定，发明人是指对发明创造的实质性特点做出创造性贡献的人，只有在发明创造完成过程中对构思以及构思具体化提出创造性见解的人才能被称作发明人。学说认为，专利法上发明人必须满足如下条件：第一，发明人必须直接参加发明创造活动，排除了负责组织管理工作或者仅仅为有关物质条件的获得提供了方便的人。第二，发明人必须对发明创造的实质性特点有创造性贡献，排除了仅仅提出了发明所要解决的问题而没有对如何解决该问题提出具体意见的人、仅仅提出一般性意见的人、单纯从事辅助性工作（如打字、制图等）的人。发明人只能是自然人。[②] 比较法上也是如此处理，如现行的美国专利法规定“发明人”之条件为是否做出对研发成果（从构思到具体落实）相当的贡献（contribution）。[③] 在判例中，构想是认定发明人资格之标准，是指“形成于发明人之思想中确定且不变的想法，而该想法必须是完整且可操作的发明，并且其后可被付诸实施”[④]。简言之，发明的认定必须取决于两个步骤：（1）概念的形成；（2）将概念变成可具体施行的方法。

发明创造行为是一种具有探索性的智力劳动，需要进行创造性思维，根据财产权劳动学说，“洛克认为对土地和原料的工作构成‘劳动’，从而使其对产品的所有权合法化的话，那么我们没有理由认为创造新思想的劳

① 冯晓青．“增加价值”论——知识产权正当性的一种认知模式．电子科技大学学报（社科版），2004（1）．

② 吴汉东．知识产权法．5 版．北京：法律出版社，2014：149．

③ See 35 USC § 116.

④ “Conception is the ‘formation in the mind of the inventor, of a definite and permanent idea of the complete and operative invention, as it is hereafter to be applied in practice.’” See *Hybritech Inc*. v. *Monoclonal Antibodies*, *Inc*., 802 F. 2d 1367, 1376, 231 USPQ 81, 87 (Fed. Cir. 1986).

动就不是‘劳动’”①，发明人应当作为权利人享有相应的权益。不过也有学者担心，财产权劳动学说为无限扩大知识产权提供了正当性的依据，立法者会把实践中出现的各种知识产品的权利规定为知识产权，司法实践者在权利认定上会把注意力集中到是否存在劳动的事实上，因此蕴含着知识产品无限财产化的危险。② 必须承认，财产权劳动学说在论证知识创造（著作权和专利权）正当性时仍具有较强说服力，在解释商业标志权利（如商标权）时却颇有不足，该学说确实不能用于统一知识产权正当性的论证，但其对知识创造的正当性背书契合人们日常道德观念。所以，笔者认为财产权劳动学说在论证专利权正当性上仍为重要学说。

2. 专利权人

专利权人与发明人、专利申请人属于不同的概念。(1) 专利权人与发明人。发明人必须是个人，但专利权人未必是个人，也未必是发明人。一则，发明人可以自己成为专利权人后将其专利转让给他人，这一点不属于专利权初始配置，本书不论；二则，发明人完成的发明创造可能属于“职务发明创造”或“职务技术成果”，立法将专利申请权和专利权初始配置给了单位。③ (2) 专利权人与专利申请人。一项技术申请专利后未必都能获得批准成为专利技术，相应地专利申请人也就未必能够成为专利权人。反之，专利权人未必都曾是专利申请人，因为专利权可以通过转让或继承获得。(3) 发明人与专利申请人。发明人与专利申请人在不少情况下是同一人，但现实中也确实存在着发明人与专利申请人不是同一人的情况，如发明人以外有其他人通过合同从发明人那里取得了发明创造的专利申请权，发明人的继承人通过继承取得发明创造的专利申请权，职务发明创造中法律直接将专利申请权赋予发明人以外的其他人。

对于非职务发明创造，申请专利的权利属于发明人或者设计人，之后相应地该发明人或者设计人成为专利权人，这是专利权初始配置的一种形

① 易继明．评财产权劳动学说．法学研究，2000 (6).

② 朱理．财产权劳动学说与知识产权——劳动学说能够为知识产权提供正当性吗？．科技与法律，2006 (2).

③ 根据我国《专利法》第 6 条第 1 款规定，我国职务发明创造可分两类，一类是执行本单位任务所完成的发明创造，另一类是主要利用本单位物质条件所完成的发明创造。《合同法》第 326 条规定与之类似，只是不称作“职务发明创造”，而采用了“职务技术成果”的概念。

式，财产权劳动学说可以提供正当性说明。而对于职务发明创造，“执行本单位任务所完成的发明创造”和“主要利用本单位物质技术条件”完成，立法将专利权配置给了单位而不是完成发明创造的自然人①，“物质技术条件”成为权利授予的基本根据，这是专利权初始配置的另一种形式，却非财产权劳动学说能够完满解释，此时“激励理论”上场。激励理论从信息使用者角度展开论证，即授予信息的创造者以专有产权（如知识产权）可以使得使用者有足够的信息利用和消费。“是否付出创造性劳动不再是确定专利权归属及利益分享的绝对标准，合理的知识产权制度应当是最有效的刺激供给，增加社会福利”②。在信息创造的过程中，由于技术复杂程度越来越高，研究开发成本也相应地增长，不少先进的技术开发耗资巨大，仅凭个人财力已无法承担。正是在这样一种背景下，人们开始联合起来，以集体的名义从事技术开发，为了筹集经费，科研人员不得不寻求来自某些单位的财力和物力的资助。开发出来的技术成果，其权利显然不能再像过去那样，完全由发明个人自己支配；开发集体或资助单位将享有其应得的权利。职务发明创造的概念正是在这样的背景下引出的。③这种设计，正是源于在技术开发和知识创造过程中雇主的投资和技术条件、组织保障对于技术创造和信息产出具有更关键的作用。

对于工业产权，“物质技术条件”成为确定权利初始配置的重要依据，这是激励理论演绎推理的结果。职务发明创造中，“物质技术条件”对专利权的初始配置属于财产权劳动学说之外的第二标准。而对于商标权，几乎就是完全由“物质条件”或者激励理论来左右了，一个商标，无论驰名与否，没有人关心其设计者为何人，公众仅仅将其与特定资本联系在一

---

① 据《中华人民共和国专利法实施细则》第 11 条的规定，在本职工作中作出的发明创造，履行本单位交付的本职工作之外的任务所作出的发明创造，退职、退休或调动工作后一年内作出的，与其在原单位承担的本职工作或分配的任务有关的发明创造都属于“执行本单位任务所完成的发明创造”；所谓本单位物质条件是指本单位的资金、设备、零部件、原材料或不向外公开的技术资料等。另外，据《专利法》第 6 条第 3 款规定，“利用本单位的物质技术条件所完成的发明创造，单位与发明人或者设计人订有合同，对申请专利的权利和专利权的归属作出约定的，从其约定”。

② 张炳生，陈丹丹．论人体基因提供者在基因技术专利中的利益分享．环球法律评论，2008 (4).

③ 吴汉东．知识产权法．5 版．北京：法律出版社，2014：154.

起：谁持有该商标，谁的商品与服务与之相联系，谁对此商标进行了广告投入，完全是资本的逻辑。对于文学作品而言，不属于工业产权的客体，理论上我们一般认为著作权人身性质最强，如我国著作权法规定著作人格权不得转让，但近年来我国也有学者主张学习美国法，实行将投资者视为作者的制度安排，因为雇主的投资和组织对于作品的产生起到了更为关键的作用，将著作权归于投资者符合提高信息利用效率的立法原则。① 由此可见，“物质”和“技术”条件确有进一步提高其在知识产权初始配置中地位的趋势。

（二）人体组织提供者不享有专利权

1. 人体组织提供者不能视为共同发明人

在基因科技成果的归属上，有观点认为人体组织提供者应当属于“共同发明人”，以此为据主张可以分享基因科技成果的利益。前引美国Moore案件中，加州最高法院中对多数意见持不同观点的Mosk法官即倾向于这种观点，认为“人体组织提供者对专利权虽然不属于共同发明，但也与之类似”②。理论上认为，当一项发明创造为两人或两人以上共同完成时，这一发明创造即是共同发明。美国专利法第116条规定，当一个发明是由两个或更多人共同所为，则该发明之专利申请须由所有人共同为之，即使：（1）该共同发明人并非在一起实际工作或于相同时间内工作；（2）该共同发明人的贡献并非具有相同形态或等量；（3）该共同发明人并未对发明之各项申请专利范围均做出贡献。依据判例，共同发明人的认定无须其构想出整个发明，但其必须对该发明构想上一些重要的方面有所贡献。③ 在我国，判断共同发明人的标准仍依照是否“对发明创造的实质性

---

① 熊琦．著作权法中投资者视为作者的制度安排．法学，2010（9）.

② *Moore* v. *Regents of the University of California*，51 Cal. 3d 120；271 Cal. Rptr. 146；793 P. 2d 479.

③ “One need not alone conceive of the entire invention，for this would obviate the concept of joint inventorship. However，a joint inventor must contribute in some significant manner to the conception of the invention.” See *Pro-Mold & Tool Co. v. Grate Lakes Plastics，Inc.*，75 F. 3d 1568，1575，37 USPQ2d 1626，1632（Fed. Cir. 1996）（citing Sewall，21 F. 3d at 415，30 USPQ2d at 1358 - 59）.

特点做出创造性贡献”①。

尽管我们承认人体组织提供者及其个人基因信息成为基因科技成果发明的原材料，从其“贡献率”上应当有所回报，甚至立法也通过遗传资源来源公开制度防止探查者盗取遗传资源或设置不公平的利益分享条款，但也应当看到人体组织提供者并未直接参加发明创造活动，也未对发明创造的实质性特点有创造性贡献，仅提供其人体组织供作发明的原料，其既没有促进发明概念形成的能力，也没有将概念转换为可具体实行方法的能力，并未有其“劳动”凝结在基因科技发明当中，由是观之，难谓人体组织提供者应当成为共同发明人。换言之，人体组织提供者不能以共同发明人的身份获得专利保护，专利法也非解决利益分享的理想法律渠道。

2. 人体组织提供者不属于主要“物质技术条件”的提供者

有观点认为，基因资源实际上类似一种资本投入，用此种投入，研究人员才能获得所谓的后续技术，因此基因提供者应当在专利权框架内有自己的一席之地。② 也有学者主张借鉴职务发明专利权归属理论，“虽然基因提供者与职务发明中单位的地位不完全相同，但在基因技术成果产生过程中所扮演的角色是一样的：他们都为研究者提供了必不可少的、起决定性作用的物质条件”③。笔者不赞同以主要物质技术条件的提供者来看待人体组织提供者，也不认同在专利法制度框架内实现其利益分享，原因如下。

（1）基因科技成果的完成很难达到主要利用某一人体组织完成的程度。区分非职务发明创造和职务发明创造要看“主要是利用单位物质条件所完成的发明创造”。对于“主要利用”学术界虽有不同观点，但一般认为应当是本单位的物质条件在发明创造过程中起到关键性作用。④ 若没有本单位的物质条件，发明创造也可能完成，或者通过其他途径也很容易找到同样物质条件用以完成发明创造，则不应认为是专利法中所称“主要利

① 据《中华人民共和国专利法实施细则》第13条规定，发明人是指对发明创造的实质性特点作出创造性贡献的人。

② 崔国斌．基因技术的专利保护与利益分享//郑成思．知识产权文丛：第3卷．北京：中国政法大学出版社，2000：337.

③ 黄玉烨．人类基因提供者利益分享的法律思考．法商研究，2002（6）.

④ 吴汉东．知识产权法．5版．北京：法律出版社，2014：154.

用”。人体组织在基因科技成果研发中具有重要作用，但整个研发过程需要的组织样本数量众多，有时需要生物数据库或者生物样本银行方能满足研发需要，很难说某一人体组织样本或者基因被“主要利用”或者起到“关键性作用”。

（2）并非专利成果的“物质技术条件”都在专利归属的框架内解决。首先，尽管单位的物质条件在发明创造完成过程中起了关键性作用，但在发明人按双方约定交纳使用单位物质条件的相应补偿费用的情况下，法律认可这种契约安排，体现在《专利法》第6条第3款中已有明确规定。其次，在研发过程中，更多的情形是研发者通过契约获得他人提供的物质技术条件，并支付对价，合同法即能妥善解决相关问题，无须诉诸专利归属制度解决。换言之，发明中所需的物质技术条件主要通过契约安排获得，而非一定利用专利制度加以保障。

人体组织提供者因其贡献有权分享基因科技成果的利益，分享的根据是“人格理论”和“激励理论”。依据前者，人体组织对于生物科技研究具有基础性，应当根据其“贡献率”来论证参与技术成果利益分享的正当性。考虑个人基因信息之独特性与个人自主权之延伸（告知后同意与退出权利），以及人体组织在研究素材之供给及整体研究流程中均有其贡献的观点，应当肯定人体组织提供者有主张参与分配衍生商业利益之权利。依据后者，如果人体组织和个人基因信息的财产性权益得到承认，对于基因科技成果的利益分享有了制度性保障，这将激发病患团体、传统住民们参与研发的热情，而社会整体将从中受益。另外有学者认为应当采纳专利权归属理论，坚持多元的专利权主体，“在职务发明制度中，单位可对职务发明分享利益，享有专利权，作为基因技术主要原材料基因的提供者为什么就不能对之分享利益呢”①。笔者认为也不恰当，人体组织提供者分享基因科技成果的利益，但不能成为专利权人，否则其推广开来，整个知识产权领域的权利归属制度恐怕要陷入极大混乱。

（三）“社群之智慧财产权”观点评价

除了主张人体组织提供者直接分享专利权的观点外，还有主张调整传统知识产权法原则的观点出现，如鼓吹签订国际协议保障少数族群、成立

① 黄玉烨．人类基因提供者利益分享的法律思考．法商研究，2002（6）．

所谓“社群之智慧财产权”等授权交涉的简易化方案。① 需特别说明的是，该观点与个人基因信息本权配置的“特定族群本权说”尚有不同。“特定族群本权说”只是认为由于特定族群享有基因信息的本权，其可以作为基因科技成果的利益分享主体，以参与者之“族群”（community）为分享对象，而不宜以参与者个人作为分享对象；而“社群之智慧财产权说”则直接认为智慧财产权也应当归属于该特定族群，特定族群具有相当于共同发明人的地位。“社群之智慧财产权说”存在如下不足。

首先，“社群之智慧财产权说”与“特定族群本权说”具有相同的缺陷，即族群的划分具有不确定性。考虑到基因研究中的样本取得，除了有带病基因、特别基因外尚需正常或通常基因样本加以对照，凭什么只有病患者或特定人提供的样本能够参与利益分享？人体组织提供者的家族或者更大族群面临共同基因被解析和不当利用的风险，基因的解析会危及未来人的隐私，基因的利用会对人类整体的多样性造成威胁，但如此考虑可能造成参与分享的主体范围扩大及于全人类。有学者指出，简单将所有的“同类”都不作区分地划归为分享主体，难免会带来“同类”的确认问题，族群具有极大的不确定性，一时很难界定，加上基因技术开发具有周期长的特点，其无疑将使此问题雪上加霜。②

其次，“社群之智慧财产权说”危及专利权制度的存续。无论特定社群或者族群在基因科技成果中的“贡献率”多大，除非基于契约安排，否则该社群不可能成为“共同发明人”，也无法类推适用职务发明创造成为专利权主体。如果将可能有“贡献”参与其中的各方主体，包括以积极方式进行协力以及以消极方式承担风险的所有主体，尽量逐一罗列出来多重的相关权利主体及其权源之后，得到的是像“一张大饼、人人有份”这样的结论，那恐怕对此复杂的利益分配问题毫无帮助。而且，这会危及专利权作为激励发明、鼓励创造的制度动力的存在，还有谁会倾注精力、投入金钱、动员技术来完成发明创造呢？

由此得到的结论是，分享主体不能在一个平面上，应当区分不同形式

① 廖文孜．生物遗传资源之智慧财产权保护．台北：台湾大学硕士学位论文，2001：143－155.

② 贾小龙，王敏．基因衍生专利保护问题研究——基因资源提供者参与分享基因衍生专利利益探讨．北京航空航天大学学报（社会科学版），2006（4）.

不同次序；分享主体范围不能太大，不能人人有份；应当维护专利权制度的基本原理，不能将利益分享变成专利权主体泛化。

二、利益分享论的证立

（一）利益分享论与利益补偿论之争

关于基因科技成果的利益，有所谓“利益分享”（benefit-sharing）与“利益补偿”（alternative models for compensating）论之争。

1. 利益分享论

关于利益分享，最早见于1992年的《国际生物多样化公约》（the International Convention on Biological Diversity，CBD）。该公约属于国际法中有拘束力的协定，较多反映了发展中国家的利益。其他如《赫尔辛基宣言》（2008年）、《国际医学组织委员会涉及人的生物医学研究伦理指引》（2002年）、《人类基因组组织伦理委员会关于利益分享的声明》（2000年）、世界卫生组织和联合国教科文组织《联合国世界人类基因组与人权宣言》（1997年）、《世界生物伦理与人权宣言》（2005年）也规定了利益分享（benefit-sharing），不过这些公约尚不具备《国际生物多样化公约》（CBD）的拘束力。①

2. 利益补偿论

关于利益补偿模式，较早见于2002年Charlotte Harrison教授在《美洲法律与医学期刊》上发表的一篇论文《既非Moore也非市场：对人体组织提供者的替代性补偿模式》②，后为学界所重视。其主要观点是：(1) 既有模式的不足。在论文中，Harrison首先指出两种既有模式的不足：市场论（the regime of markets）将人的身体等同于财产，个人可以自由支配、使用、收益和处分，人体组织提供者的分享应通过市场上供给者与需求者双方议定价格来决定；捐赠论（the regime of gifts）则根据宗

---

① PAMELA A，et al. Legal frameworks for benefit sharing：from biodiversity to human genomics. benefit sharing：from biodiversity to human genetics. Springer，2013. pp. 4－5.

② CHARLOTTE HARRISON. Neither Moore nor the market：alternative models for compensating contributors of human tissue. 28 American Journal of Law & Medicine, 77 (2002).

教和道德，认为人的身体属于上天赐予，如果允许个人自由支配使用收益处分其身体，会使人格被物化或因金钱利益而损害人的价值，不应以金钱来衡量人体组织或基因，人体组织的提供只能以捐赠的方式进行，不存在利益分享或补偿问题。（2）替代性补偿模式的理论基础是责任规则。Harrison认为应当以责任规则（liability rule）取代财产规则（property rule），并作为其提出的替代性补偿模式的基础，责任原则是指介于财产原则和不可让与原则间的一种权益保障方式。① 财产规则可以成为“市场论”的理论基础，不可让与规则可以成为“捐赠论”的基础，责任规则应当对应“替代补偿论”，即人体组织利用仍应通过无偿捐赠进行而不允许被直接交易（不适用财产规则），但当被捐献的人体组织能带来衍生成果利益时，应当对组织提供者给予公平合理的补偿。（3）替代补偿模式制度设计的核心在于一个公平客观之补偿标准的建立。责任原则最主要的精神在于，由政府部门对既有之权益建立一个客观的价值，这样该权益的移转即可依据客观的价值为之，而降低双方协商的成本。在Harrison所提出的模式下，建议依法建立专门负责补偿的委员会，在某种生物科技产品即将上市前，要求销售该生物科技产品的公司提出一份关于该生物科技产品在研发或制造过程中，与人体组织使用情形相关的报告。如果确定对人体组织的使用已达到法定的商业效用标准，那么委员会就会估算出一个适当的、对人体组织提供者的补偿金额。Harrison还指出，他所提出的模型不只可以适用在衍生自人体组织的生物科技产品上，也可适用在衍生自人体组织、并提出专利申请的发明上面。

人体组织的取得和利用上，告知后同意必不可少，这显然不同于责任规则“即使未得到权利人的事先同意”的前提，有学者提出改进版的所谓“折中补偿模式”，认为仍应以取得人体组织提供者的同意为前提，应将“告知后同意”与“公平客观的补偿标准”二者并列为制度要件。② 另外，还有学者认为Harrison观点中只有存在商业利益才给以补偿并不妥当，

① GUIDO CALABRESI & A DOUGLAS MELAMED. Property rules，liability rules，and inalienability：one view of the cathedral，85 Harvard Law Review（1972）.

② 吴佩玲．生技年代下人体组织的权益保护与补偿．台北：台湾大学硕士学位论文，2005：83－85；张文贞．从基因信息与基因市场的面向来分析（III）．台北：我国台湾地区“科学委员会”专题研究计划成果报告（公开查询），2005：18.

主张在人体组织提供的当时就对提供者给予补偿，无论是否已证明其商业利用价值的存在。① 还有学者主张人体组织的无偿捐赠与补偿应当分离，不在组织提供者与利用者之间直接进行，应采取补偿基金的运作方式，设立专门的第三方组织机构指导补偿的进行，以尽量避免人体组织交易，减弱商品化的色彩。②

（二）对利益补偿论与利益分享论的评价

1. 利益补偿论的缺陷

利益补偿论欲以修正的责任规则取代财产规则作为第三条道路，既克服市场论所谓“浪费过多交易成本”“人的身体商品化”的忧虑，又克服捐赠论所导致的利益失衡。论者认为其优势在于：（1）兼具公平正义与经济效率；（2）标准统一明确便于预测；（3）事前管制事半功倍；（4）避免触碰传统权利体系下无法解决的疑虑；（5）避免诉讼上的争议产生。③ 笔者认为以上所谓优势难以成立。

（1）利益补偿论与责任规则无关

“卡—梅框架”中④，财产规则（property rules）是指除非事前获得权利人的同意，否则法律禁止他人侵害这个权利，相对人可以通过与权利人的磋商谈判，议定彼此主观上能接受的对价，向权利人支付该对价而取得其权利，或者去改变原有的权利归属状况；所谓责任规则（liability rules），指即使未得到权利人的事先同意，相对人仍可侵犯权利人的财产权，但必须依法作适当的补偿；不可让与性（inalienability rules），指不能基于当事人双方的自由意志进行交易，如身体的脏器、生命等即使当事人同意他人处置，法律也不予准许。后来又有学者增加了“管制规则”和“无为规则”：前者即“虽然允许私人交易但是施加了法定限制”，后者表

---

① BRIAN BUDDS，R N，M S. Toward a just model of alienability of human tissue. 37 U. S. F. L. Rev. 757（2003）.

② 焦艳玲．生物科技研究中人体组织提供者补偿模式研究．法律科学，2011（1）.

③ 吴佩玲．生技年代下人体组织的权益保护与补偿．台北：台湾大学硕士学位论文，2005：92 - 93.

④ CALABRESI G and MELAMED A D. Property rules，liability rules，and inalienability：one view of the Cathedral. Harvard Law Review，1972. p. 1090. 其译文可以参见：徐爱国，译．哈佛法律评论·侵权法学精粹．北京：法律出版社，2005：275.

明的法律立场是“不予救济”[①]。五种规则政府管制的程度不同，按照国家权力介入程度进行区分：不可让与规则和财产规则分别代表最大限度的国家权力介入和最大限度的意思自治，责任规则和管制规则中国家权力的保护和干预力度相对适中，无为规则中国家权力的保护和干预接近于零。在有为规则中，财产规则采取的是最少的政府干预，基本采纳的是市场机制，具有优先适用性；但如交易成本过高，适用财产规则可能无效率，应适用管制规则和责任规则；而不可让与性的适用往往是在涉及人性尊严的价值考量下，限制权利交易甚至完全禁止，不可让与规则应当作为一种例外而存在。

折中的补偿模式下，人体组织的取得和利用仍应以人体组织提供者的同意为前提，这不符合责任规则“只要愿意支付一个客观确定的价值，就可以消灭（destroy）一个初始法益”[②]的最基本特征，所以不能说折中补偿模式以责任规则为理论基础。在生物科技研究过程中，相应的国际公约和国内立法均规定，人体组织的提供须经过主体的同意，人体组织的利用（例如研究使用或商业使用）也都须经过人体组织提供者的同意。既然人体组织和个人基因信息权益以人格权面向为主，财产权面向为辅，那么就不能在将人格利益自主性保留给信息主体的情况下，将财产利益剥离交给第三方客观评定。财产规则、管制规则、责任规则和不可让与规则的划分是按照政府管制的严厉程度进行的，是否赋予人体组织提供者自主权成为划分的直接指标。既然人体组织提供者有权决定其人体组织和基因信息的取得和利用，那么其具有自主性，应当属于财产规则或管制规则的范畴。

（2）告知后同意与公平客观补偿标准的结合，缺乏可操作性

告知后同意是指，一个具有理解与决定能力的人，在接受告知的信息与特定的建议，并充分理解被告知的信息与建议后，经自由地决定接受该建议后，可以同意并授权他人依该建议对自己进行干预或参加研究，“是

---

① 凌斌．法律救济的规则选择：财产规则、责任规则与卡梅框架的法律经济学重构．中国法学，2012（6）．

② CALABRESI G and MELAMED A D. Property rules，liability rules，and inalienability：one view of the cathedral. Harvard Law Review，1972. p. 1092.

个人对医疗干预或参加医学研究的自主授权”[1]。在人体组织取得和利用的“告知后同意”运作上，很难想象将人体组织的捐赠与利益分享分开，前者由“告知后同意”解决，后者交给一个独立客观的第三方基金来完成。根据 Harrison 观点，公平客观补偿标准实际仍与人体组织未来衍生的商业利益联系在一起，研究人员对人体组织的使用无须付出对价，但营利使用者对人体组织的使用，在该人体组织的商业效用达到法定的标准时，则会被要求付出相当的金额作为对人体组织提供者的补偿。因为，“非营利性研究追求人类共同利益，研究者并无商业或其他的利益，在此情况下，人体组织的提供者和利用者对研究之成果已有公平的分配，无须政府介入来调和利益分配失衡的情形。但若对人体组织进行商业利用，则人体组织提供者与利用者极易发生利益分配失衡，政府有矫正必要”[2]。实际该观点忽略了在人类基因及其产品、方法专利化的潮流下，还有多少研究属于“非营利性”。此时，“告知后同意”能够将利益分享问题排除在外吗？

一般人体组织的捐赠动机，通常是出于利他思想，比如为了支持某种特定疾病的研究。[3] 如果个人基因信息权益中的人格利益保留给信息主体，而把利益分享交由其他主体判定，即会出现权益的支离破碎，导致所谓“反公用品悲剧”。由于人体组织处于基因信息技术研究的上游，基因信息技术成果必须要以一定人体组织的存在为基础，而“告知后同意”（informed consent）原则和“退出权”（opt-out）决定了人体组织提供者完全能够控制利用者对人体组织和基因信息的取得和利用[4]，如果其对经济分享方案不满意而拒绝合作，生物科技研究即不可能开展，陷入双输的

---

① 比彻姆，邱卓思．生命医学伦理原则．5版．李伦，等译．北京：北京大学出版社，2014：78.

② HARRISON C H. Neither Moore nor the market：alternative models for compensating contributors of human tissue. 28 Aht. J. L. & MED. 77（2002）.

③ Ibid，92.

④ 《中华人民共和国人类遗传资源管理条例》（2019年7月1日施行）第12条第1款规定：“采集我国人类遗传资源，应当事先告知人类遗传资源提供者采集目的、采集用途、对健康可能产生的影响、个人隐私保护措施及其享有的自愿参与和随时无条件退出的权利，征得人类遗传资源提供者书面同意。”从以上规定看，人体组织提供者享有自愿参与和随时无条件退出的权利。

局面。而这一切，皆源于告知后同意中对利益分享的排除。进一步证明告知后同意与公平客观补偿标准的结合，缺乏可操作性。实践中，各国涉及人的生物研究中的告知后同意，皆应当包括利益分享，这就决定了这种分享方案应当主要通过契约安排实现，而不是全部交给所谓的“公平客观补偿标准”①。

（3）捐赠与补偿分离模式忽视了利益分享的多样性需求

告知后同意与公平客观补偿标准相结合、并以商业利益确定补偿的标准，其实仍然属于市场化的运作，遵循了财产规则或管制规则，所谓的折中补偿模式只是徒增制度运行成本。正是注意到了这一点，有学者提出人体组织的捐赠应当与补偿相分离，交给独立的基金会来操作，不以人体组织利用已经产生商业利润作为补偿要件，实行多元化补偿，不限于金钱或物质利益的给付，特别是应充分发挥社会待遇优先制度的补偿和激励作用，即规定积极提供人体组织者在日后本人需要利用该组织治疗等相关服务的，享有优先权的法律制度设计。②

该种分离模式的最大价值是避免了“身体商品化”的疑虑，可能借鉴了目前已比较成熟的血液捐献制度。在我国，医疗临床用血采取无偿献血制度，但规定对献血者，有关单位可以适当补贴；无偿献血者临床需要用血时，免交血液采集、储存、分离、检验等费用；无偿献血者的配偶和直系亲属临床需要用血时，可以免交或者减交血液采集、储存、分离、检验等费用；对积极参加献血和在献血工作中做出显著成绩的单位和个人，给予奖励等措施。③ 依靠无偿献血制度，我国基本解决了医疗临床用血来源问题。但是，生物科技研发中的人体组织取得和利用，要比血液的利用复杂得多。人体组织直接提供者包括患者与非患者，非患者贡献出其身体组织通常是基于赠与或买卖等法律关系；而患者处于医疗关系中，其贡献出

---

① 如我国原卫生部1998年《涉及人的生物医学研究伦理审查办法（试行）》第20条规定：“伦理委员会对申请伦理审查的项目进行下列审查：……（八）受试者是否因参加研究而获得合理补偿，如因参加研究而受到损害甚至死亡时，给予的治疗以及赔偿措施是否合适；……”

② 焦艳玲．生物科技研究中人体组织提供者补偿模式研究．法律科学，2011（1）.

③ 参见《中华人民共和国献血法》（1998年10月1日施行）第6条第3款、第14条第2款、第17条。

人体组织，除了赠与或买卖的意愿之外，通常也含有期待回复自身健康的意思在内，而若果真开发出新的基因疗法或制品，其又是预定的利用（消费）者。另一种人体组织提供者不是自然人，而是中介机构，如大规模人体组织银行或者生物数据库，其完全将来源于患者或非患者的身体组织作为“物”来运作。多元的人体组织提供者，其利益诉求并不完全相同，这一点远比医疗临床用血状况复杂得多。试想在取得人体组织的过程中，完全排除利益分享或者补偿议题，待其同意提供人体组织后，如果由一个独立的基金会与提供者议定补偿的形式和数额，简直不可能，如果按照统一的标准和形式进行补偿又难以满足不同提供者的多样利益诉求。要注意，人体组织提供者享有随时退出研究的权利，如果真的出现这种局面，折中补偿模式所谓的节省谈判成本、兼具公平与效率的价值还存在吗?

2. 利益分享论的合理性

（1）避免了对专利权制度的破坏

如同大部分的高科技创新一样，生物科技的创新成本高、期间长但模仿成本低、期间短，因此必须借助知识产权制度加以保护，不仅补偿科技创新者的成本付出，而且使其获得公平的利益，以此来维持发明创造者的研发诱因和激励。但是，直接在专利权制度上“动手术”，以宽泛的“贡献”来划定主体范围使之多元化，虽然“基因技术成果是智力劳动成果，就必须由研究者享有，基因衍生专利本身不能分享”[①] 的观点肯定不正确，但是“一张大饼，人人有份”的多元主体也会瓦解专利权制度为创造性的大脑提供激励的“发动机”功能，这样一种利益分配机制已经背离了现代专利制度的发展趋势。

利益分享论坚守既有的知识产权制度，肯定人体组织提供者不作为知识产权主体参与利益的分享。人体组织提供者的利益分享这一论题，是在长期以来基因科技成果的研发者独占全部成果利益的背景下提出的。笔者的基本观点是，人体组织提供者对其身体组织与基因资源享有本权，技术发明创造是在本权基础上派生出的“他权”，二者之间是“本权”派生“他权”、“源”派生“流”的关系。人体组织提供者对个人基因信息享有本权，其利益诉求应当得到尊重，当基因科技成果取得成功甚至已经取得

① 董炳和．论人类基因提供者基因衍生专利利益分享的法律基础与模式．中国知识产权报，2002-07-12（3）.

巨额经济利益时，人体组织提供者的利益也应得到保护。而保护的制度框架，主要应当通过人体组织取得和利用之前的告知后同意程序，把利益分享纳入告知后同意事项内。

（2）明确承认人体组织在基因成果研发中的“贡献率”和财产规则的直接适用，有利于定分止争

对于生物科技研发中所需的人体组织的法律性质，理论上的各种争议实际都指向了财产规则①能否直接适用。利益分享论肯定人体组织和个人基因对财产规则的适用，人体组织和个人基因信息的人格权面向决定了必须由信息主体自主决定权益行使，告知后同意的过程就是协商议定的过程，也是财产规则发挥作用的过程。

前述 Moore 案中，法院以避免人的物化、避免影响专利权人利益等考虑否定了人体组织的财产性，也关闭了人体组织提供者要求利益分享的通道。至于学者担心的“信息不对称以及高昂的成本都会阻止通过市场机制分享利益”②，利益分享论并未进一步造成人体组织或基因信息的物化，将个人基因信息权益本权配置给人体组织提供者，也不会影响效率。其正当性体现在：首先，承认人对组织和基因有财产权可借由落实公平及防止不当的致富，使其在道德上可以被接受；其次，财产权在排除剥削和不当得利后，可保持病人与医疗人员间的信赖关系；最后，财产权将使人体组织或衍生物牵涉到诸多不同利益时达到最佳的平衡状态。③

（3）分次序多形式的分享模式可以平衡有关主体的利益

生物科技在研究及运用上的伦理原则之一就是“利益分享”，分享必须公正，包括补偿公正、程序公正和分配公正。这条原则可见于人类基因组组织（HUGO）伦理委员会于 2000 年所发布的《关于利益分享之声明》(Statement on Benefit-Sharing)。补偿公正（compensatory justice）是指所有做出贡献的个人、团体或社群，都有权就其贡献得到回报；程序公正

---

① 财产规则仅仅是一种权利运行机制，并不意味着人体组织和基因信息完全成为财产，无关主体性或者人类尊严。

② 张炳生，陈丹丹．论人体基因提供者在基因技术专利中的利益分享．环球法律评论，2008 (4).

③ 王素珍．人体组织之保障与管制——财产权与人格权结合的另类思考．新北：辅仁大学硕士学位论文，2003：57.

(procedural justice) 是指作出补偿和分配的程序，应该不偏不倚；分配公正 (distributive justice) 是指一个对资源和利益的公平分配和获得。[1] 笔者主张分次序多形式的分享模式。

首先，应当按照对基因科技成果“贡献率”来确定分享的主体范围，以满足补偿公正的要求。对基因衍生专利来说，人体组织或基因就是一种蕴含了某种信息的“原材料”，而且是一种起决定性作用的条件，人体组织提供者的“贡献率”当然不容小觑。另外不可否认，一项基因衍生专利权的取得是因为该发明人的创造性贡献或其单位的物质技术条件，而不仅仅因为该基因所体现的遗传信息，基因研究者或其单位在其中所起的关键作用更不可抹杀。但是正如“全人类本权说”所主张的，人类现有的基因和基因密码是人类适应几百万年大大小小的自然和社会变迁，经过世代发展，不断优胜劣汰，最终积淀下来的完善、精确、合理的基因组合，从这个意义上说，没有一个人的基因是完全属于其个人的，任何一个人的基因都是全人类的，拥有共同的祖辈和相同的发展历程，基因也会影响未来后代的利益；与人体组织供应者有共同祖系的家族成员，虽然并没有实质地作出“贡献”，但随着基因组成的信息逐步地被解析、判读，此基因所呈现之属性或致病性等信息也被揭露，更会随着知识产权的授予而被公开，使得拥有同样基因组成的家族成员，也可能面临一些非其所欲的社会效应，其人格权、隐私权、平等权都可能受到不利的影响。[2] 虽然我们坚持“人体组织提供者本权说”，但以上所涉及的主体，均应当在利益分享机制中有所体现方才符合人类基因组组织伦理委员会《关于利益分享之声明》提及的“补偿公正”，即“所有做出贡献的个人、团体或社群，都有权就其贡献得到回报”。

其次，有权参与分享的主体不应当“人人均等”“见者有份”，应当按照程序公正和分配公正要求依照“贡献率”大小合理确定。在基因科技成果的形成中，发明人“对发明创造的实质性特点做出创造性贡献”或者完成职务发明创造，发明人或其单位成为专利权人，贡献至伟。但完全由基因研究者独占地享有全部研究成果利益不公平、不合理，其他主体有权要求分享相关利益。不过，分享并非份额均等，人体组织提供者对于基因科

① See HUGO Ethics Committee-Statement on Benefit Sharing, E. Justice.

② 高崇明，张爱琴．生物伦理学十五讲．北京：北京大学出版社，2004：31.

技成果的形成贡献了原材料，如同工业时代的能源和钢材，基因时代的人体组织和基因成为研究最基本的资源，特殊的基因更是一种稀缺资源，当然有权直接分享较多利益。① 而对于人体组织提供者所在的族群，未来人类后代等因承担一定风险和不利益也有权得到回馈，只是回馈的形式未必是直接的，也未必给予金钱。在最大的层次上，一国全体国民甚至全人类也会因基因科技成果获得一定利益，这应当主要通过公法实现。所以，分次序多形式的分享模式可以平衡有关主体的利益，符合“公正作为中心议题”的要求。

（三）利益分享的形式：直接分享和间接分享

1. 积极贡献主体与消极贡献主体

利用人体组织从事基因科技研究、并将其成果运用于基因医药及技术之研究所衍生的知识产权，可以按照“贡献”方式分为积极贡献者和消极贡献者。积极贡献者是指直接对基因科技成果的形成做出“贡献者”，主要包括人体组织提供者（患者与非患者、人体组织生物银行等中介机构）和人体组织与基因信息的利用者（医生与医疗机构、研究机构、营利组织等）。消极贡献者是指间接地或以被动方式承担基因科技研发可能风险的主体，如人体组织提供者所在族群的其他人员、未来人类后代等。

对于多元主体，学者建议依据其权源性质、保护模式的不同，其“参与分享”的模式也应是多元的，而非全都采取经济利益的分配，有些主体可以主张参与结果获益的分享，有些则只参与对过程控制；有些是以个人主观权利地位主张，有些则需要通过公益代表的形式参与决定。② 同时，该学者提出以“拟似权利主体”来保护特定非实在主体的利益，将在基因科技下特别具有保护必要、但又不具权利主体适格的法益，整理成为“尚未成为人格主体”（如胚胎、受精卵）、“已非人格主体”（如尸体）以及“非人格主体”（如未来后代、环境）三种类型，明确承认其拟制的主体资

---

① 在研究和专利申请中，可资利用的人类基因资源是有限的：首先，从数量上看，人类约有3万个基因；其次，特定种类具有研究便利的基因更是有限，随着种族民族融合便于研究的基因越来越难发现，基因在研究中的价值确实存在差异。具体论述可以参见：邱格屏．人类基因的权利研究．北京：法律出版社，2009：37－38.

② 蔡维音．个人基因科技研究所衍生之智慧财产权之归属原则．成大法学，2003（6）.

格（类似“法人”所具有的虚拟主体适格），并授予其部分的权利能力；由于不能表达自己的意志，“拟似权利主体”必须要通过代言人来主张其本身的利益，故而需要借助“独立法人模式”“选任监护人模式”或“委员会模式”等代言制度，使其在多方利益角逐时，能够相应地有所主张。①

笔者认为其提出的多元主体分次序分享的制度设计非常具有启发性，但不赞同“拟似权利主体”理论，该理论将需要由公法来完成的公共利益表达和维护全部诉诸私法和私权诉讼制度，缺乏效率和可操作性。有关主体对基因科技成果的分享应当区分为直接分享和间接分享。

2. 基因科技权益为核心的两层次外展

笔者主张对基因科技成果利益分享以成果权益为核心，向外拓展两个层次，分别对应直接分享和间接分享。

（1）就基因科技成果，人体组织与基因信息的利用者（医生与医疗机构、研究机构、营利组织等）直接拥有成果权益

发明人或职务发明的“单位”直接享有专利权或技术秘密权，无所谓分享。按照我国专利法规定，对于职务发明创造，如果发明人完成的是本单位的工作任务，专利权归属于单位；对于主要是利用本单位的物质技术条件所完成的发明创造，单位与发明人合同约定权利归属优先，如无约定仍为职务发明创造，专利权归属于单位。

（2）直接分享主要面向积极贡献者中的人体组织提供者（患者与非患者）

人体组织提供者可以通过契约安排和民事损害赔偿制度要求进行直接分享，这是专利权益的第一层外展。根据有关国际公约和国别立法，无论是由公共机构或是私人机构所进行的个人基因信息、蛋白质体信息或生物样本的搜集，还是其后的处理、利用，均应事先取得当事人在不受经济利益或其他利益加以引诱的情况下所为之告知后同意，实际间接认为相关研究中应当向参与者揭示并告知其研究利益。对于人体组织提供者与利用者

① “拟似权利主体”理论及应用，参见：蔡维音．“拟似权利主体”之法律意涵——重新建构人类基因之法律定位．成大法学，2001（2）；蔡维音．人类基因科技下之法益保护体系//当代公法理论（中）——翁岳生教授七秩诞辰祝寿论文集，2002：726－750.

之间就利益分享达成的契约安排，即使未规定利益分享的国家也一般予以认可而不加干涉。关于生物医学研究中人体组织提供者的权益保护，已经从不得为任何主张，逐渐朝向强调对自身人体组织和基因信息之控制权以及通过契约协商模式控制后续衍生专利权方式进行了典范转移。[①] 而对于人体组织和基因信息的利用者隐瞒有关经济利益对人体组织提供者造成的损害，各国私法均加以救济，只是救济渠道因侵害“告知后同意”还是具有财产利益的“人体组织”尚有不同，如前述 Moore 案。但无论是以违反“告知后同意”还是以侵害权益，民事责任机制以强制性利益转移完成了对相关基因科技成果的分享。

对基因科技成果的直接利益分享体现了“交换正义”（justice in exchange）的要求。HUGO 伦理委员会《关于利益分享的声明》（2000 年）将正义区分为交换正义（justice in exchange）、程序正义（procedural justice）和分配正义（distributive justice）。交换正义意指做出贡献的个人、人群或社区应当得到回报，双方基于自愿达成的契约安排体现了公正和等价有偿；程序公正意指作出补偿和分配决定的程序应该是不偏不倚和包括一切的；分配公正意指资源和好处的公平分配和获得。人体组织提供者通过与利用者的告知后同意程序，利用者对有关信息的揭示，包括了其经济利益所在、利益分享的安排和形式等，具有同意能力的人体组织提供者或其监护人在充分了解的基础上作出自愿的同意表示，无论是视为伦理安排还是契约安排，法律认可此种安排。在研究过程中和研究后的成果利益上，双方依照此种安排履行各自义务，这是对“交换正义”的完全遵从。国家对交换正义的干预更多体现在程序上，只要双方不存在意思表示的不自由和不一致，也未违反国家客观道德（立法）和主观道德（公序良俗），法律即不再干涉双方的利益安排。

（3）间接分享主要面向消极贡献者，即基因科技研发可能风险的承担主体，如人体组织提供者所在族群的其他人员、未来人类后代等

该类主体可以通过国家税收、基因科技成果对国家的回授许可、对基因科技成果的合理使用、强制许可等形式对有关利益实现间接分享，属于专利权利益第二层外展，更加远离核心。

---

① 李崇僖，刘源祥．从生医研究趋势探讨参与管理者权益之保障．月旦法学杂志，2007（142）．

对基因科技成果的间接利益分享体现了“分配正义”（distributive justice）的要求。如果把基因科技成果的利益比喻成一张大饼，在承认大饼的制作者即发明人或其他权利人享有大块利益的基础上，剩余利益应当由相关主体进行分享。人体组织提供者基于其积极贡献按照“交换正义”获得直接利益分享，其他主体则按照“分配正义”实行间接分享，分配正义的理论前提是利益共有，对共有利益的分配强调程序正义基础上的利益和好处公平获得。“分配正义”往往与“团结互助”（solidarity）原则联系。HUGO伦理委员会《关于利益分享的声明》（2000年）建议，由于基因资源的全人类共有，有关利益不应限于参与这种研究的人，所有人类分享和获得基因研究的利益，这体现了“分配正义”；研究应该普遍地促进健康，包括促进发展中国家的健康，这是“团结互助”（solidarity）原则的体现。

小　　结

人类基因科技成果如何实现“产业化”，专利权制度成为各国的普遍选择，但人类基因科技成果应否专利化，如何专利化，以及如何平衡利益冲突，究竟谁有权源能在人体基因所衍生之知识产权利益上有所主张，相关主体应当获得补偿还是分享利益等议题，都需要研究解决。

人类基因科技成果之专利化问题，涉及两个方面：其一，人类基因科技成果能否受到专利法保护，或者在多大范围上受到保护，此为专利适格性（patent eligibility），即是否属于可专利主题（patentable subject matter）；其二，人类基因科技成果如果可以受到专利权保护，则获得保护的实质性条件是什么，即“可专利性”（patentability）。在专利适格性方面，尽管人类基因科技成果可以选取的保护形式有发现、发明专利和商业秘密等，但各国已经基本走在专利化的路上，只是路的远近尚有不同，这源于专利制度相对于发现和商业秘密制度的优越性。在可专利性方面，各国所规定的可专利性的积极条件如实用性、新颖性和创造性同样适用于基因衍生专利，不过更多兼顾到基因衍生专利对于下游产业的重要意义而做出适当调整；消极条件则用排除法将部分发明创造排除在可专利性客体之外，如违背法律和社会公共秩序的发明创造，对于道德条款的判断应当采取客观道德的判定方法。

人体组织提供者不应享有专利权，其不属于共同发明人或职务发明的单位，其分享利益的根据并不在专利权制度内部。关于人体组织提供者对基因科技成果的利益，有所谓“利益分享”与“利益补偿”说之争，利益分享论具有优势，它避免了对专利权制度的破坏；明确承认人体组织在基因成果研发中的“贡献率”和财产规则的直接适用，有利于定分止争；分次序多形式的分享模式可以平衡有关主体的利益。在利益分享的形式上，应当区分积极贡献主体与消极贡献主体，分别实行直接分享和间接分享。

第五章　基因科技成果利益分享的国际实践

在国际上，随着近几十年生物科技研发及其商业化遍布全球，生物银行和基因样本在研究中的作用为业界所重视。在生物银行和基因样本大规模利用过程中，利益分享（benefit-sharing）也成为全球议题，“它是南北双方在生物多样性的保护与遗传资源的商业化利用上激烈争执并相互妥协的产物”①，1992 年的《生物多样性公约》（CBD）率先规定这一制度后，影响了其后很多国际公约的制定和国别实践，逐步被拓展及于人类基因主题。“利益分享”术语使用非常广泛，有时被与人权联系在一起，如 1948 年的联合国《世界人权宣言》（Universal Declaration of Human Rights，1948：United Nations）第 27（1）条规定，“人人有权自由参加社会的文化生活，

① 张小勇．遗传资源的获取和利益分享与知识产权．北京：知识产权出版社，2007：50.

享受艺术，并分享科学进步及其产生的福利”①。其实“分享科学进步及其产生的福利”非常宽泛，且并不一定与“贡献”相联系，本书所谓“利益分享”是在较窄含义上使用，即对基因科技成果有所付出做出“贡献”的主体应当获得的公平回报。

第一节　国际公约

“利益分享”背后的道理非常简单，即为科技研发做出“贡献”的主体应当有权分享成果利益，这涉及公平议题；如果拒绝给予利益分享，则说明存在“剥削”（exploitation）。② 在“利益分享”确立之前，作为一种国际间通行的做法，自由获取原则获得了 1983 年通过的《植物遗传资源国际承诺书》（IUPGR）的正式认可，针对发展中国家就农民对植物遗传资源做出的巨大贡献而提出的利益分享诉求，国际粮农组织（FAO）在其后的三个决议 4/89 号、5/89 号、6/89 号中对该诉求有所体现，逐步确立了“农民权”概念。③ 1992 年《生物多样性公约》对“利益分享”的宣传和普及，使得该理念为其后的相关公约所接受，不过由于拘束力（binding）和非拘束力（non-binding）的效果差异，各公约在实践中运行的效果存在差异。

一、利益分享的拘束力公约：《生物多样性公约》

（一）《生物多样性公约》（CBD）的出台及其目标

1. CBD 的出台

至 20 世纪末期，生物资源的获取仍被认为应当完全免费，一些生物

---

① Article 27 (1) of the Universal Declaration of Human Rights: “Everyone has the right freely to participate in the cultural life of the community, to enjoy the arts and to share in scientific advancement and its benefits”.

② DORIS S and JULIE C L. Benefit sharing-from biodiversity to human genetics. Springer, 2013. p. 33.

③ 张小勇．遗传资源的获取和利益分享与知识产权．北京：知识产权出版社，2007：53.

科技的研发者对生物资源的获取根本不会取得所在国、特定原住居民和地方团体的同意，毋庸说给以利益分享。① 面对联合国原来设想的“全人类本权说”模式遭受的破坏②，1992 年在巴西里约热内卢召开的地球峰会上《生物多样性公约》(CBD) 获得批准通过，改变了这一做法。《生物多样性公约》可说是国际上对基因资源利用最重要的一项公约规范，它第一次承认生物多样性的保护涉及“人类的共同关切”(common concern of humankind)。由于公约内容较多反映了发展中国家的利益，有 193 个国家签署了公约，只有安道尔、教廷、美国（特别需注意）当时没有签署。

2. CBD 的目标

公约确立了三项目标：生物多样性的养护、可持续利用生物多样性的组成部分以及公正和公平分享利用遗传资源所产生的利益。根据公约，各成员国通过可持续利用和对资源提供者的利益分享，共同合作来阻止对生物多样性的破坏。公约在第 15 条中规定，基因资源属于各国所有，取得基因资源需事先告知同意，且必须以公平公正的方式利益分享。不过，CBD 的保护范围并未涵盖到人类基因资源，根据 CBD 第 2 条，“基因资源”指的是具有实际或潜在价值的基因物质。而基因物质则是指任何来自植物、动物、微生物，或其他含有遗传功能单位之物质。CBD 涵盖的资源包括了植物、动物、微生物，以及传统知识。

（二）《生物多样性公约》(CBD) 中涉及取得生物资源和利益分享的条款

《生物多样性公约》(CBD) 中关于取得生物资源和利益分享的内容主要规定于第 8 (j) 条、第 15 条和第 16 条。

1. CBD 第 8 (j) 条

“依照国家立法，尊重、保存和维持土著和地方社区体现传统生活方式而与生物多样性的保护和持久使用相关的知识、创新和做法并促进其广

---

① SCHROEDER D，POGGE T. Justice and the convention on biological diversity. Ethics Int Aff 23 (3)：267 - 280 (2009).

② 1990 年代美国克林顿政府打破了“全人类本权说”，宣布对海洋底土采取“先到先得”政策 (first-come-first-served basis) 并排斥利益分享，根本上摧毁了联合国这一努力。See POGGE T. World poverty and human rights. 2nd edn. Cambridge：Polity Press，2008：131 - 132.

泛应用，由此等知识、创新和做法的拥有者认可和参与其事并鼓励公平地分享因利用此等知识、创新和做法而获得的利益”①。

由以上规定可以看出，CBD 规定符合加强对原住居民人权保护的国际努力方向，除了生物遗传资源外，还包括知识、创新以及土著、地方社区体现其传统生活方式的做法。本条规定了“拥有者的认可和参与”（approval and involvement of the holders）与“公平分享利益”（equitable sharing of the benefits）的一般性要求。

2. CBD 第 15 条

本条主要规定了 CBD 利益分享的实质。② 在法律上以两个关键词表达：其一，“事先的告知后同意”（prior informed consent）；其二，“事先商定的条件”（mutually agreed terms）。

就“事先的告知后同意”，根据 CBD 规定，国家对其自然资源拥有主权权利，可否取得遗传资源的决定权属于国家政府，对于非人类遗传资源的取得须经提供这种资源的缔约国事先知情同意，不过在传统知识背景下，文学作品保护问题最为突出。从上世纪 90 年代早期开始，“事先的告知后同意”就被系统地运用于原住居民自我决定权（self-determination）

---

① 中文文本来源于联合国网站：https：//treaties. un. org/doc/Treaties/1992/06/19920605%2008-44%20PM/Ch _ XXVII _ 08p. pdf。

② 《生物多样性公约》第 15 条：“遗传资源的取得。（1）确认各国对其自然资源拥有的主权权利，因而可否取得遗传资源的决定权属于国家政府，并依照国家法律行使。（2）每一缔约国应致力于创造条件，便利其他缔约国取得遗传资源用于无害环境的用途，不对这种取得施加违背本公约目标的限制。（3）为本公约的目的，本条以及第 16 和第 19 条所指缔约国提供的遗传资源仅限于这种资源原产国的缔约国或按照本公约取得该资源的缔约国所提供的遗传资源。（4）取得经批准后，应按照共同商定的条件并遵照本条的规定进行。（5）遗传资源的取得须经提供这种资源的缔约国事先知情同意，除非该缔约国另有决定。（6）每一缔约国使用其他缔约国提供的遗传资源从事开发和进行科学研究时，应力求这些缔约国充分参与，并于可能时在这些缔约国境内进行。（7）每一缔约国应按照第 16 和 19 条，并于必要时利用第 20 和 21 条设立的财务机制，酌情采取立法、行政或政策性措施，以期与提供遗传资源的缔约国公平分享研究和开发此种资源的成果以及商业和其他方面利用此种资源所获的利益。这种分享应按照共同商定的条件。”中文文本来源于联合国网站：https：//treaties. un. org/doc/Treaties/1992/06/19920605%2008-44%20PM/Ch _ XXVII _ 08p. pdf。

的保护，不过在国际范围内其从未被严格界定过。① 一般认为，事先的告知后同意包含三方面内容：(1) 作为遗传资源提供者的缔约国明确同意；(2) 基于潜在的遗传资源利用者所提供的真实的、并足以使提供者理解其含义的信息；(3) 在批准获取同意之前（或在获取发生之前）。② 本质上说，对于遗传资源取得中的事先告知后同意，其运作一般包括四步：(1) 对同意的合法授权，拥有同意的权利；(2) 充分披露相关信息；(3) 代表机构对披露信息的充分了解；(4) 代表机构自愿同意建议的行为。③

就“事先商定的条件”，是指围绕基因资源的利用和后续利益分享由利用者和提供者达成的协议。CBD 并未对条件作出具体规定或建议，而是规定由会员国酌情采取立法、行政或政策性措施，以期与提供遗传资源的缔约国公平分享研究和开发此种资源的成果以及商业和其他方面利用此种资源所获利益。

在“事先的告知后同意”与“事先商定的条件”的顺序上，一般而言，提供者与利用者达成获取协议或达成事先商定条件限于提供者作出的同意，而且这种获取协议可以在提供者所创设的事先的告知后同意程序中完成。

3. CBD 第 16 条

第 16 条提出了 CBD 一个长期存在的问题④，即利益分享与国际知识

---

① HAIRA A. (2006), Prior and informed consent: an introduction. presentation, New Zealand Ministry of Economic Development. [2014 - 12 - 10]. http://www.med.govt.nz/upload/34619/haira.pdf.

② GLOWKA L. A guide to the convention on biological diversity. Gland and Cambridge: IUCN Environmental Law Centre, 1994: 81.

③ SCHROEDER D. Informed consent: From medical research to traditional knowledge. //WYNBERG R, SCHROEDER D, CHENNELLS R (eds). Indigenous peoples, consent and benefit sharing. Berlin: Springer, 2009: 31.

④ 《生物多样性公约》第 16 条：技术的取得和转让。(1) 每一缔约国认识到技术包括生物技术，且缔约国之间技术的取得和转让均为实现本公约目标必不可少的要素，因此承诺遵照本条规定向其他缔约国提供和/或便利其取得并向其转让有关生物多样性保护和持久使用的技术或利用遗传资源而不对环境造成重大损害的技术。(2) 以上第 1 款所指技术的取得和向发展中国家转让，应按公平和最有利条件提供或给予便利，包括共同商定时，按减让和优惠条件提供或给予便利，并于必要时按照第 20 和 21 条设立的财务机制。此种技术属于专利和其他知识产权的范围时，这种取得

产权体系，尤其与 TRIPs 协议，是否具有潜在的不兼容性。

世界贸易组织（WTO）所达成的《与贸易有关的知识产权协定》（TRIPs）旨在提高全球范围内对创新的知识产权保护水平。目前 WTO 会员国对于 TRIPs 协议与 CBD 间关联性的探讨，主要争议点有二：（1）TRIPs 协议与 CBD 之间是否有冲突；（2）TRIPs 协议与 CBD 是否应当修改，或至少应修改 TRIPs 协议，以确保两项制度在执行上不至相互冲突。利益分享问题是相关斗争的焦点问题之一，该问题 2001 年在卡塔尔举行的一次部长级会议上曾进行过专门讨论。综合分析各会员国所提交的立场文件，会发现发达国家会员与发展中国家、不发达国家会员对于该项争议观点两极分化非常严重：主要的 CBD 非缔约国美国认为 TRIPs 协议与 CBD 之间并无冲突，如果国家采取措施执行其任务，二者应属相互支持关系，持这种看法的还有澳大利亚和日本等；其他国家，如印度、肯尼亚、南非、巴西等坚决认为 TRIPs 协议与 CBD 之间存在固有冲突，必须修正 TRIPs 协议，以排除此冲突，而其主张存在冲突之理由为：（1）TRIPs 允许授予基因物质专利，与 CBD 的规范相互矛盾，因为该项规定将限制此等基因物质之取得，且违反各会员国对其基因资源拥有主权的规定；（2）TRIPs 允许授予利用基因物质发明专利，然其并未规范要求尊重 CBD 有关事前告知后同意与利益分享之规定。在两个极端之间，其他国家认为两者并不存在固有冲突，但应当采取某些国际行动以符合 CBD 要求，这些国家又开出不同的“处方”，有的主张对 TRIPs 规定的知识产

和转让所根据的条件应承认且符合知识产权的充分有效保护。本款的应用应符合以下第 3、4 和 5 款的规定。（3）每一缔约国应酌情采取立法、行政或政策措施，以其根据共同商定的条件向提供遗传资源的缔约国，特别是其中的发展中国家，提供利用这些遗传资源的技术和转让此种技术，其中包括受到专利和其他知识产权保护的技术，必要时通过第 20 条和第 21 条的规定，遵照国际法，以符合以下第 4 和 5 款规定的方式进行。（4）每一缔约国应酌情采取立法、行政或政策措施，以期私营部门为第 1 款所指技术的取得、共同开发和转让提供便利，以惠益于发展中国家的政府机构和私营部门，并在这方面遵守以上第 1、2 和 3 款规定的义务。（5）缔约国认识到专利和其他知识产权可能影响到本公约的实施，因而在这方面遵照国家立法和国际法进行合作，以确保此种权利有助于而不违反本公约的目标。中文文本来源于联合国网站，https://treaties.un.org/doc/Treaties/1992/06/19920605%2008-44%20PM/Ch_XXVII_08p.pdf。

权体系采取措施，有的并不主张采取措施以符合 CBD 要求。①

（三）CBD 的《名古屋议定书》(Nagoya Protocol)

1.《名古屋议定书》的出台及其意义

为了增强 CBD 的可操作性，强化其效力，2010 年 10 月 29 日通过的《生物多样性公约关于获取遗传资源和公正和公平分享其利用所产生惠益的名古屋议定书》（简称《名古屋议定书》，Nagoya Protocol）被视为最具发展前景的决定，其对生物基因资源利用及其公平公正的利益分享机制作出了具有执行力的措施。② 新的议定书尽管大大推进了 CBD 的三项目标，不过最反映 CBD 主要目标的规定是对基因资源利用所衍生利益的公平公正分享机制，在向遗传资源的提供者和使用者提供法律上的更大明确性和透明性方面，奠定了坚实的基础。

2.《名古屋议定书》中对利益分享的安排

名古屋议定书的核心是一系列相互关联的有关基因资源的取得、利用和利益分享的规定。

（1）议定书的适用范围。根据议定书第 3 条规定，其适用于 CBD 第 15 条范围内的遗传资源和利用此种资源所产生的惠益，以及与之相关的传统知识以及利用此种知识所产生的惠益。

（2）公正和公平的利益分享制度安排。根据议定书第 5 条，各缔约国应酌情采取立法、行政或政策措施，以确保根据共同商定的条件，与有关社区公正和公平地分享利用由土著和地方社区持有的遗传资源所产生的惠益。

（3）公正和公平的利益分享形式。主要见于第 5 条和附件。议定书第 5 条对利益分享的形式进行了规定，“惠益可以包括货币和非货币性惠益，包括但不仅限于附件所列惠益”。附件规定了货币和非货币性惠益的具体形式。③

---

① 倪贵荣．与贸易有关之智慧财产权协议与生物多样性公约之冲突与调和：以生物遗传资源之取得与利益分享为探讨中心．生物科技与法律研究通讯，2003，17(18).

② 关于采用该议定书的决定，参见 https：//www. cbd. int/abs/text/default. shtml.

③ 关于货币和非货币性惠益的具体形式，可参见：薛达元，崔国斌，蔡蕾，等．遗传资源、传统知识与知识产权．北京：中国环境科学出版社，2009：25. 也可参照 https：//www. cbd. int/abs/text/default. shtml。

(四) 对《生物多样性公约》(CBD) 的评价

1. CBD 的拘束力

与其他有关生物保护的国际公约不同，《生物多样性公约》(CBD) 属于“有拘束力”(binding) 的公约。CBD 建立了自己的争端仲裁程序，并规定“裁决对于争端各方具有拘束力。裁决不得上诉，除非争端各方事前议定某种上诉程序”①。

公约能否产生积极效果并不仅仅在于其是否具有拘束力，用语的清晰明确和执法措施也是重要因素。名古屋议定书提升了 CBD 的适用效果，至少在非人类基因方面。议定书在向遗传资源的提供者和使用者提供法律上的更大明确性和透明性方面，打下了坚实的基础，尽管 CBD 中有关基因资源的取得和利益分享的规定在世界范围内已被多国转化为国内立法，不过在法律实效上还未见到成功案例。②

2. CBD 留下的遗憾

其一，CBD 仅仅适用于植物、动物、微生物，以及传统知识，并未涵盖到人类遗传（基因）资源。

其二，CBD 确立了遗传与生物资源的国家主权原则，“遗传资源的取得须经提供这种资源的缔约国事先知情同意”，名古屋议定书还规定了利益分享的形式，但仅限于缔约国相互之间的分享，并未涉及人体组织提供者的利益分享。

另外，公约缔约国大会曾数次致力于把利益分享变为现实，但实际效果是“各国要制定行之有效的机制仍存在一定的难度”③。

二、利益分享的非拘束力公约

与《生物多样性公约》(CBD) 不同，《赫尔辛基宣言》《国际医学组

---

① 参见 CBD 附件 2 第 1 部分“仲裁”第 16 条。

② “The access and benefit-sharing provisions of the CBD have been incorporated into national law in many countries world-wide, but success stories are still hard to find”. See DORIS S and JULIE C L. Benefit sharing—from biodiversity to human genetics. Springer，2013：34.

③ 薛达元，崔国斌，蔡蕾，等．遗传资源、传统知识与知识产权．北京：中国环境科学出版社，2009：24.

织理事会涉及人的生物医学研究国际伦理指引》《人类基因组组织伦理委员会关于利益分享的声明》、世界卫生组织和联合国教科文组织《联合国世界人类基因组与人权宣言》《生物伦理与人权宣言》虽然适用于人类基因，都规定了对衍生利益的分享（benefit-sharing），但它们都不具拘束力（non-binding）。①

（一）《赫尔辛基宣言》

1.《赫尔辛基宣言》的制定与目标

《赫尔辛基宣言》（the Declaration of Helsinki），全称为《世界医学会赫尔辛基宣言——涉及人体受试者的医学研究伦理原则》（WMA Declaration of Helsinki—Ethical Principles for Medical Research Involving Human Subjects），于1964年6月第十八届世界医学会大会在芬兰赫尔辛基通过，其后历经7次修订，最近一次是在2013年10月巴西福塔雷萨举行的第六十四届世界医学大会上。② 本次修正将2008年版的三大部分35条细化为十二部分37条，进一步对宣言的内容进行了完善，强化了对受试者的保护，提高了对研究者行为的要求，并明确了国家、研究机构和申办方的相应义务。

对于宣言的目标，前言第1、2条明示：世界医学会制定《赫尔辛基宣言》，作为对涉及人体受试者的医学研究伦理原则的一项声明，是医生进行人体试验时的伦理指导原则，并鼓励参与涉及人体受试者研究的其他相关人员采纳这些原则；2013年修正增加了“对可识别身份的人体材料和数据进行的研究”的适用。1975年于日本东京召开的第29届世界医学会大会对《赫尔辛基宣言》第一次修订，使宣言的权威地位更加巩固，使其与《纽伦堡法典》共同成为一般国际法规、各国相关法律和专业医疗组织所共同接受的准则。③

2.《赫尔辛基宣言》的主要内容

《赫尔辛基宣言》中，对于人体试验的相关事项、人体受试者的保护

---

① DORIS SCHROEDER，JULIE COOK LUCAS（eds）. Benefit sharing—from biodiversity to human genetics. Springer：2013：33.

② 关于《赫尔辛基宣言》的文本，可以参考世界医学会网站 .［2014-12-15］. http：//www. wma. net/en/30publications/10policies/b3/index. html.

③ 时国铭 . 人体试验之国际伦理规范：历史的考察 . 应用伦理研究通讯，2001（19）.

作了更为详尽的规定。

（1）人体试验的总体原则（第 3～15 条）。第 4 条提出医学研究的最终宗旨是促进和维护患者，包括那些参加医学研究人们的健康和权益，重申受试者个人利益优先原则，“要遵循那些促进和确保尊重人体受试者、保护他们的健康和权利的伦理标准”（第 7 条）。2013 年版《赫尔辛基宣言》中，第 8 条、第 15 条为新增内容，第 8 条规定“尽管医学研究的主要目的是产生新的知识，但这一目的永远不能超越个体研究受试者的权益”，第 15 条规定“必须确保因参与研究而受伤害的受试者得到适当的补偿和治疗”，这两条较为具体地强调了人体试验中受试者利益优先的原则。学者认为，第 15 条所提出的在研究中受到伤害的受试者的补偿应当实行无过错责任原则。① 人体试验“只有当该研究潜在的预防、诊断或治疗被证明有价值，而且医生有正当的理由相信患者作为受试者参加研究对其健康不会造成不良影响时”（第 14 条），方能举行；由“受过适当伦理和科学教育、培训并具备一定资格的人员”（第 12 条）组织实施；“开展医学研究应以尽量减少对环境可能破坏的方式进行”（第 11 条），并且“应使那些在医学研究中缺乏代表性的人群有适当的机会参加研究”（第 13 条）。

（2）人体试验的风险、负担和受益（第 16～18 条）。对于人体试验中风险、负担和受益三者的关系，强调“惟有研究目的之重要性超出受试者承担的研究内在的风险和负担时，涉及人体受试者的研究方可开展”（第 16 条第 2 款）。第 17 条第 2 款增加风险的持续监测、评估和记录措施；第 18 条第 2 款增加医师评估决定风险超过受益的处理原则，“一旦发现研究的风险大于潜在获益，或已获得了肯定的研究结论时，医生必须评估是否继续、修改或是立即停止该研究”，而 2008 年版第 20 条曾只规定必须立即停止该项研究，一刀切缺乏弹性。

（3）弱势群体和个人（第 19～20 条）。第 19 条增加弱势群体心理改变评价和特别保护，第 20 条增加弱势群体受试的条件和研究后应受益的原则，规定“非弱势人群中无法开展的情况下，方能认为这项涉及弱势人群的医学研究是正当”，参与研究弱势群体应当能从研究获得的知识、实践或干预措施中获益。

---

① 姚树森，范贞．《赫尔辛基宣言》修订与受试者权益保障．中国医院，2014（2）．

（4）科学要求与研究方案（第 21～22 条）。第 21 条提出“涉及人体受试者的研究必须符合公认的科学原则，并以对科学文献、其他相关信息、充分的实验室研究，以及视情况而定，对动物实验的充分了解为基础”。第 22 条源于 2008 年版第 14 条，由原来的“should”改为“must”，要求任何涉及人体受试者的研究，其设计和操作必须在研究方案中明确描述和论证，包括潜在的利益冲突、对研究造成的伤害如何治疗和/或予以补偿的相关信息等，以及研究结束后的恰当安排。

（5）研究伦理委员会（第 23 条）。第 23 条规定研究伦理委员会必须独立于研究者、申办者和其他任何不当影响之外，增加了研究者递交结题报告的责任。

（6）隐私与保密（第 24 条）。强调了研究者对受试者隐私保密的义务。

（7）告知后同意（第 25～32 条）。《赫尔辛基宣言》第 25 条强调“有知情同意能力的个体作为受试者参加医学研究必须是自愿的”，最大的贡献是在“告知后同意”的部分，它不仅直接采用了“告知后同意”（informed consent）的表述，并对告知后同意的内容作了比之前的《纽伦堡公约》更为详尽的规定。关于“告知”部分，《赫尔辛基宣言》第 26 条规定涉及有知情同意能力受试者的医学研究进行前必须向受试者加以告知的事项，所应告知的内容非常全面丰富。宣言特别重视对弱势群体和个人的特殊保护，因为“一些群体和个人特别脆弱，而且更有可能被虐待或遭受额外的伤害”（第 19 条），因此在告知后同意的过程中，“对无知情同意能力的潜在受试者，医生必须寻求其法定代理人的知情同意；上述潜在受试者绝不能被纳入一个不可能带给他们益处的研究中”（第 28 条）；“研究涉及因身体或精神状况而不能做出同意意见的受试者时，如无意识的患者，唯有在阻碍给出知情同意的身体或精神状况是该研究人群的一个必要特征时，研究方可开展（第 30 条）”。《赫尔辛基宣言》重视对受试者的个人信息保护，“对于使用可识别身份的人体材料或数据的医学研究，例如采用生物标本库或类似来源的材料或数据，医生必须寻求受试者对其采集、储存和/或二次利用的知情同意。可能有一些例外的情况，如对这类研究而言，获得受试者同意已不可能或不现实。在这样的情况下，惟有经研究伦理委员会审查并批准后，研究方可进行”（第 32 条）。

（8）安慰剂的使用（第 33 条）。2013 年版第 33 条对安慰剂的使用作出规定，在2008年版“安慰剂、无干预措施”的基础上增加了“比现有最佳干预低效的干预措施”。

（9）试验结束后的要求（第34条）。2008年版第33条可以看作利益分享的规定，不过被删除，其规定“在研究项目结束时，参与研究的患者有权得知研究的结果并分享由此产生的任何益处，比如有权获得研究中确认有效的干预措施或其他合理的照顾或获益”。2013年版第34条规定，“试验开始前，申办方、研究者和试验所在国政府应针对那些研究结束后对试验中业已证实的有益干预仍有干预需求的受试者，就如何获取这些干预拟定条款。这些信息应在知情同意过程中向受试者披露”。结合第26条，因为告知后同意应当包括“研究目的、方法、资金来源、任何可能的利益冲突、研究人员的机构隶属关系、研究预期的获益和潜在的风险、研究可能造成的不适、试验结束后的条款，以及任何与研究有关的其他信息”，“所有医学研究的受试者有权选择是否被告知研究的一般性结局和结果”。我们可以认为，关于利益分享的规定被隐藏于第34条、第26条当中，主要通过告知后同意程序保障，而申办方、研究者和主办国政府是保证受试者在试验结束后继续获益的责任主体。

（10）研究注册及研究结果的出版和传播（第35～36条）。每项涉及人体受试者的研究在招募第一个受试者前，必须在公众可及的数据库上注册登记，遵循出版和传播中的伦理要求。

（11）临床实践中未被证实的干预措施（第37条）。要求应严格控制其使用条件。

3.《赫尔辛基宣言》的效力

由于世界医学会是各国医学会和医生的非政府组织，因而其规范的对象是医生，对于参与涉及人体受试者研究的其他相关人员只能“鼓励”其采用其原则。这一方面使其不具有法律的强制效力，另一方面只适用于医生这一特殊职业群体，其性质限定为国际性专业领域内的伦理规范而非法律规范，因此不具有国际法的地位。[①]《赫尔辛基宣言》应被归类为不具拘束力（non-binding）的国际公约。

不过，实践中《赫尔辛基宣言》往往通过两种方式产生法律拘束力：

---

① 满洪杰．人体试验法律问题研究——以受试者权利保护为核心．上海：复旦大学博士学位论文，2009：29.

其一，直接规定在内国具有法律效力，即直接适用。如荷兰和比利时通过法律规定，在该国从事临床药物试验必须遵守《赫尔辛基宣言》，使其具有本国法的效力；而在瑞士和西班牙有关人体试验的法律中，直接引注《赫尔辛基宣言》，通过国家认可使其具有法律约束力。① 其二，通过国内立法将该公约内容转化使用，即间接适用。如我国卫生部 1998 年发布、2007 年修订的《涉及人的生物医学研究伦理审查办法（试行）》即主要参考《赫尔辛基宣言》的原则和内容制定，该试行办法属于部门规章层次，在我国也属于广义“法律”范畴。

（二）国际医学组织理事会《涉及人的生物医学研究国际伦理指引》

1.《涉及人的生物医学研究国际伦理指引》的制定

国际医学组织理事会（CIOMS）由国际卫生组织（WHO）和联合国教科文组织（UNESCO）于 1949 年共同创立，该组织为国际性非政府组织，工作建立在非营利基础之上。1993 年国际卫生组织和国际医学组织理事会共同制定的《涉及人的生物医学研究国际伦理指引》（the CIOMS International Ethical Guidelines for Biomedical Research Involving Human Subjects，以下简称《伦理指引》），旨在取代 1982 年制定的《生物医学研究伦理指引》（Biomedical Research Ethical Guidelines）。目前，《伦理指引》所用文本为 2002 年修订后版本。②《伦理指引》是有关生物医学研究伦理的学术文献中，引用最为频繁的文件。

2.《涉及人的生物医学研究国际伦理指引》的主要内容

《伦理指引》包含了 21 条进行生物医学研究必须遵循的伦理引导，特别是以弱势人群为对象以及在发展中国家所进行的人体试验。

《伦理指引》除了对伦理委员会的外部审查作出规定外，还重点关注受试者的告知后同意：第 5 条对告知的范围作了较为详细的规定，第 6 条规定了知情同意程序中资助者和研究者的义务，第 7 条规定了不允许诱导参与研究。对于不具有同意能力的受试者，规定了其所受风险不得高于常

---

① JOS DUTE，MECHAEL G FAURE and HELMUL KOZIOL（eds）. Liability for and insurability of biomedical research with human subjects in a comparative perspective. New York：Springer-Verlag Wien，2004：416.

② 2002 年英文文本可以参见［2014－12－20］. http：//www. cioms. ch/publications/layout _ guide 2002. pdf.

规医学或心理学检查的风险，否则应当由伦理委员会进行审查（第8条）；在资源贫乏的人群和社区中的研究，应确保他们的利益；特定弱势人群，如儿童、精神病患、妇女等受到特殊保护（第13至17条）。另外要求加强保密义务、加强生物医学研究中伦理与科学审查的能力、外部资助者提供医疗保健服务的伦理学义务。

《伦理指引》对利益分享作了较多规定：（1）在第5条所规定的获取告知后同意应提供给未来研究受试者的基本信息中包括“是否要以货币或其他物品作为参与研究的回报，如果有，说明种类和数量”，“参与研究对受试者是否有直接的预期利益”，“当研究结束且研究产品或干预措施已证明安全有效时，它们是否会提供给受试者，何时、如何提供，以及是否要付钱”，“说明是否有可能从生物标本中研发出商业产品，受试者是否将从这些产品的开发中获得货币或其他利益”等内容；（2）第10条规定了在资源贫乏的人群和社区中的研究，“为了该人群或社区的利益，所研发的任何干预措施和产品或所产生的任何知识都将能为该人群或社区合理可得”；（3）第12条规定了研究受试者群体选择与负担、利益的公平分配，“研究受试者群体或社区的选择应该使研究的负担和利益能够公平分配，如果将某些能够从研究中获益的群体或社区排除在外，必须经过合理性论证”。

3.《涉及人的生物医学研究国际伦理指引》的效力

《伦理指引》承认涉及人生物医学研究的伦理在人权保护方面的核心作用和相关性。学界认同《伦理指引》涵盖的尊重、仁慈和正义的三项基本原则，有学者指出最相关的原则是公正，它“应体现为……的利益分配和负担”①。不过其不具拘束力（non-binding），似乎只能“鼓励”研究者、投资者和伦理审查委员会遵守，在理论上一般被称为“国际惯例法”（customary international law）。

（三）人类基因组组织伦理委员会《关于利益分享的声明》

1.《关于利益分享的声明》的出台

人类基因组组织（HUGO）是一个国际科学机构，其目的是鼓励公众讨论和提供有关人类基因组计划的科学、伦理、社会、法律和商业影响的信息和建议。人类基因组组织伦理委员会《关于利益分享的声明》（the

① KING KM. A proposal for effective international regulation of biomedical research involving human subjects. 34 Stanf J Int Law 163，187（1998）.

HUGO Ethics Committee Statement on Benefit Sharing）于2000年4月9日发布于加拿大温哥华。《关于利益分享的声明》建构在HUGO伦理委员会1996年《关于遗传研究正当行为声明》四项原则的基础上，专门就利益分享问题做了发展。①

2.《关于利益分享的声明》的主要内容

在考查了利益分享的历史背景、对社区的可能定义、关于人类共同遗产的信念，以及公正和互助原则后，HUGO伦理委员会仍然坚持人类基因的全人类遗产（common heritage）的定性，提出如下建议：

（1）全人类应当共同分享和获得基因研究所衍生的利益；

（2）利益分享不一定限于参与这种研究的人，特定族群的其他成员有时可以要求利益分享，因为将回报限于参与研究的人可能在族群内造成分裂，不符合互助原则要求；

（3）关于利益分享问题要事先与个人和社区协商，其参与研究设计是将来分配利益的初步基础，而且这本身也是一种程序正义所要求的利益；

（4）即使研究没有成果，没有利润，也要提供社区需要的医疗卫生服务；

（5）所有参与研究者应最低限度得到有关遗传研究结果的信息和感谢；

（6）如果能够赢利，则该单位应捐赠一定比例（例如1%～3%）年净利润用于医疗卫生基础设施建设（如疫苗、测试、药物、治疗等）或当地、国家、国际的人道主义援助。②

---

① 1996年HUGO《关于遗传研究正当行为声明》中提出的四项原则是：（1）认识到人类基因组是人类共同遗产的一部分；（2）坚持人权的国际规范；（3）尊重参与者的价值、传统、文化和完整性；（4）承认和坚持人类的尊严和自由。就利益分享，声明专门指出，“应该禁止通过给个人参加者、家庭和人群补偿（compensation）而进行不正当的引诱。然而，这种禁止不包括与个人、家庭、团体、社区或人群的协议，这些协议涉及技术转让、为当地人提供训练、合资、提供医疗保健或信息基础设施、报销费用或可能利用一定百分比的专利权税用于人道主义目的”。参见：邱仁宗，译．国际人类基因组组织（HUGO）伦理委员会关于利益分享的声明．医学与哲学，2000（9）．

② 邱仁宗，译．国际人类基因组组织（HUGO）伦理委员会关于利益分享的声明．医学与哲学，2000（9）．

以上建议富有雄心、意义深远。《关于利益分享的声明》认为全人类都应该有机会获得基因研究的利益和好处，不应仅限于直接参与研究的人，这意味着一个角度非常宽泛的利益共享。《关于利益分享的声明》建议，即使有关研究并没有产生任何利润也应当提供某些健康利益，而且应捐赠每年一定百分比的纯利润。利益共享可以从交换正义（justice in exchange）或分配正义（distributive justice）展开，HUGO 伦理委员会《关于利益分享的声明》更多坚持了后者。

另外值得注意的是，研究参与者有权分享信息，并获得研究结果反馈的要求早在 2000 年即被列入 HUGO 声明，这样的要求只包括在 2008 年《赫尔辛基宣言》中，而并没有包含在所有的 CIOMS 指引中。关于利益分享问题要与人群或社区事先讨论的要求与 CBD 的要求比较近似，因为它暗示双方须事先的告知后同意和就共同议定条件进行谈判，尽管表达并不直接。

虽然本章中其他的指引和工具也包括利益分享的内容，但 HUGO 伦理委员会声明完全以此为中心。因此在人体生物资源利用的利益分享问题上，该声明对于作出选择非常有帮助。最重要的是，它对利益分享概念的扩展进行了有益的讨论，使参与临床试验的利益分享超出了治疗利益范畴。之所以如此说，是因为实践中许多涉及人的生物医学研究并不都具有临床试验背景。许多学者认为，HUGO 声明是在人类遗传资源背景下对利益共享最为明确的规定。[①]

3. 利益分享中的“利益”与“受益者”

在人类遗传资源背景下，财产权概念和族群作为受益者都具有较大争议。在这方面，HUGO 声明中坚持的观点（人类基因组是人类的共同遗产的一部分，应该造福于全人类）可以用来作为反对在人类遗传资源利用中进行利益分享的论据。一个貌似合理的看法是，对人类遗传资源的个人所有权不能被用来作为人体组织提供者利益分享的理论基础。因为“关于人类疾病的分子基础知识增长，这本身就是利益，之后这方面的知识可能导致新的治疗方法诞生。有关疾病的诊断、预防或治疗方法上的进步会惠

① DORIS SCHROEDER，JULIE COOK LUCAS（eds）. Benefit sharing—from biodiversity to human genetics. Springer，2013：53.

及整个社会，包括患者及其家属”①。本着同样的精神，有观点认为也不应支持基因样本提供者主张利益共享，尤其是在涉及制药行业提供资金所进行的基因研究中：凭直觉，分享经济利益在道德上似乎更合乎需要，不过却难解释制药企业为什么有义务分享其从基因组研究中获得的回报，尽管人群、家庭和个人的样本是新的基因产品和收入的原材料，但他们并没有做什么使样本具有“价值”，“如果有的话，他们的样本是因科学家的工作而变得有价值”②。CBD 规定了对非人类遗传资源的利益分享，因为受益者（原住居民和政府）为资源管理作出了贡献，传统知识的传承也需要通过教育，但在人类遗传资源中却没有这种贡献。因此，传统法律将人体组织权益与人体组织衍生的利益二分，前者坚持“法律不明确认为可‘所有权化’的东西，不能视为法律上的财产”；后者则用专利法保护，财产权观点不能用作支持对后者的利益分享。③

然而有趣的是，声明中认为全人类有权分享和获得基因研究所获利益，也可以用来反驳财产权观点作为利益分享的基础。那么在这方面的逻辑论证可能是：如果全人类共有这一资源，人体组织提供者就缺乏主张利益分享的请求权基础，因为他们的基因资源已经被“用了”。当讨论潜在剥削时，会有一个问题被提出：假设人体组织提供者无权获得基因资源衍生利益，根据交换正义（justice in exchange）人体组织提供者能否主张利益分享？HUGO 声明更多按照分配正义（distributive justice）进行制度设计，其建构在共有分配基础之上。有学者指出，对于发达国家的民众而言，因有成熟的健康保险制度，可以作为利益分享渠道，发展中国家民众健康保险系统不够完善，影响了这种普惠式的利益分享。④ 不过，HUGO 伦理委员会声明给出了解决方案，“如果能够获得利润，应该捐赠一定百

---

① CHADWICK R，BERG K. Solidarity and equity：new ethical frameworks for genetic databases. 2 Sci Soc. 318，319（2001）.

② Ibid.

③ SIMM K. Benefit sharing frameworks：justifications for and against benefit sharing in human genetic research. 2007 Report for GenBenefit. ［2014 - 12 - 15］. http：//www. uclan. ac. uk/schools/school _ of _ health/research _ projects/files/health _ genbenefit _ simm. pdf.

④ ZONG Z. Should post-trial provision of beneficial experimental interventions be mandatory in developing countries？. 34 J Med Ethics，188 - 192（2008）.

分比的净利润（缴税后）给医疗卫生基础设施建设（如疫苗、测试、药物、治疗等）或当地、国家、国际的人道主义援助”。声明还要求利益不应限于参与这种研究的人，可提供利益给特定人群的所有成员，不管他们是否参与了研究，这带有很强的“团结互助”（solidarity）色彩，“团结互助”原则似乎也是利益分享的理论基础。声明规定对个人的时间、给个人带来不便以及个人的花费（如果有的话）给予补偿，体现了交换正义（justice in exchange），而利益在一定社群成员中的分配体现了团结互助原则（the principle of solidarity），二者存在一定冲突，HUGO 伦理委员会声明似乎更多体现了后者。①

HUGO 伦理委员会声明对分配正义和团结互助原则的坚持，如本书第三章的研究，人类基因信息的全人类共有可能会带来“公共产品悲剧”，影响人体组织的持续供给，反而不利于生物科技研发的持续性。建构在交换正义与分配正义、团结互助原则共同基础之上，区分直接和间接分享的利益安排可能才是正确的选择。

(四) 联合国《世界人类基因组与人权宣言》与《世界生物伦理与人权宣言》

1.《世界人类基因组与人权宣言》与《世界生物伦理与人权宣言》的制定

联合国教科文组织（United Nations Educational，Scientific and Cultural Organization，UNESCO）成立于 1945 年 11 月 16 日，其宗旨是促进教育、科学及文化方面的国际合作，以利于各国人民之间的相互了解，维护世界和平。《世界人类基因组与人权宣言》（UNESCO's Universal Declaration on the Human Genome and Human Rights）② 与《世界生物伦理与人权宣言》（Universal Declaration on Bioethics and Human Rights）③ 均由联合国教科文组织制定，前者制定于 1997 年，后者制定于 2005 年。

---

① 对利益分享背景下“团结互助”概念的详细分析，参见 SIMM K. An argument for benefit-sharing through solidarity. 2 Soc Justice Context.（2006）. pp. 47 - 64.

② 文本可以参见联合国教科文组织网站．[2014 - 12 - 16]. http：//www.unesco.org/new/en/social-and-human-sciences/themes/bioethics/human-genome-and-human-rights/.

③ 同②.

值得注意的是，两大宣言均属于没有法律拘束力的国际法文件，这一点非常清楚地体现在《国际法院规约》的第38（1）条规定中。

2.《世界人类基因组与人权宣言》与《世界生物伦理与人权宣言》关于利益分享的规定

1997年的《世界人类基因组与人权宣言》第12（a）条和第19（a）（iii）条涉及利益分享。第12（a）条可能包括了以共同财产与分配正义为理论基础的利益分享："每个人都应本着尊重其尊严和权利的精神，利用生物学、遗传学和医学在人类基因组方面的进步"。这一规定暗示，人类基因组方面的进步应当被视为共同财产，每人都有权利获得其利益。这种分享应本着尊重其尊严和权利的精神，体现了分配正义的要求：意味着不仅每个人都是利益分享的主体，而且每一个体的需要都应当按照分配正义的要求被认真考虑。第19（a）（iii）条规定了国际利益分享的义务："在与发展中国家进行国际合作的范围内，各国应鼓励采取以下措施：发展中国家利用科学技术研究成果，促进有利于所有人的经济和社会进步"。

2005年的《世界生物伦理与人权宣言》饱受争议，批评者认为其没有经过利益相关各方的充分协商，也没有征求公众意见。① 关于利益分享，宣言第2（f）条提出其宗旨为"促进公平地利用医学、科学和技术发展的成果，促进科技发展成果最广泛的传播，加快科技发展知识和利益的共享，尤其是重视发展中国家的需求"。第15条规定了利益分享的基本形式②，第21（4）条规定了跨国活动："在商谈研究协定时，参与谈判的各方都应当平等参与合作条款和研究成果协定的制定"。

（五）"非拘束性"国际法

1."非拘束性"国际法的含义

上述公约、宣言、指引等，构成了目前国际社会对于生物科技研究中

---

① MACPHERSON C C. Global bioethics: did the universal declaration on bioethics and human rights miss the boat? . 33 J Med Ethics,（2007）, pp. 588 - 590.

② 第15条"利益共享"："1. 科学研究及其应用所带来的利益应与全社会和在国际社会内共享，特别是要与发展中国家共享。为了实行这一原则，可以采取下述任何一种形式来共享利益：(a) 对参与研究的个人和群体给予特殊的、持续的帮助，并向他们表示感谢；(b) 提供高质量的医疗服务；(c) 提供科研开发的新的诊断方法、治疗方法以及设备和药品；(d) 支持卫生事业；(e) 利用科学技术知识；(f) 研究方面的能力建设设施；(g) 符合本宣言阐述之原则的其他任何形式。2. 不应当将利益作为鼓励参与研究的不恰当手段。"

利益分享的国际规范框架。从属性上看，《赫尔辛基宣言》《涉及人的生物医学研究国际伦理指引》和人类基因组组织伦理委员会《关于利益分享的声明》属于世界医学专门组织制定的行业伦理规范，一般不具有法律拘束力，争议不大。但联合国《世界人类基因组与人权宣言》与《世界生物伦理与人权宣言》是联合国专门机构制定的宣示性文件，对其国际强制法的地位一直有争议。① 多数见解认为，由于以上规范要么属于不具有法律拘束力的伦理准则②，要么仅仅属于宣示性文件，至多只有软法（soft law）的性质，在学术与商业利益的影响下，以上规则对于研究者与出资者的影响力与预期效果似乎并不理想。③ 有关宣言、指引和声明的“非拘束力”，非常清楚地体现在国际法院规约的第 38（1）条规定中。④

2. “非拘束性”国际法如何发挥效力

除了转化为国内立法产生效力外，“非拘束性”国际法直接产生效力的方式如下。

（1）通过国内立法中“一般条款”或“不确定法律概念”的规定直接适用

以现阶段而言，虽然伦理原则和宣示性文件欠缺直接的强制力与拘束

① *Abdullahi* v. *Pfizer, Inc.*，2005 WL 1870811（S. D. N. Y.）. 在辉瑞公司于尼日利亚药物试验造成损害的诉讼中，美国纽约南区联邦法院认为，《赫尔辛基宣言》只是“反映了部分国家或者组织的愿望和要求的”政治性宣言，而 CIOMS 没有设定任何可以提供权利基础的为世界各国普遍认可的法律义务，同样地，指南是“由一个国际性、非政府、非营利的组织制定，因而并未设定任何法定的义务”，上述规范均不是所指的国际法。虽然美国法院的态度不能完全代表世界范围内的情况，但也从一个层面反映出有关人体试验的国际规范的脆弱性和效力上的不足。满洪杰．人体试验法律问题研究——以受试者权利保护为核心．上海：复旦大学博士学位论文，2009.

② EMILY JACKSON. Medical law-text，cases and materials，476（2006）.

③ DREWS J. Drug research，between ethical demands and economic constraints. ethics and the pharmaceutical industry 21（2005）.

④《国际法院规约》第 38 条：“一，法院对于陈诉各项争端，应依国际法裁判之，裁判时应适用：（子）不论普通或特别国际协约，确立诉讼当事国明白承认之规条者。（丑）国际习惯，作为通例之证明而经接受为法律者。（寅）一般法律原则为文明各国所承认者。（卯）在第五十九条规定之下，司法判例及各国权威最高之公法学家学说，作为确定法律原则之补助资料者。二，前项规定不妨碍法院经当事国同意本‘公允及善良’原则裁判案件之权。”参见联合国网站．［2014－12－16］. http://www.un.org/zh/documents/statute/chapter2.shtml.

力，但仍然可以间接通过“一般条款”或“不确定法律概念”的规定，成为既有法律体系的一环。[①] 例如：2015 年我国国家卫生计生委与食品药品监管总局联合发布的《干细胞临床研究管理办法（试行）》第 3 条规定，“干细胞临床研究必须遵循科学、规范、公开、符合伦理、充分保护受试者权益的原则”。其中的“符合伦理”即可导入国际伦理规范的内容。

（2）直接适用的其他方式

伦理规范和宣示性文件还可以下列方式，发挥其功能：第一，成为行政处分的裁量原则或行政规则；第二，成为行政指导；第三，成为研究机构内部的自律规范；第四，成为研究成果发表与申请成果专利的要件。[②]

三、《生物多样性公约》（CBD）应扩展适用于人类基因资源

《生物多样性公约》（CBD）是唯一全面致力于生物多样性的国际文书，《公约》的三项目标是生物多样性的养护、可持续利用生物多样性的组成部分以及公正和公平分享利用遗传资源所产生的利益。不过 CBD 仅仅适用于植物、动物、微生物，以及传统知识，并未涵盖到人类基因资源。随着生物科技的急速发展，基因资源被越来越多地运用于不同类型的用户和不同行业。对基因资源的利用并不局限于植物、动物或微生物，还包括人类基因资源，有时还包括以上资源的混合。由于人类基因资源利用的国际公约缺位，不同国家政府都在制定自己的规则和准则。这种拼凑式立法，可能最终对相关研究工作造成阻碍。笔者认为，CBD 是推进最广泛的利益共享国际框架水平的适宜选择。这意味着，CBD 的适用范围应扩展适用于人类基因资源。

（一）生物多样性取得和利益分享的全球议题

生物多样性取得和利益分享（access and benefit sharing，ABS）的全球议题至少已经有 20 年的历史。这一议题在全球具有高风险性，尽管 2010 年通过了《生物多样性公约》（CBD）的《名古屋议定书》，但在可见的未来尚无明确解决途径。生物多样性取得和利益分享问题是 WTO《与贸易有关的知识产权协议》（TRIPs）谈判陷入僵局的主要障碍之一，

① 陈怡安．受试者保护与人体试验的规范．律师杂志，2002（270）．

② 和绿华．“告知后同意”原则适用于人体试验之研究——以受试者自主权为核心．桃园：中原大学硕士学位论文，2005：19．

目前对该问题的国家层面立法并不一致，甚至相互矛盾。从中长期看，这一点可能会对研究和技术转让产生不利影响，由于缺乏明确的国际准则，各国政府都有自己的生物多样性取得和利益分享框架，会使该问题进一步复杂化。这一点会让谈判的参与者、非政府组织和其他民间组织等过程参与者感到失望。

缔约方大会的第十届会议于 2010 年 10 月 29 日在日本名古屋通过了《生物多样性公约》，获取和利益分享国际制度由获取和利益分享问题不限成员名额特设工作组详细拟订。不过，公约仍忽视合成生物学和药物基因组学领域技术的发展趋势，而这些可能会破坏当前谈判各方适用的“生物资源”定义的相关性。这可能与生物多样性组织（CBD）和世界卫生组织（WHO）在整个过程中不断进行职责细分而缺乏沟通与合作有关。《名古屋议定书》文本中提及了人类病原体，并对一些人类遗传资源最终被列入《生物多样性公约》提供了方法，“意识到世界卫生组织（2005 年）《国际卫生条例》以及为了公众卫生防范和应对的目的确保获得人类病原体的重要性……”关键的问题似乎是如何定义生物（基因）资源，是否有可能继续采取传统做法，将植物和以传统植物为基础的传统知识利益分享与人类遗传学研究渠道相分离？目前还不清楚当产品是由人类遗传学研究与植物、以传统植物为基础的传统知识相结合（目前这种结合概率越来越高）产生时如何进行利益分享。生物多样性组织（CBD）1995 年的会议将人类基因资源排除在外，主要是考虑与生物遗传资源不同，人类基因资源不会产生经济利益。不过，随着 2000 年人类基因组计划的实施，有关基因组的研究与疾病的诊断、药物的开发、基因产品的利用联系在一起，其产生的经济利益难以预估，将人类基因资源排除在外的做法便值得怀疑了。

2006 年 3 月，《生物多样性公约》（CBD）缔约方大会第八届会议在巴西库里提巴举行，会议决定在获取和利益分享制度的国际谈判应在 2010 年完成，事实上谈判也于 2010 年 10 月达成了《名古屋议定书》。然而，生物多样性取得和利益分享仍在各个主要的政府间论坛，如世界知识产权组织（WIPO）和世界贸易组织（WTO），相互之间争议极大，就同一问题从不同的角度提出了不同解决方式，其结果是有关机构立场相对，有时甚至循环反复。要打破这种立场相左造成的局面，必须通过明确界定有关概念以解决目前许多歧义。从 CBD 的发展历史看，临到谈判最终都会归结到特定概念的争议上面，关于概念的分歧也阻碍了公约的最终达成，谈判各方往往不是努力解决分歧，而是考虑要么去删除产生问题的定义，要么让它们继续保持含义模糊。①

（二）生物多样性公约扩展适用的合理性

1. 在生物多样性公约发展过程中，尽管有关概念的含义被逐渐模糊，但人类基因资源应当包含在内

有学者对生物多样性公约的发展历史进行梳理后发现，重要的几个概念以及涵盖范围曾有变化，如“生物多样性”（biological diversity）、“取得”（access）和“例外”（exclusion），通过进行模糊妥协处理，以确保公约能够为谈判各方所接受，获得基本通过。② 如，“生物多样性”在国际自然保护联盟的（IUCN）大会决议（1984）中被界定为“生物多样性涵盖了所有的生命形式，涉及地球上的多重物种”，并未将人类基因资源排除在外，而在 CBD 的第 2 条中“生物多样性”是指所有来源的形形色色生物体，这些来源不仅包括陆地、海洋和其他水生生态系统及其所构成的生态综合体；它还包括物种内部、物种之间和生态系统的多样性。“遗传资源”是指具有实际或潜在价值的遗传材料。附件一的“查明和检测”中包括了“经述明的具有社会、科学或经济重要性的基因组和基因”。由是观之，只要是具有社会、科学或经济重要性的基因组和基因，就都不应被排除在公约涵盖范围之外。

2. 一些国际公约并非对人类遗传资源取得和利益分享不感兴趣，而只是因为尚难达成一致而故意回避

在对“生物海盗”（biopiracy）行为表达关切时，生物多样性的取得和利益分享议题即已出现并成为重要的政策选择。尽管一些国家已经就人类基因资源取得和利益分享问题制定了政策法规，但较少国际机构这样做，这并不意味着缺乏对该问题的兴趣，各种国际论坛上许多正在发生的辩论证明，这只是由于各国尚不能就有关问题达成共识形成清晰的公约。发达国家和发展中国家之间的明显意见分歧是有关具有法律拘束力的公约谈判持续僵局的主要原因。前述 WTO 的 TRIPs 协议与 CBD 是否存在条

---

① PISUPATI B. Access and benefit sharing（ABS）：Issues and policy options-introduction. Asian Biotechnol Dev Rev. 10（3）（2008）. pp. 1－2.

② DORIS SCHROEDER，JULIE COOK LUCAS（eds）. Benefit sharing—from biodiversity to human genetics. Springer，2013：157－61.

文冲突的争论，也可归结为这一原因。

一些不具有“拘束力”的国际宣言、伦理指引已经涉及利益分享，可以为对于CBD的适用范围拓展提供参照。如前所述，《赫尔辛基宣言》《涉及人的生物医学研究国际伦理指引》和人类基因组组织伦理委员会《关于利益分享的声明》属于伦理规则，联合国有关机构《世界人类基因组与人权宣言》与《世界生物伦理与人权宣言》属于宣示性规定，它们均规定了相关利益的分享，现在已经到了提高其法律强制力，将“非拘束力”规范上升为“拘束力”国际法的时候了。

3. 新技术的发展已经突破了传统边界，要求对基因资源进行一体调整

人类基因资源与《生物多样性公约》所涵盖的遗传资源之间的界限正变得越来越模糊，药物研发已经将这些有着千丝万缕联系的资源利用整合到同一个研究计划里面，甚至表现在同一个分子上。2000年人类基因组的公布催生了对其多种利用，基因及基因组被用在诊断和治疗人类疾病和创造新的诊断和治疗工具上。关于基因组研究的最早、最明显的应用是将其用于检测遗传性疾病，即使不太显眼的运用也被证明至少同样重要（例如，法医用于确定身份）。基因组的研究不仅成为治疗复杂疾病的第一步，而且有利于确定正常生物功能和保持生物多样性。然而，DNA是一个通用遗传密码，将人类基因资源与那些来自其他生物来源的基因加以区分显然比较困难，新技术的发展已经突破了传统边界。将人类基因资源与生物遗传资源分别加以调整可能已经不合时宜。人类遗传学和基因组学的研究已经进入全球广泛的合作研究，人体生物材料的跨洲、跨国和在学术机构与商业机构之间的流动，强调知情同意和利益分享，一些实施中的问题已经浮出水面，如印度和中国都发生过违反告知后同意的生物科技发达国家对发展中国家的“生物海盗”（biopiracy）行为，迫切需要有“拘束力”的国际立法加以统一规范。①

CBD作为生物多样性和遗传资源保护的基本国际法规范，不应将人类基因资源排除在外，CBD应当被扩展适用，以实现人类基因资源取得和可持续利用的目标。

---

① DORIS S and JULIE C L. Benefit sharing—from biodiversity to human genetics. Springer，2013：170－1.

第二节 国别实践

自《生物多样性公约》(CBD) 1992 年生效，对传统知识和非人类遗传资源的利益分享即被广泛讨论。与之形成对比的是，人类基因/生物资源的利益分享议题远未解决。有人主张，参与医学研究应该永远出于利他动机：以研究行为做出贡献的人只能为他人利益和好处，而不能期望以利益分享的形式获取任何回报，特别是在风险最小、但需要大规模参与的相关研究中，比如招募大量参与者的生物银行和基因数据库。① 但在运行中出现了一些问题，说明了利益分享机制对于基因科技研究的意义，本部分选取若干国家的实践略作分析。

一、冰岛

冰岛经常被论者认为是人类基因研究探索的先行者，这是因为冰岛政府与 deCODE 基因科技公司之间有一项重大的基因研究计划 (deCODE Plan)，该计划实施的过程为各国相关实践提供了正反两方面的经验和教训，广获业界的注意与评论。

(一) 冰岛全民数据库

deCODE 基因公司是一家美国公司，于 1996 年 8 月 26 日在美国特拉华州成立，当年晚些时候其在冰岛成立全资子公司。该子公司旨在对冰岛全民的常见疾病进行群体基因学研究，并将研究结果用于疾病治疗和诊断工具的开发。由于冰岛全民的基因同质性、完善的医疗记录和广泛的家系资料，在基因研究中极具价值，所以 deCODE 公司希望建立冰岛的全民数据库，融合全部人口的健康数据、遗传数据和家系数据。该数据库将为 deCODE 公司自行开展研究提供方便，但它也将被提供给其他研究人员、公司和组织商业利用。冰岛政府也希望通过对该公司的专属授权，逐步建立本国全民的医疗及基因信息库，以研发基因诊断、治疗工具来增加本国公共健康福利，并在世界生物科技研发中抢占先机。

① WILLIAMS G, SCHROEDER D. Human genetic banking: altruism, benefit and consent. New Genet Soc 23 (1) (2004). pp. 89 - 103.

1.《卫生部门数据库法》

1998 年 12 月 17 日，冰岛国会立法通过了极富争议的《卫生部门数据库法》（the Act on Health Sector Database），授权 deCODE 基因公司建立其专属的、具有排他性的“冰岛全民医疗记录数据库”。该法采推定同意（presumed consent）规范模式，所有冰岛全民都被推定同意将其医疗数据收录于医疗数据库内，除非病人明确“选择退出”（opt-out）该数据库，为保护患者隐私，该法规定任何医疗信息不可溯及（traced）识别出信息主体的身份。

依照《卫生部门数据库法》，2000 年 1 月冰岛卫生部长颁发独家特许证给 deCODE 基因公司，授权其依法建立并管理全国性的冰岛全民医疗记录数据库，并可依法享有该数据库 12 年之久的排他性权利。

2.《生物银行法》

2000 年 5 月 13 日冰岛国会通过了《生物银行法》（Act on Biobanks），并于 2001 年 1 月 1 日开始施行，该法于 2008 年和 2009 年曾做过修正。①

首先，与《卫生部门数据库法》不同，《生物银行法》适用于任何对于人体组织样本进行收集而建立的生物银行，以及其所收集样本的保存、处理、利用等事项，而不是授权单一机构来建立唯一的基因数据库。在建立基因数据库方面，deCODE 与任何其他机构一样并没有任何特殊地位。

其次，与冰岛全民医疗记录数据库采取“推定同意”不同，基因信息数据库采取严格“告知后同意”程序。该法第 7 条明文规定：在从民众取得其组织样本以保存于生物银行之前，必须取得样本提供者“意志自由的情况下经充分告知后的同意”。而且，样本提供者日后可以随时撤销其同意，生物银行必须在样本提供者撤销其同意之后销毁其组织样本；因为已经执行（结束）的研究或结果而从该组织样本产生之物质和数据，可以不予销毁，但必须完全删除其可以识别出个人身份的信息，并且不得再以任何形式用于进一步研究。

再次，为了确保冰岛全民生物样本资源安全和国家主权，该法第 5 条规定：生物银行必须设置在冰岛境内，用于研究的样本和临床样本如果在同一生物银行中应当分开存放，分别标记，以符合 2009 年修正案中所要

① Act on Biobanks (Iceland). [2014-10-01]. http://eng.velferdarraduneyti.is/media/acrobat-enskar_sidur/Biobanks-Act-as-amended.pdf.

求的保存、处理和利用的规定，安全标准和安全设施应当符合个人信息保护的规定。该法第9条规定，任何使用组织样本的情形，都必须取得国家生物伦理委员会及个人信息保护局的许可，当然跨境流动也不例外。在组织样本的权利归属方面，本法第10条亦明文规定：生物银行业者不得主张自己为组织样本之所有人（The licensee is not deemed to be the owner of the biological samples），但可主张依法对组织样本享有一定之权利（例如费用收取权）。生物银行业者不得任意转移让与其所收集的组织样本，也不能将组织样本作为债务担保，组织样本不能成为扣押的标的。

（二）关于利益分享的安排

1. deCODE基因公司应负担的费用

根据冰岛《卫生部门数据库法》，deCODE基因公司需负担数据库运行的所有费用，直接费用包含建设与维护数据库的费用；间接费用则包括政府发给执照、设立监督委员会，以及向全民宣传有关政策，告知其有权退出该数据库的各项花费。

2. 冰岛全民从deCODE基因公司的受益

依据冰岛《卫生部门数据库法》，冰岛政府享有每年约70万美元的规费收入，但本款项只能用于政府促进医学研究与发展。此外，冰岛政府也有权分享deCODE公司的一定获利，2006年之后若deCODE基因公司已有盈余，需将税前6%的盈余给冰岛政府，但最高不超过70万美元。所以，deCODE基因公司每年所需支付的费用上限为140万美元。以上deCODE基因公司每年负担的费用和获得的受益份额将被用于医疗保健系统和研究投入，可以认为属于利益分享范畴。有趣的是，这一利益分享安排与2000年人类基因组组织伦理委员会《关于利益分享的声明》中建议方案非常类似，即最终建议（6）中“如果能够赢利，则该单位应捐赠一定比例（例如1%～3%）年净利润用于医疗卫生基础设施建设（如疫苗、测试、药物、治疗等）或当地、国家、国际的人道主义援助”。

3. 冰岛全民从deCODE合作伙伴的受益

1998年2月，deCODE基因公司与全球医药产品巨头瑞士霍夫曼拉—罗氏公司（Hoffmann-La Roche）签订了一份为期5年的合同，该合同有望为deCODE基因公司带来2亿元的利益。根据罗氏公司的新闻稿，罗氏公司将“免费为冰岛人提供合作过程中产生的药品和诊断产品”。deCODE基因公司和罗氏公司之间的两个后续协议确认了这一保证，冰岛人可以免费获得两公司所合作开发的药品和诊断产品。① 霍夫曼拉—罗氏公司如此慷慨，有学者指出一个可能的解释为，deCODE 公司的数据库将允许它在冰岛追踪使用罗氏免费产品的民众，密切注意产品成效并报告不良反应的人群，在大多数情况下比那些上市后的四期临床试验效果还要强大，也更容易管理和监控。②

（三）冰岛基因研究计划的效果

反对 deCODE 基因公司计划与冰岛《卫生部门数据库法》的批评者，主要是从人的“商品化”、告知后同意的不足、隐私权保护的漏洞和 deCODE 公司垄断地位等方面展开，认为本计划背后存在多项隐忧。③

冰岛基因研究的全民数据库计划并未实现预期目标，冰岛最高法院终止了这一进程。2003 年，该院判决认为冰岛《卫生部门数据库法》未能充分保护冰岛全民的隐私，因触犯宪法而无效，deCODE 基因公司的计划中将医疗记录数据收集在一个集中的数据库的法律框架同样无效。④ 2009 年 11 月 deCODE 基因公司申请进入破产保护程序，在冰岛的子公司也被变卖。由于以上争议，冰岛的努力不但在其国内备受挑战与质疑，在国际上也经常被引为部分失败的例子。⑤

---

① POTTS J. At least give the natives glass beads：an examination of the bargain made between Iceland and deCODE Genetics with implications for global bioprospecting，Va J Law Technol 7（3）（2002）.［2015－01－21］. http：//www. vjolt. net/archives. php?issue＝13.

② GULCHER J and STEFÁNSSON K. Population genomics：Laying the groundwork for genetic disease modeling and targeting. 8 Clin Chem Lab Med，（1998），pp. 523－526.

③ 刘宏恩．冰岛设立全面医疗及基因资料库之法律政策评析——论其经验与争议对我国的启示．台北大学法学论丛，2004（54）.

④ 冰岛最高法院对 *Gudmundsdóttir v. the State of Iceland*（No. 151/2003）的判决。该案中一位死者的女儿阻止将其父的健康数据纳入卫生部门数据库中。

⑤ MERZ，JON F et al. Iceland Inc. ?：On the ethics of commercial population genomics. Social Science & Medicine. Volume 58，Issue 6，March（2004），pp. 1201－1209；PÁLSSON，GÍSLI and PAUL RAINBOW. The Icelandic genome debate. Trends in Biotechnology. Volume 19，Issue 5，1 May（2001），pp. 166－171.

二、肯尼亚

（一）以肯尼亚马迭戈性工作者为对象的艾滋病研究计划

艾滋病（HIV/AIDS）作为免疫系统疾病，仍然是人类共同面对的严峻挑战之一。迄今人类对艾滋病接种免疫的研究，从未像上世纪 80 年代那样接近成功。这和肯尼亚首都内罗毕一个叫马迭戈（Majengo）的贫民社区中的性工作者有关。她们迫于教育和经济上的弱势而从事性工作，成为世界关注焦点是因为上世纪 90 年代她们参与的性传播媒介艾滋病接种免疫的研究。80 年代末，就有加拿大的传染病专家在对 2 000 多名内罗毕性工作者进行研究时发现，有大约 5%的性工作者对该病具有免疫性，尽管暴露于高风险性行为中却不会感染 HIV-1 病毒。1998 年由来自英国牛津大学、肯尼亚内罗毕大学和加拿大马尼托巴湖大学的研究者共同合作了一项以该部分性工作者为研究对象的 HIV 病毒免疫学机制计划。研究计划招募了 11 名性工作者为志愿者进行疫苗人体试验，研究者发现接种免疫预防效果不好，随着高风险性行为次数的减少，人体试验志愿者身上的抗体变弱；研究还利用了以上志愿者的基因样本，研究基因变异以确定对 HIV-1 的易感性。肯尼亚内罗毕大学和加拿大马尼托巴湖大学后续研究过程中，又有 850 名性工作者被招募参与其中。①

（二）肯尼亚案例中的利益分享

由于研究计划参与者属于性工作者，在教育和经济上的不利地位限制了她们参与利益分享，另外由于极为低下的卫生医疗条件，她们除了“自愿”参与计划别无更好选择。在最初依照惯例完成的利益分享谈判和有权做决定的主体只有大学和相关研究机构的研究者和管理者，而内罗毕性工作者的利益未被考虑在内。她们作为参与者在各个阶段对正在进行的研究作出同意的表示，捐献了自己血液，从子宫颈、阴道和唾液等取得样本；但她们对自己的样本既无所有权也无利益分享权利，对后续程序也无参与和控制权。

后来情况有所变化，在立法方面，尽管肯尼亚已经立法规范非人类基因资源的取得和后续利益分享，但尚无立法涉及人类基因资源。然而，

① DORIS S and JULIE C L. Benefit sharing—from biodiversity to human genetics. Springer，2013：106－7.

2005 年肯尼亚为回应马迭戈性工作者的案例制定了艾滋病毒/艾滋病疫苗研究和开发的国家指引，尽管性工作者并未被包括在人体试验中，但这些妇女对研究的参与推动了实验性疫苗的发展，所以也与之相关。根据该国家指引提供的制度框架，研究参与者可以通过人体组织样本在转移、研究和发展各阶段中的同意程序获得一定经济补偿，这其实已属于利益分享范畴。该国家指引在肯尼亚具有国内法效力。

根据该国家指引，艾滋病疫苗临床试验行为的参与者应有权分享利益。参与者应至少享有：（1）在整个试验过程中与医护人员及咨询人员保持经常和支持性的联系；（2）获得有关艾滋病传播以及如何预防的广泛知识；（3）可以获得艾滋病毒预防工具，包括男用和女用避孕套和清洁的注射器具；（4）如果她们因参加试验而成为艾滋病病毒感染者，可以有机会获得事先约定的护理和治疗服务；（5）就参加试验花费的时间、旅行上的不便和其他不便获得补偿；（6）如果疫苗有效，则培养对艾滋病毒的保护性免疫。①

不过严格来说，以上利益并不是基于参与疫苗研发产生而由研究者向参与者提供的分享，而是基于参与疫苗的人体试验而产生。研究团队在马迭戈贫民区建立了诊所，使得性工作者之前极差的医疗条件得到很大改善，她们可以在家门口获得不受歧视的医疗服务。从 2005 年开始，她们还可以享受到一揽子的医疗照顾。当然，以上都是直接利益，研究计划的实施还改变了她们的地位，她们可以在受到尊重的环境中工作，相互之间的关系得到改善，还可以表达自己的诉求。②

（三）对肯尼亚案例的讨论

传统观点认为，人体组织提供者对人体组织不得主张财产权，对研发的科技成果不能主张直接利益分享，这源于人体组织捐献的利他主义要求。不过，以肯尼亚性工作者为对象的艾滋病研究有一定的利益分享安排（尽管是以人体试验的名义），将 CBD 模式适用于人类基因资源，具有积

---

① DORIS S and JULIE C L. Benefit sharing—from biodiversity to human genetics. Springer，2013：109.

② BANDEWAR et al. （2010），The origins of a research community in the Majengo observational cohort study，Nairobi，Kenya. BMC Public Health 10 （630）. [2015－11－15]. http：//www.biomedcentral.com/1471-2458/10/630.

极意义。不过肯尼亚案例中，涉及以下问题需要加以研究。

1. “恰当的”利益形式及其分享者

CBD倾向于对产品使用费的货币性分享，医学研究中的利益分享往往被推定为医疗照护，利益分享往往因案而异、因人而异，且需要通过双方契约安排实现。但肯尼亚案例中的利益分享是替代性的，包括了《赫尔辛基宣言》第34条规定的“对参与者的信息反馈”，《涉及人的生物医学研究国际伦理指引》第21条规定的“对安全地实施研究十分重要的医疗保健服务”，人类基因组组织伦理委员会《关于利益分享的声明》中“为地方卫生服务提供支持，包括卫生基础设施建设”，《世界生物伦理与人权宣言》第2（f）、15（e）条规定的“获得科学技术知识”和15（f）、24（2）规定的“研究方面的能力建设设施”“帮助发展中国家增强参与创造和分享科学知识及相关技能并从中获益的能力”。

但是，合理确定利益分享的主体也面临困难。谁是恰当的分享主体呢？是参与研究的性工作者、贫民社区的性工作者、肯尼亚的性工作者，还是贫民社区的全体人员呢？确实不易划定。

2. 不当引诱（undue inducement）与告知后同意（informed consent）的区分

生物医学研究需要遵循告知后同意，但又要避免提供的利益造成对参加者的不当引诱以致影响同意的真正自愿。如国际医学组织理事会《涉及人的生物医学研究国际伦理指引》第7条规定，不能“诱导未来受试者同意参与研究，而违反其更好的判断”（“不正当诱导”）；联合国教科文组织《世界生物伦理与人权宣言》第15条规定，“不应当将利益作为鼓励参与研究的不恰当手段”。

由于肯尼亚薄弱的公共卫生服务体系，有一些性工作者为了获得基本的公共卫生服务而同意参加研究计划，对于告知后同意和不当引诱的界限在该国不易分辨。再加上性工作在肯尼亚属于非法，如联合国防治艾滋病指引第十三点所指出，“从事非法活动或者社会谴责行为的人属于易被不当引诱的弱势人群，法律和社会地位会限制其同意的能力”，① 如此情境下很难说明这种同意是自愿的。

① UNAIDS guidance for partnerships with civil society，including people living with HIV and key populations（2011），Point 13.

3. 样本跨境流动中的国家利益保护

由于肯尼亚自身研究能力限制，很多从性工作者身上取得的生物样本被出口到其他国家的研究机构。根据肯尼亚 2005 年制定的艾滋病毒/艾滋病疫苗研究和开发国家指引，只有经过人体组织提供者的告知后同意，生物样本方能被带到国外。然而，让人体组织提供者同意将其样本转移到国外，或同意将其组织样本进行后续（潜在）商业开发，简直太容易了，这等同于国家对样本没有任何控制力。“当剥削问题在社区或国家一级变得紧迫时，真正的问题就出现了”①。如何平衡生物科技和产业发达国家与发展中国家的利益，实现国家层面的利益分享，也显得尤为迫切。

三、印度尼西亚

（一）印度尼西亚参与禽流感研究概况

禽流感是一种易传染的病毒性疾病，一般在禽类之间传播，但其变异后也存在物种之间传播的风险。1990 年代后期，禽流感成为世界性问题，因禽流感死亡的人出现，而印度尼西亚的情况较为严重。因此，世界卫生组织（WHO）与印度尼西亚政府合作对 H5N1 禽流感进行了研究。

世界卫生组织努力针对特定毒株收集病毒样本制作疫苗，分发给下属的实验室，以监督和评估禽流感和其他类似的传染病造成的风险与检测突变。从 2005 年到 2006 年印度尼西亚政府进行了积极合作，为世界卫生组织有关实验室提供了病毒样本，但 2006 年二者的合作破裂。根据印度尼西亚官方说法，导致其对世界卫生组织失去信任的原因有很多，如世界卫生组织之外的个人也可以从世界卫生组织系统获得印度尼西亚政府提供的病毒样本，对所提供样本有关的结果发布鲜有提及印度尼西亚政府，以样本为数据来源的论文并未吸收印尼当地研究机构作为共同作者的真正合作，等等。② 这些违反了 2005 年世界卫生组织有关禽流感病毒样本的分配应当取得来源国同意并吸收其研究机构作为共同作者参与研究的规定，

---

① DORIS S and JULIE C L. Benefit sharing-from biodiversity to human genetics. Springer，2013：115.

② SEDYANINGSIH et al. Towards mutual trust，transparency and equity in virus sharing mechanism：The avian influenza case of Indonesia. Ann Acad Med Singap 37 (6)：485 (2008).

也违反了有关病毒样本只能由世界卫生组织系统的机构获得的规定。

在印度尼西亚政府停止提供禽流感病毒样本后，世界卫生组织执委会推翻了原来的规定，不再要求向世卫系统外提供样本需要先经过原提供国的同意。新的建议规定国家有责任分配其样本或病毒，而无须经其事先同意或附加行政程序，因为疾病是人类的共同威胁，“及时共享流感病毒以及相关基因和抗原信息，对开发诊断测试疫苗和保护人民必要战略至关重要”①。2011 年 5 月，经过四年的谈判，世界卫生组织会员国不限成员名额工作组通过《大流行性流感的防范：共享流感病毒以及获得疫苗和其他利益》，一方面承认会员国对生物资源的国家主权，并且禁止实验室对其生物资源提出专利要求；另一方面建议在利益分享上可以给发展中国家所得疫苗和/或抗病毒剂的 10%，或者以实惠的价格出售这 10%或者在发展中国家对生产企业生产的疫苗或抗病毒药物的许可只收合理的技术成果使用费，或者免使用费。②

（二）印度尼西亚案例中的利益分享

关于印度尼西亚案例中印度尼西亚政府是否有权拒绝国际分享其生物或病毒样本，涉及对世界卫生组织《国际卫生条例》（WHO International Health Regulations，IHR）要求的理解。③ 对此存在两种看法：一种主张对人体组织的分享不能有任何前提条件，即为了人类公共健康需要，印度尼西亚政府不能拒绝其提供的生物病毒样本的传播；另一种主张不能要求生物或病毒样本的分享，而只需要进行信息共享即符合要求。2007 年 5

① WHO，Avian and pandemic influenza：Developments，response and follow-up，(2007). And application of the International Health Regulations (2005)：Best practice for sharing influenza viruses and sequence data. Report by the Secretariat. Provisional agenda item 4.4，Executive Board 120th Session. EB120/INF. DOC. /3，11 Jan. World Health Organization. [2015-01-10]. http：//www. who. int/gb/ebwha/pdf _ files/EB120/b120 _ id3-en. pdf.

② WHO，*Pandemic influenza preparedness framework for the sharing of influenza viruses and access to vaccines and other benefits*. PIP/OEWG/3/4. World Health Organization (2011). [2015-01-10]. http：//apps. who. int/iris/bitstream/10665/5506/1/A64 _ R5-ch. pdf.

③ 《国际卫生条例》目前的版本生效于 2007 年 6 月 15 日，对世界卫生组织 194 个成员国具有拘束力。

月世界卫生组织通过世界卫生大会声明，澄清了这种情况，声明承认“特别是国际分享临床标本和病毒对评估大流行风险的重要性，与世卫组织合作中心作出的贡献”，要求各会员国支持“在［世卫组织的］全球流感监测网络内及时共享病毒”；与此同时，大会声明还承认国家对生物样本的主权原则，不得有剥削性的行为。① 这一认识显然贯彻了中间妥协路线。

不过印度尼西亚案例的关键点在于，当发展中国家同意对疫苗研发至关重要的生物或病毒样本的国际分享时，他们却被排除在利益分享的范围之外：首先，由此研发的任何疫苗往往定价较高，大部分生活在发展中国家如印度尼西亚的人们难以承受；其次，与许多发展中国家相比，发达国家资金雄厚，可以通过与生产商的预采购协议获得有限的疫苗。② 一方面强调提供生物或病毒样本的国际义务，另一方面在利益分享方面缺乏恰当安排，会挫败发展中国家及其人民参与相关研究的积极性，当发展中国家政府意识到研究过程中存在对其公民的剥削或不公平时，他们可能要求取回其提供的样本。由此催生了 2011 年《大流行性流感的防范：共享流感病毒以及获得疫苗和其他利益》的通过。不过正如学者所指出，人类面对的健康威胁还有很多，通过 CBD 利益分享框架对人类基因资源和生物样本提供者的扩展适用建立一个更具普遍性的利益分享制度框架，应该是更为根本的解决办法。③

四、英国

（一）英国生物银行法概况

英国自 1998 年起，就推动其生物银行计划。2002 年 4 月英国生物银行成立，计划征集全国 50 万名 45 岁到 69 岁之间的志愿者，取得他们的

① WHO，*Pandemic influenza preparedness*：*Sharing of influenza viruses and access to vaccines and other benefits*. Agenda item 12. 1，Sixtieth World Health Assembly. WHA60. 28，23 May（2007）. World Health Organization.

② SEDYANINGSIH et al. Towards mutual trust，transparency and equity in virus sharing mechanism：The avian influenza case of Indonesia. Ann Acad Med Singap 37（6）：485（2008）.

③ DORIS S and JULIE C L. Benefit sharing—from biodiversity to human genetics. Springer，2013：122.

基因信息、生理信息及生活方式信息，并利用全民健康医疗服务（National Health Service，NHS）系统来持续记录他们的健康状况至少10年以上，以研究基因及环境因子对于疾病的影响。生物银行被定位为未来30年英国生物医学研究领域的共同研究资源，希望通过研究找到每种疾病早期发病的生物标记（biomarkers），同时更希望走向个性化医疗治疗等。英国生物银行于2003年9月公布"英国生物银行伦理与管理架构"（UK Biobank Ethics and Governance Framework），后经过两次修改，现行文本为2007年10月公布的第三版。① 这一做法延续了英国医学研究传统上的自律性架构，而非由国会制定特别法来加以规范。2010年，该数据库已完成生物样本的征集。

生物银行设立在曼彻斯特大学，虽然以公司形态设立，但经营模式类似财团法人或者"慈善公司"（charitable company）②，其资金来源为英国政府及捐助单位Wellcome Trust基金，包括由英国卫生部（Department of Health）、苏格兰行政部门（Scottish Executive）、医学研究协会（the Medical Research Council）与卫尔康信托（The Wellcome Trust）等公私部门。公司的总部设有董事会、执行官及各功能单位，董事会的主要任务是掌控英国生物银行的运营方向，并接受来自伦理及管理委员会（Ethics and Governance Council，EGC）及科学委员会（Scientific Committee）的伦理监督与科学审查。计划推动者从冰岛的实践中汲取经验，生物银行的成败取决于公众的信任与否，所以设置了独立的监督机构，即伦理及管理委员会。该委员会位于伦敦的卫尔康信托（Wellcome Trust）总部，其顾问成员由赞助者指定。

在数据库的数据分享方面，所有申请使用的研究计划都必须经过审查（peer review），包括全民健康医疗服务（National Health Service，NHS）的多中心研究伦理委员会（Multi-centre Research Ethics Committee，MREC）的伦理审查和生物银行的审查，以确保该研究与参与民众的同意范围一致，符合生物数据库的设立目的，且符合目前英国生物银行的自律规范："英国生物银行伦理与管理架构"（Ethics and Governance Frame-

① ［2015-01-10］. https：//www. ukbiobank. ac. uk/wp-content/uploads/2011/05/EGF 20082. pdf.

② 同①.

work，EGF）。

（二）英国生物银行的利益分享

英国生物银行中样本的收集遵循对民众的“告知后同意”程序，告知信息的范围、同意的能力、同意的自愿性都被“英国生物银行伦理与管理架构”详细规定，若有中途退出者，收集之检体立即销毁，但从检体衍生出之基因信息不被销毁，继续以匿名化方式使用。不过其特别强调：除了交通费补偿之外，民众参与生物银行的研究并没有任何金钱报酬或物质利益，无论参与民众提供的样本最后是否产生收益。英国生物银行扮演的角色，有如一项公共资源的管家（stewardship），虽然生物银行是所搜集的样本的所有人，但是并不会出售生物银行及样本。由此，人体组织提供者对于自己捐赠的人体组织不享有财产权（property rights），也无权要求利益分享，所有利益归属于英国生物银行。不过生物银行也强调，其经济上的获益将再投入于其他的研究活动（reinvested in the research）。生物银行作为公益管理者，其所掌握资源及其所衍生利益，必须用于维护公共利益并具有利他本质，而人体组织提供者原本的利他目的就在于通过支持生物医学研究以促进医学进步，所以生物银行也应当将其所得再投入后续研究活动。

另外，所有利用生物银行的研究者，都必须将其利用生物银行所做的研究成果向公共领域（public domain）公开。换言之，基于生物银行的资源所取得的研究成果，会在科学或医疗期刊公布，或者以其他适当方法提供给生物银行的人体组织提供者、NHS等，也可能提供给生物银行，以利于奖励其他使用者更进一步的研究。但在一定的时间内，例如基于准备即将发表的研究报告或者申请专利，生物银行可以例外允许该研究者暂时不公开。

通过对以上国家，即冰岛、肯尼亚、印度尼西亚和英国生物医学研究中利益分享实践的考察，可以管窥目前该制度运行的基本状况：（1）关于告知后同意程序。尽管有观点主张在生物医学研究特别是大规模研究或生物银行建构中，个别征求组织提供者的同意过于费时费力，可以采取简化告知同意甚至采取“推定同意”；但是，这种程序有侵害病患或者其他人体组织提供者隐私权和自主权之嫌，所以冰岛医疗记录数据库建设的实践被作为失败的例证。（2）生物科技研发中所需生物样本或者基因资源利用，应当平衡发达国家与发展中国家的利益。罔顾发展中国家利益的制度建构，会纵容剥削和“生物海盗”行为，反过来还会影响生物科技研发的持续性，印度尼西亚的例子可作为证明。(3) 在发展中国家或者经济不发达国家，由于人体组织提供者的经济教育地位极低，对于人体组织的提供行为应当防止不当引诱（undue inducement）破坏“告知后同意”（informed consent），不过这能否作为拒绝对人体组织提供者进行利益分享的依据，值得怀疑，肯尼亚性工作者的案例值得认真研究。(4) 对于发达国家而言，大规模生物银行或者生物数据库的建设采取纯粹利他模式，人体组织提供者不能主张利益分享，以全体民众为范围的普惠式利益回馈会否滋生“公共产品悲剧”尚需继续观察。(5) 对于利益分享的主体，国家的利益开始受到重视，但人体组织和特定群体是否应当得到更为优惠的对待，在国际行动上尚需继续观察。

小　结

在生物银行和基因样本大规模利用过程中，利益分享（benefit-sharing）也成为全球议题，1992 年的《生物多样性公约》（CBD）率先规定这一制度后，影响了其后很多国际公约的制定和国别实践。《生物多样性公约》可说是国际上对基因资源利用最重要的一项公约规范，其作为“有拘束力”（binding）的公约，仅仅适用于植物、动物、微生物，以及传统知识，而未涵盖到人类基因资源。与《生物多样性公约》不同，《赫尔辛基宣言》《国际医学组织理事会涉及人的生物医学研究国际伦理指引》《人类基因组组织伦理委员会关于利益分享的声明》、世界卫生组织和联合国教科文组织《联合国世界人类基因组与人权宣言》及《生物伦理与人权宣言》适用于人类基因，它们都规定了对衍生利益的分享，不过其又不具拘束力（non-binding）。随着生物科技的急速发展，基因资源被越来越多地运用于不同类型的用户和不同行业，对基因资源的利用并不局限于植物、动物或微生物，还包括人类基因资源，有时还包括以上资源的混合。由于在人类基因资源上的国际公约缺位，不同国家政府都在制定自己的规则和准则，这种拼凑式立法，可能最终对相关研究工作造成阻碍。CBD 是推进最广泛的利益共享国际框架水平的适宜选择，这意味着，CBD 的适用范围应扩展于人类基因资源。

在国别实践方面，本章选取了冰岛、肯尼亚、印度尼西亚和英国为研究对象，由此可以勾勒出目前世界关于利益分享的制度现状，国家之间特别是发达国家与发展中国家之间的利益分享受到重视，人类组织样本和基因资源的国家主权得到肯定，普惠式的利益分享已经在一定程度上进入实践。不过囿于对人的商品化的担忧、对不当引诱的忧惧，人体组织提供者的利益分享还未成为主流观点。在利益分享的形式上，经济利益和替代性多元利益分享形式都出现。不过对于将交换正义与分配正义结合在一起的直接分享和间接分享划分鲜有讨论，由于缺乏统一的国际公约的导引，相关实践路向何方尚待观察。

第六章　人体组织提供者对基因科技成果的直接利益分享

根据前文的研究，与基因科技成果相关贡献主体应有权“分享”利益而非仅仅获得“补偿”，这有利于定分止争。应当坚持直接分享与间接分享的划分，前者适用于积极贡献者，主要包括人体组织提供者（患者与非患者等人体组织提供者、人体组织生物银行等中介机构），体现了“交换正义”；后者适用于消极贡献者，主要包括人体组织提供者所在族群的其他人员、未来人类后代等间接地或以被动方式承担基因科技研发可能风险的主体，体现了“分配正义”。本章主要讨论直接利益分享。

第一节　人体组织提供者直接利益分享的根据：个人信息商品化

一、直接个人信息与间接个人信息的区分及其实益

（一）个人信息之界定

个人信息在有关国际组织或各国、地区立法

上有不同称谓，包括“个人数据”“个人信息”“信息隐私”“个人资料”等，我国学界也是几种称谓并行。其实如学者所指出，“概念的不同主要是源于不同的法律传统和使用习惯，实质上并不影响法律的内容”①。除非引文必要，本书一律使用“个人信息”概念。

法律概念之明确通常有三种方法：概括主义、列举主义和例示主义，个人信息之界定多采概括或例示，但无论哪种均强调个人信息之直接或间接识别性。采概括者如德国《联邦个人信息保护法》：“个人信息是指任何关于得识别或可得识别自然人的属人或属事的信息”；采例示者如我国台湾地区“个人资料保护法”（2010 年 5 月 26 日修订）：“个人资料：指自然人之姓名、出生年月日、国民身份证统一编号、护照号码、特征、指纹、婚姻、家庭、教育、职业、病历、医疗、基因、性生活、健康检查、犯罪前科、联络方式、财务情况、社会活动及其他得以直接或间接方式识别该个人之数据”。2016 年 11 月 7 日通过的《中华人民共和国网络安全法》也采取了例示主义，其第 76 条规定：“个人信息，是指以电子或者其他方式记录的能够单独或者与其他信息结合识别自然人个人身份的各种信息，包括但不限于自然人的姓名、出生日期、身份证件号码、个人生物识别信息、住址、电话号码等。”个人信息作为可识别或可得识别、直接或者间接识别个人身份之信息，其“可识别”与“可得识别”性、“直接识别”与“间接识别”性，正是直接与间接个人信息划分之依据。

（二）直接与间接个人信息之外延

个人信息之“识别性”，指能够将个人信息与信息主体建立起确定联系。由此，识别之主体、手段对于识别能力至为重要：专家可以通过上网 IP 找到信息主体，普通民众却难做到；DNA 鉴定可通过人体组织锁定信息主体，一般手段却无能为力。作为曾经最重要、影响最为广泛的国际立法，欧盟《个人数据保护指令》（95/46/EC）陈述第 26 段指出，“任何人都可能成为合法的识别主体”，强调识别主体的一般性；同时强调识别之“可能性”（likely）与“合理性”（reasonably）。欧盟于 2018 年 5 月正式实施的《通用数据保护条例》（GDPR）陈述第 26 段也强调识别应考虑到“所有合理可能使用的方式”与“所有客观因素，例如识别所需的时间，

---

① 周汉华．中华人民共和国个人信息保护法（专家建议稿）及立法研究报告．北京：法律出版社，2006：29－30.

同时考虑到当时可用的技术”。笔者认为，在“识别”之标准上，应当借鉴以上规定，强调识别之主体、手段的一般性。

按照得否直接识别出信息主体，可以将个人信息划分为直接与间接个人信息。直接个人信息凭单一信息即可识别出信息主体，无须借助与其他信息的结合；间接个人信息难以据单一信息识别出信息主体，该信息必须与其他信息相结合。有学者认为，肖像、姓名、身份证号码、社会保险号码等具有唯一性，属于直接个人信息；性别、身高、指纹、婚姻、家庭、教育、职业、病历、基因、性生活、犯罪前科、联络方式、财务情况、上网记录等可以归于间接个人信息，须通过若干信息或信息片段的串联比对方能与特定个人之身份相联系。①

笔者认为以上外延划分存在问题，直接个人信息识别特征应当具一定“外显性”，强调一般民众运用一般手段即可识别，身份证号码、社会保险号码虽具唯一性但缺乏外显性，一组数字如果不与其他信息串联比对，特别是与姓名相结合，往往不具识别价值，识别时尚需信息数据库或者其他个人信息之印证，所以宜归为间接个人信息。同样如指纹信息、DNA 信息虽与信息主体具唯一对应性，因须特殊识别主体或手段（鉴定专家、鉴定仪器），同样不应归于直接个人信息。一般来说，直接个人信息只包括个人姓名、肖像、特殊身体形象、声音等②，剩余的其他个人信息一般属于间接个人信息。直接个人信息对应着传统精神性人格权；而间接个人信息权益“应属于一般人格权”③。虽然所有个人信息都同信息主体之人格尊严具有重要关联，蕴含人格利益，但在面对“商品化”时，直接与间接个人信息存在较大差异，这正是划分二者之价值所在。

二、直接个人信息商品化机理：第二性商标

学者一般认为，人格权商品化是指“因社会经济活动的扩大，科技的

① 齐爱民．拯救信息社会中的人格——个人信息保护法总论．北京：北京大学出版社，2009：97.

② 杨立新，林旭霞．论形象权的独立地位及其基本内容．吉林大学社会科学学报，2006（3）；杨立新，袁雪石．论声音权的独立及其民法保护．法商研究，2005（4）.

③ 洪海林．个人信息的民法保护研究．北京：法律出版社，2010：40.

发展，特定人格权（尤其是姓名权及肖像权）既已进入市场而商业化，如作为杂志的封面人物、推销商品或出版写真等，具有一定经济利益的内涵，应肯定其具有财产权的性质”①。对照可以发现，我们迄今所谓“人格权商品化”，实际上仅对精神性人格权而未含物质性人格权，指直接个人信息尚未涉及间接个人信息。

（一）直接个人信息商品化之机理：“名人就是人格化的商标”

有学者指出，随着消费社会的到来，商品客观价值日益“同质化”，通过商业符号化来增加主观价值，成为企业参与竞争的重要策略。② “诸如肖像、姓名等人格特征如商标标识一样，通过宣传、使用，可在其身份特征的本义之外，建立起纯属产权排斥本义的‘消费符号’。名人人格也是驰名符号，它的各种特征也可以用作商标，成为商家垄断市场压抑竞争的利器。就其商标化的人格（醒目的消费符号位置和无期限的商品化权能）而言，也可以说，名人就是人格化的商标”③。

人格权商品化一般发生于名人身上，以暗示其对该商品或服务的支持、对其品质的保证，其所适用的只是直接个人信息充任“第二商标”的情形。人物的名气越大，转化为财产利益的可能性就越大，越有可能为他人所侵害，法律的保护也就愈加必要；而非知名性人物的商业开发价值很低，其难以起到符号的甄别和显示作用、为商家带来直接经济利益少，侵害的几率也小，以至于有些学者根本不承认普通民众拥有人格权商品化。④ 笔者认为，直接个人信息商品化属人人有份，只是由于条件限制普通人未能实现出来而已。

（二）直接个人信息商品化之逐步承认：从精神损害赔偿到财产损害赔偿

英美法系对于个人信息（隐私）之商品化，美国法“公开权”（right of publicity）制度最为成熟。1953 年 Haelan Laboratories v. Topps Chewing Gum，Inc. ⑤ 案中，Frank 法官明确提出了公开权概念，通过后续先

---

① 王泽鉴．民法总则．北京：北京大学出版社，2009：113.

② 谢晓尧．商品化权：人格符号的利益扩张与衡平．法商研究，2005（3）.

③ 冯象．鲁迅肖像权问题．读书，2001（3）.

④ 吴汉东．形象的商品化与商品化的形象权．法学，2004（10）.

⑤ *Haelan Laboratories*，*Inc*. v. *Topps Chewing Gum*，*Inc*，202 F. 2d 866（2d Cir. 1953）.

例和美国法学会《侵权法重述（第二次）》的整理，公开权正式从隐私权脱胎，专门保护人格因素中的商业利益，属于人格符号化、商品化的产物。[①] 之后随着美国联邦最高法院对公开权的肯认[②]与《不公平竞争法重述（第三次）》[③] 对制度的进一步完善，公开权的实践更为丰富。有学者对之进行了界定，公开权是指“每人固有的对其个人信息商业利用所享有的控制权”[④]。美国法学会《侵权法重述（第二次）》§652C 中规定，“某人盗用对他人姓名或肖像的利用及其利益，应负侵害他人隐私权的责任”；《不公平竞争法重述（第三次）》§46 中规定，“某人侵占其身份的商业价值，未经他人同意以商业为目的利用他人的姓名、肖像或其他身份标记，应按照§§48，49 所规定的规则承担对盗用进行救济的责任”。在法官和学者的共同推动下，美国公开权从传统的隐私权中独立出来，形成一种新的权利类型。公开权的适用客体被限定于姓名、肖像、声音、真实表演以及虚拟角色或其他身份标记，强调因“公开”而获得的商业利益。[⑤] 公开权是为了保护人格因素中的商业性利益而创造，不过主要适用于直接个人信息。

而大陆法系囿于制定法传统，对于直接个人信息商品化之承认要曲折繁复得多。大陆法系传统人格权被认为系专属性精神利益，具绝对性、不可转让性和不可继承性[⑥]，立法并不认可直接个人信息商品化。但面对商

---

① J THOMAS MCCARTHY. The right of publicity and privacy. New York: Thomson/West, 2nd Edition, 2005: 76 - 78.

② 在 Zacchini 案中，最高法院认为对公开权的侵犯属于一种“完全不同的侵权类型”，既不同于侵犯隐私权类型中的“同一性”（false light）类型，也不同于名誉侵权（defamation）。See *Zacchini* v. *Scripps-Howard Broadcasting Co.*, 433. U. S. 562, 571, 97 S. Ct. 2849, 53 L. Ed. 2d 965, 2 Media L. Rep. (BNA) 2089, 205 U. S. P. Q. (BNA) 741 (1977).

③ Restatement Unfair Competition §§46 - 49 (1995). See GOODENOUGH. Go fish: evaluating the restatement's formulation of the law of publicity. 47 S. C. L. Rev. (1996). p. 709.

④ 同① 3.

⑤ 郭明龙．个人信息权利的侵权法保护．北京：中国法制出版社，2012：214 - 215.

⑥ 郑玉波．民法总则．10 版．黄宗乐，修订．台北：三民书局，2007：48 - 49，101.

品化潮流之势不可挡，以德国法为代表的立法逐步通过精神损害赔偿管道，明确规定侵害肖像权、姓名权等所获得的利益应在确定精神损害赔偿数额时予以考量，“侵权人获利”因素的引入正是为了解决人格权商品化产生的经济利益剥夺问题。① 我国《最高人民法院关于确定民事侵权精神损害赔偿责任若干问题的解释》（法释〔2001〕7号）也采以上处理方式。

对直接个人信息商品化之完整承认应有三个标志：可以许可他人使用、可以继承、受侵害时得主张财产损害赔偿。根据德国《艺术著作权法》，肖像权可以被许可使用、继承，受到侵害可以请求财产损害赔偿；对于姓名权法院虽尚未明定得许可使用，但1987年Nena案（BGH GRUR 1987，128）和1999年著名的Marlene Dietrich案（BGH NJW 2000，2195）实际允许了财产利益之继承。② 我国实务中，对于肖像、姓名等的许可使用并不存在障碍；但从鲁迅之子周海婴提起的几起鲁迅肖像权诉讼来看，其能否被继承存有疑义。③ 至于被强制商品化后得否主张财产损害赔偿，已为2010年7月1日施行的《侵权责任法》解决。该法第20条所确立的“受害人损失”“侵权人获利”和“法院酌定”的三择一计算，实际承认了某些精神性人格权的双重利益构成。④ 通过三择一计算，我国对直接个人信息财产利益的保护在借道精神损害赔偿之外，又铺就了财产损害赔偿之路，前者尚属间接保护，后者已是直接保护。当然，受害人享有对两种请求权竞合时的选择权。如此处理已经大大超前于大陆法系其他国家和地区的立法和实务做法，而已与美国法上公开权的保护力度相当，同时相较美国法通过隐私权与公开权分别保护人格利益与财产利益的做法更胜一筹。

（三）直接个人信息商品化之路径：财产规则

1972年，美国耶鲁大学法学院教授Guido Calabresi和A. Douglas

---

① 德国法一般人格权与精神损害赔偿之发展，可参见：郭明龙．论精神损害赔偿中的“侵权人获利”因素．法商研究，2009（1）.

② 王泽鉴．人格权保护的课题与展望（五）——人格权的性质及构造：精神利益与财产利益的保护（中）．台湾本土法学杂志，2008（105）.

③ 具体参见：胡喜盈，顾惠民．肖像权能否继承．人民网．[2011－11－10]. http://www.people.com.cn/GB/channel1/11/20001115/313812.html.

④ 王胜明．中华人民共和国侵权责任法解读．北京：中国法制出版社，2010：91；王利明．侵权责任法研究：上卷．北京：中国人民大学出版社，2010：674－675.

Melamed 在《哈佛法律评论》上发表了《财产规则、责任规则与不可让与性——一个权威的视角》论文，提出了财产规则、责任规则和不可让与规则的区分，被称为“卡—梅框架”①。后来又有学者增加了“管制规则”和“无为规则”②。五种规则中政府管制程度不同，按照国家权力介入程度进行区分：不可让与规则和财产规则分别代表最大限度的国家权力介入和最大限度的意思自治，责任规则和管制规则中国家权力的保护和干预力度相对适中，无为规则中国家权力的保护和干预接近于零。在有为规则中，财产规则采取的是最少的政府干预，基本采纳的是市场机制，具有优先适用性；但如交易成本过高，适用财产规则可能无效率，应适用管制规则和责任规则；而不可让与规则的适用往往是在涉及人性尊严的价值考量的情况下，限制权利交易甚至完全禁止，不可让与规则应当作为一种例外而存在。

直接个人信息商品化经历了从不可让与规则、责任规则到财产规则的转变。大陆法系囿于其人格权专属性，最初适用不可让与规则，人格权商品化不被认可；责任规则下虽仍未认可人格权之商品化，但在被动商品化时赋予权利人精神损害赔偿请求权，“侵权人获利”成为独立考量因素，实际效果与强制许可之责任规则相仿。及至财产规则，一方面，“人对于自己的个人信息就像支配自己的财产一样进行支配……这种支配只能是一种负担性的、不改变支配对象‘归属’的‘使用许可’或者‘暂时限制’意义上的支配；另一方面，他人可能未经信息主体同意擅自利用其个人信息，此与其对物的擅自使用具有相当的同质性”③。依据科斯定理④，产权配置应当考虑交易成本，直接个人信息商品化之路径从政府干预最少、让市场充分发挥机能的角度而言，财产规则应是最佳选择，因为采取财产规则可以让政府的管制成本最低，资源也会由最有效的使用者利用。

---

① CALABRESI G and MELAMED A D. Property rules, liability rules, and inalienability: one view of the cathedral. Harvard Law Review, 1972. p. 1090. 另可参见：徐爱国，译．哈佛法律评论·侵权法学精粹．北京：法律出版社，2005：275.

② 凌斌．法律救济的规则选择：财产规则、责任规则与卡梅框架的法律经济学重构．中国法学，2012 (6).

③ 马俊驹，张翔．人格权的理论基础及其立法体例．法学研究，2004 (6).

④ 科斯．论生产的制度结构．盛洪，陈郁，译．上海：上海三联书店，1994：352－362.

三、间接个人信息商品化机理与制度设计

（一）间接个人信息商品化之机理：“消除不确定性”

在网络出现以前，名人许可商家在商品或服务的宣传推销中使用其姓名及肖像就是最典型的个人信息商品化，而在计算机和网络出现后，个人其他信息如消费偏好、个人网络消费行为记录、手机号码及电子邮件地址等个人信息可被商家用于商品或服务个性化推销，使个人信息商品化的现象越来越普遍。间接个人信息既然不能充当“第二商标”，其商品化机理何在？

1. 信息产品的效用

个人信息商品化应当遵循信息产品的一般规律。信息经济学上，“信息运动过程中出现的信息在量上、质上和价值上的递增变化，即为信息发生效用”。信息的量“不是指信息内容的多少，也不是指信息符号的多少，而是指信息能够消除‘不确定性’功能的大小”；信息在质上的效用是指“信息的效用发生变化，即信息满足受信者需要程度的增大”；信息在价值上的效用是指信息的使用价值和价值。信息的效用发挥具有累积性、间接性和时效性等特征。①

信息作为一种资源，其实现效用的过程需要具备一定条件：首先要通过信息积累，只有当大量零散的、片面的、互不关联的资料、数据、消息聚集在一起并达到一定的数量时，才形成真正意义上的信息资源；其次，信息的效用必须通过有序化来实现，否则，听任杂乱无章、真伪难辨的各种信息到处泛滥，不但无助于信息资源的开发利用，反而会造成信息污染；最后，信息的效用必须通过深层次的开发，即经过加工、处理、分析、综合，形成高质量的信息产品。②

2. 间接个人信息如何消除不确定性

直接个人信息因为其直接的外显性，名人的直接个人信息作为“显著性”特征的标识性符号，具有“联想价值”，将名人的人格魅力和声望与商品“捆绑”在一起，消费者爱屋及乌，会将对名人的信赖转嫁到其推销的商品或服务上，从而吸引消费者的注意力，产生更多的购买欲，实现从

---

① 王宪磊．信息经济论．北京：社会科学文献出版社，2004：206－210.

② 同①215－216.

人物的“形象价值”到“商业价值”“经济利益”的转化。① 但间接个人信息不具有这一功能，间接个人信息缺乏外显性，不能通过人格符号直接识别出信息主体，所以不具备“联想价值”，不能被直接用于荐证广告和商业推销。“与传统条件下直接个人信息商品化不同，间接个人信息往往不能向直接个人信息那样直接‘粘贴’或者‘附加’在产品包装、装潢或者悬挂于服务场所，而多是进行个人信息化商品、服务的推销及发送广告等情形”②。但是间接个人信息同直接个人信息类似，均具有“主体识别”“消除不确定性”等功能。

在“主体识别”“消除不确定性”上，间接个人信息可以帮助信息利用者找到自己的目标：或者直接指向目标客户、目标消费群、目标研究样本（如基因科技），甚至实施犯罪的“目标猎物”（如盗窃犯、绑架犯需要踩点找到下手目标）；或者通过逆向运用排除某一群体（如保险歧视、就业歧视、区别定价等）间接锁定目标。另外，对于间接个人信息，其财产价值可能还表现在予以披露、利用目标群体的“窥私欲”“好奇心”等用于增加图书销售，增加网络点击率、收视率等，但从广义而言，这种营销作用机理同样是用于消除识别上的“不确定性”以锁定目标。

个人信息每一次经过加工和处理，其针对性和消除不确定性的能力就越强，信息就越有价值。商业发展，需要一定数量个人信息资源，目前商家对个人信息的收集与处理格外重视，由其加工处理形成的数据库往往被作为商业秘密成为公司资产之一部分。由于这些个人信息数据库具有很高的商业价值，可被用作市场营销和个性化服务，所以，越来越多的专门从事买卖、处理这些个人信息的中间商开始形成，个人信息交易已成为信息时代的一个重要产业，信息收集、处理、利用者的商业秘密、数据库权益与信息主体个人信息自决权、隐私权的冲突也就不可避免，典型如 2001 年美国 Toysmart 破产案中客户名单转让权之争即其适例。③ 我们应当在赋予信息主体本权（包括人格利益和财产利益）的同时，通过制度安排实

① 谢晓尧．商品化权：人格符号的利益扩张与衡平．法商研究，2005（3）．

② 刘德良．论个人信息的财产权保护．北京：中国人民大学博士学位论文，2008：7．

③ *Stipulated and consent agreement and final order*．［2013－01－07］．http：//www.ftc.gov/os/2000/07/toysmartconsent.htm.

现信息主体权益与收集、利用者信息自由之间的平衡。

（二）间接个人信息商品化之制度平衡设计：财产规则与候补性合同规则

1. 间接个人信息商品化之财产规则

人格保护与信息自由背后的价值冲突导致了二者在实证中的对峙，个人信息保护的目的在于维护人格尊严，而信息自由则是促进交易发展的重要保障，使制度设计者在利益取向上陷入两难困境。① 如何通过制度安排平衡信息主体本权与信息自由？笔者认为，仍应适用财产规则而非责任规则：一则间接个人信息人格利益含量高于财产利益含量，对于间接个人信息收集、处理和利用的“告知后同意”要求不能豁免；二则责任规则要求“即使未得到权利人的事先同意，相对人仍可侵犯权利人的财产权，但必须依法作适当的补偿”，与目前有关国际组织和各国有关个人信息保护的基本立法中信息主体的“同意权”不相符合。②

“个人信息保护所涉及的权利，美国法重点置于隐私权，德国法重点置于衍生自人性尊严与一般人格权之信息自决权”③。两大法系基本按照财产规则设计自己的个人信息法律制度，无论是直接个人信息还是间接个人信息在此点上并未有所不同。一般认为，从现行个人信息保护立法的哲学基础及政治立场上看，基本上可以概括为以欧盟为代表的本体主义（deontological approaches）和以美国为代表的实用主义（utilitarian approaches）两种模式。④ 本体主义在具体制度和规则的设计上以信息主体的权利保护为基点；实用主义以市场和经济发展为其基本价值取向。欧盟及其成员国立法侧重保护信息主体的“个人信息自决权”，欧盟数据保护指令（95/46/EC）被称为“激进的人权主义”立法，2018 年 5 月正式实施的《通用数据保护条例》（GDPR）坚守了这一趋势，强调因商业对个人信息之处理一般应经过信息主体之同意，对于个人信息的处理一般需要

① 齐爱民，李仪．论利益平衡视野下的个人信息权制度——在人格利益与信息自由之间．法学评论，2011（3）．

② 纯属行政管理、公共卫生、教育科研等公共利益需要时存在合理使用制度，无须经过信息主体同意并给以补偿，本书只涉及商业利用。

③ 李震山．多元、宽容与人权保障——以宪法未列举权之保障为中心．2 版．台北：元照出版公司，2007：155．

④ Burk D L. *Privacy and Property in the Global Datasphere*. Minnesota Legal Studies. 2005. [2011-12-25]. http://ssrn.com/abstract=716862.

信息主体的明确同意，例外情形包括可基于履行当事人一方为信息主体的合同或者为了在订立合同之前依照信息主体的要求采取措施所必需的收集、处理，可以解释为默示同意。美国隐私权政策主要采取自律模式，虽然美国政府一向主张隐私法的宗旨是防止滥用，而不在于“保护”①，但对于商业机构收集、处理、利用隐私，强调隐私应该通过合法的和公平的手段获得，强调“适当的时候”应当告知隐私被采集者或征得他们的同意，虽然“在法律和据以获得信息的合同约定中没有禁止性规定时，即使未经本人同意，信息的二次使用一般也被认为是合法的”②，但此时无非是在“告知后同意”上采取了“推定同意”（presumed consent）或者“选择退出”（opt-out）而已。根据美国关于保护隐私的规定，当隐私是信息主体主动自愿提供的（此时已经同意），它就丧失了隐私期待，不再受到保护，隐私的商业再利用一般不被法律禁止。如此，除了敏感个人信息受到更为严格管制（有时即使信息主体同意也不能任意取得或处理利用信息），在一般个人信息商业处理政策上欧盟指令适用财产规则，强调信息收集、处理和利用上的告知后同意，其成员国尽管在结构和内容上与指令存在一定差异，但均依照指令做出了明确规定或立法修改。美国法由于奉行隐私政策的行业自律，更加强调信息自由和信息流通，但在信息处理上同样坚持了财产规则。其他国际组织或国家、地区立法基本在以上二者之间做出选择，如日本《个人信息保护法》是对美国模式和欧盟模式的折中，试图在保护个人权益同保障信息自由流动之间寻找平衡，强调个人信息处理未经本人同意不得进行“特定目的”外处理（第16条）、不得以虚假或者其他不正当手段获取（第17条）、利用目的之告知（第18条）、向第三人提供个人信息的限制（第23条），只要告知特定目的后正常商用无须信息主体同意，采取的也是财产规则。我国台湾地区“个人资料保护法”第19条规定个人信息收集处理除“经当事人书面同意”外，商家可依“与当事人有契约或类似契约之关系”“当事人自行公开或其他已合法公开之个人资料”“个人资料取自一般可得之来源”等理由进行，同样坚

① 齐爱民．拯救信息社会中的人格——个人信息保护法总论．北京：北京大学出版社，2009：41.

② 艾伦，托克音顿．美国隐私法——学说、判例与立法．冯建妹，等译．北京：中国民主法制出版社，2004：209.

持财产规则，且比欧盟指令更加侧重信息自由。

适用财产规则，可以通过告知后同意实现利益分享安排。遗憾的是，有关国际组织、各国和地区个人信息保护立法均对信息主体能否获得、如何获得利益语焉不详。相反，倒有立法明确个人信息数据库的商业秘密性质，如美国的42个州和哥伦比亚特区已经采用了全国统一州法委员会起草的《统一商业秘密法》（UTSA），法院也支持这种观点："客户名单和相关的信息构成受保护的商业秘密"[①]；在我国，客户名单也作为商业秘密得到保护，适用《反不正当竞争法》。如此给人以错觉，似乎个人信息本权归属于收集、处理者。但国际公约中已对某些个人信息规定了利益分享（benefit sharing），例如人体组织提供者对于基因科技产品利益之分享，实际承认个人信息主体之本权。[②] 实践中其实我们可能已经在"分享"：提供个人信息成为会员会获得一定增值服务、享受优惠定价、赠品等等，这证明了间接个人信息虽不"值钱"但仍具有一定价值，其商品化只能采财产规则。

2. 间接个人信息流转的候补性合同规则

大数据时代的数据价值很大一部分体现在二级用途上，而收集数据时可能并未做这种考虑，因此有学者主张应当设立一个全新的隐私保护模式，更着重于数据使用者对其行为承担责任，而不是将重心放在收集数据之初取得个人同意上面。[③] 笔者认为，无须取得信息主体同意的二次利用、借助于对数据利用者的事后责任配置实现对个人信息的保护，表明了由财产规则向责任规则的转向，更多倾向于产业界的利益，枉顾大数据方法对个人独立和尊严空间的挤压，并不可取。为了贯彻信息主体之"信息自决权"，在财产规则中未加涉及的个人信息二次利用和跨境流动等问题上应当赋予信息主体对个人信息进一步被交易的控制权，"候补性合同规则"（contractual default rules）必不可少。有学者指出，个人信息因自愿

---

① RICHARD A, BALES and JOSEPH S BURNS. A survey of Kentucky Employment Law. 28 N. Ky. L. Rev, (2001), pp. 219－269.

② 参见人类基因组组织伦理委员会（HUGO）于2000年发布的《关于利益分享之声明》、联合国教科文组织（UNESCO）2003年发布的《国际个人基因信息宣言》等。

③ 迈尔—舍恩伯格，库克耶．大数据时代．盛杨燕，周涛，译．杭州：浙江人民出版社，2013：220.

性的交易而得以披露，应通过商家与信息主体的合同决定商家可以向第三方披露（披露信息型合同规则）或者不得向第三方披露（保护隐私型合同规则），限制披露个人信息的候补性合同规则相对于鼓励披露的规则更具效率。① 欧盟条例中更强调信息主体对其个人信息的控制权，只要无信息主体之明确同意，收集、处理及利用者不得向第三方披露、交易和传输。美国自律模式将之交给了企业或其他组织的隐私政策，在无相反规定时一般认可信息主体放弃了进一步的控制权，所以对于特定目的外之个人信息收集、处理与利用应遵循选择退出模式（opt-out），合法商业目的即使无信息主体明示同意亦可向第三方披露。相比较而言，欧盟模式对信息主体的权利保护更为有力，应当成为我国的选择。对特定目的外的个人信息收集、处理后向第三方之流转，应遵循告知后同意（informed consent）与选择进入（opt-in）模式，如无明示同意不得向第三方流转，允许信息主体“在无须支付费用和陈述原因的条件下，拒绝对有关他的信息进行处理”②；正是通过候补性合同（保护隐私型合同）规则，不区分特定目的内处理和目的外流转，“个人信息自决权”得以落实，信息主体的各项具体权利也才得到保障。③

四、个人基因信息权益的财产价值

（一）个人基因信息与基因科技成果的价值区分

1. 信息产品价值的间接性

经济学上两个基本概念，一是价值，一是价格。在很多场合，常常看到二者混用的情况，有时又有明显的差别。马克思主义政治经济学认为价值决定价格，商品的价值由凝结在其中的一般无差别的社会必要劳动时间决定，价格受到供求的影响围绕价值上下波动。西方经济学则认为二者是一回事，价值就是价格，是效用价格，决定于供求。由此，对于信息产品

① RICHARD S MURPHY. Property rights in personal information：an economic defense of privacy. 84 Geo. L. J. 2381，2396（1995）.

② 欧盟《个人数据保护指令》(95/46/EC) 陈述第（30）段；2018 年 5 月正式实施的《通用数据保护条例》(GDPR) 陈述第（30）段。

③ 信息主体的权利介绍，可以参见：蒋坡．个人数据信息的法律保护．北京：中国政法大学出版社，2008：59.

价值研究的方法就有两种：一种是信息的劳动价值分析，另一种是信息的效用价值分析。由于个人信息是每个人所固有的，在其定价问题上，劳动价值论的适用具有局限性（人格权的商品化本来就是马克思主义所批判的），主要应当适用效用价值理论。个人信息的价值取决于其具有的效用，即有用性，属于货币化了的使用价值。① 基因科技成果的研发凝结了信息生产者的劳动，其价值分析自然可以适用劳动价值论，不过效用价值论同样可以适用，实践中效用价值论可能更有说服力。效用价值属于主观价值。

信息产品定价机制特殊之处在于信息价值的间接性，是指信息在某一方面的价值实现，有时必须通过信息促成其他方面的价值实现。一种信息或者信息产品消除不确定性的能力越强、越容易为其用户带来利益，其就越被愿意购买。在信息产品市场上，信息用户对一定的信息或者信息产品所愿意支付的价格，称为需求价格。需求价格一般不超过信息产品消费者（用户）的预期收益（主要指经济效益）。个人信息主体所要的价格即为供给价格。供给价格一般不低于该信息或者信息产品的个人估价。需求价格和供给价格的交互作用共同构成了信息产品的市场价格，即均衡价格，也即信息产品交易中的成交价格。

具体到个人信息上，由于直接个人信息的“第二性商标”功能，名人代言或广告可以带来销售量的增加、品牌价值的提升及目标消费者群体的扩大，经济效益比较直观，所以直接个人信息的定价机制确定性高。名人带来的经济效益越大，其个人信息价值越高。实践中，我们所说的名人“身价”很大程度上就是这种估价的结果。而间接个人信息不具备“联想价值”，不能被直接用于荐证广告和商业推销，其价值和价格具有更大的不确定性。间接个人信息可以帮助信息利用者找到自己的目标：或者直接指向目标客户、目标消费群、目标研究样本（如基因科技），甚至实施犯罪的“目标猎物”（如盗窃犯、绑架犯需要踩点找到下手目标）；或者通过逆向运用排除某一群体（如保险歧视、就业歧视、区别定价等）间接锁定目标。特定的个人信息构成的种类数据库针对性更强，具有较高的商业秘密价值，但并不是说数据库里面的各条信息价值就高。间接个人信息往往并不具有多少经济利益或者说其能否带来其他经济利益非常不确定，实践

① 王宪磊．信息经济论．北京：社会科学文献出版社，2004：249.

中我们可能为了商家的些许赠品或者蝇头小利，即同意登记自己的个人信息或者成为其会员，并不是我们对个人信息估价不足，而是我们的个人信息本来就没有多少财产价值。我们承认个人信息中含有财产利益，但估价的结果是它“含金量”不易确定，间接个人信息经过加工之后，其技术附加值会大大提高，并不说明任何单条的个人信息价值很高。个人基因信息属于间接信息范畴，其价值机理并不在于因“公开”成为“第二性商标”，进而获得商业利益①，而是以其为基础完成的基因科技成果提高了人类对于自身基因与特定疾病、特定功能的认识，这种“贡献”催化了商业利益的产生。

具体到知识产品价值间接性上。知识产权的产生乃是研究者所创作发明的成果，为了尊重知识创造以及促进整个社会技术和经济发展，法律制度通过著作权、专利权等制度对研究成果加以承认，赋予作者或发明者、设计者对信息的一定垄断权，将有关权益主要归属于研究者。不过知识产品的价值确定同样具有间接性，如果一项知识产品能为其用户（著作的出版者、表演者、专利利用者等）带来较高的经济价值，其即具有较高价值，反之则价值较低，其价值虽然取决于供求价格的均衡，但归根到底有赖于其能够带来的经济利益。

2. 个人基因信息与基因科技成果的价值根据：两种不同的“贡献率”

人体组织提供者对于基因科技成果的发明作出了“贡献”。在基因科技成果的形成中，发明人“对发明创造的实质性特点作出创造性贡献”或者完成职务发明创造，发明人或其单位成为专利权人，贡献至伟。研究开发活动通常是价值链上价值增值的核心，通过发明人的智力创造、所在单位的物质技术条件将自在状态人体组织中蕴含的信息加以“发明创造”，这是信息的一次重要加工处理过程，信息经过加工处理（这就是研究发明的过程）产生更高价值，知识产权获得时以这个阶段的贡献最为关键。研究者作为知识产权的首要创造者，通过既有法律制度的承认而成为知识产权的权利人，人体组织提供者不能成为专利权人。但完全由基因研究者独占地享有全部研究成果并不公平、不合理。人体组织提供者对于基因科技

① 有学者认为，人类基因权利所包含的基因公开权涉及财产属性，意指一种对基因人格利益的商业化利用的权利（包括基因利益分享的权能在内）。参见：王康．基因权的私法证成和价值分析．法律科学，2011（5）．笔者不赞同这种看法。

成果的形成贡献了原材料，如同工业时代的能源和钢材，基因时代的人体组织和基因成为研究最基本的资源，特殊的基因更是一种稀缺资源，当然有权直接分享较多利益，分享的根据是人体组织和蕴含的基因信息对基因科技成果形成的“贡献率”。个人基因信息与劳动创造无关，天赋的属性成为财产性权利，其理论基础是人格理论和激励理论。有学者指出，基因权是天赋人权、自然权利，基因权存在的正当性基础在于自然权利的实质法源。① 但这只是解决了基因权财产价值的正当性基础，并未回答个人基因权益价值根据在于其对基因科技成果的“贡献率”。

基因科技成果的价值取决于其对基因制药、基因诊断等基因产品和方法之市场价值的“贡献率”。基因科技成果被投放市场，特别是获得专利权保护的基因科技成果，提高了人类对于自身功能、疾病和死亡等奥秘的认识，这些基因科技成果会被用于基因制药和基因诊断，推动个性化医疗时代的到来。人类基因组计划的完成，影响最大的即为制药产业，传统新药开发流程往往以合成化合物进行动物实验以验证药效，所采取的是化学驱动（chemistry driven）方式；后基因时代则属于生物技术驱动（biotechnology driven）方式，即以疾病本质为基础进行治疗，以及以预防疾病为主要目的的新药开发模式。这样的流行趋势，系以病人的基因类型（gene-type）来选择药物，相对地，治疗方式也会按照药物反应、副作用以及药物代谢的个体差异而有所不同。从医疗模式上之看，这样的医疗行为取向，已经从传统的整体医疗，转向于个别医疗之治疗方式，这样的趋势使得制药产业能够更有效率地掌握致病基因的奥秘，加速研发设计可治疗或预防人类疾病新药，以符合潜在消费者之需求。② 而就基因检测而言，根据基因检测的结果为受测者提供个性化的健康管理服务则蕴含着巨大的商机。③

概而言之，谁控制了人体组织中重要的基因信息，即意味着掌握了通往基因科技产业大门的钥匙，通过管控基因信息，最终管控基因科技产业

① 王康．基因权的私法证成和价值分析．法律科学，2011（5）.

② 黄映智．人体组织提供者就该组织衍生利益得主张之私法上权利．台北：台北大学硕士学位论文，2005：28.

③ 焦艳玲．规范抑或放任——美国商业化基因检测的法律实践及其走向//国外社会科学前沿：第18辑．上海：上海人民出版社，2015.

及产品发展可能涉及的商业利益。[①] 人体组织提供者对于基因科技成果发明的“贡献率”，决定了人体组织及基因信息的价值；基因科技成果对基因制药、基因诊断等基因产品市场价值的“贡献率”则决定了其价值。

（二）个人基因信息对基因科技成果的“贡献率”计算

个人基因信息的价值取决于其对基因科技成果的“贡献率”，但“贡献率”的计算从来都是难题。由于人体组织提供者对基因科技成果的利益分享问题，在理论界和有关国际建议中方兴未艾，可以参考的方案较少，笔者将试参照专利权侵权损害赔偿的计算方法加以研究。

1. 对专利侵权案件中被侵害专利权“贡献率”计算方法的参照

专利权蕴含财产利益，具有让与性，而实现价值的主要方式为权利转让或者授权许可。经济学将人视为“经济人”或“理性人”，认为人是自己利益的最佳判断者。在财产规则、管制规则、责任规则、不可让与规则和无为规则中，专利权的保护主要适用财产规则，由相关当事人根据自己最大化利益通过协商签订合同，实现其中的商业价值，国家的干预最少。但是，财产规则的运行并不能排除违约责任和侵权责任的适用，其中前者主要适用于专利权有关合同当事人之间，后者主要处理合同当事人之外的人对专利权的侵害。民事责任机制以国家强制力实现财货转移，既是契约自由和财产规则的补充，也是保障。当面对专利侵权时，应当启动民事责任机制通过强制财货转移实现矫正正义，法官必须对业已发生的侵权损害争议作出裁决，具有可操作性、相对公平的损害算定方式必不可少。但在发生专利侵权后，如何确定损害赔偿的数额是专利法领域的世界难题，即在“专利丛林”（一个产品包含很多专利）的产品发生侵权时，如果被告仅侵犯了众多技术特征中的某一项或几项专利技术，如何从专利侵权损害赔偿的“填平”原则出发，将非由系争专利技术产生的收益排除在损害赔偿之外。

对于专利侵权损害赔偿的数额确定，无论是侵权人所获利益还是受害人所受损失，主要计算方法有技术分摊规则和全部市场价值规则。依照前者，应按照涉案专利因素对产品利润的“贡献率”来计算专利侵权损害赔偿数额，扣除不是由专利因素贡献的利润；依照后者，当专利权人已证明

---

① KOJO YELPAALA. Owning the secret of life: biotechnology and property rights revisited. 32 McGeorge L. Rev，(2000)，pp. 111－121.

侵权人侵害的就是专利创新价值之所在，而该创新部分正是市场需求的主要部分，侵权人不仅应将该部分利益赔偿给专利权人，也应赔偿原已存在组件的额外功能及增加的价值部分。[①] 在 19 世纪后期，美国专利法规定侵权人所获利益是确定侵权损害赔偿数额的一种方式，法院对技术分摊问题给予极大的重视，到了 20 世纪 30 年代，面对被告所获利益计算中技术分摊规则的难题，法院对技术分摊的可能性产生怀疑，著名法官勒尼德·汉德（Learned Hand）认为一项专利技术特征对整个产品的贡献比例是难以量化的，即使量化了也未必符合市场的评价，即技术分摊不可能。1946 年美国修改专利法取消侵权人获利作为损害赔偿数额的计算方法，终结了而不是解决了技术分摊规则难题。不过，技术分摊规则难题在受害人所失利润计算上依然存在，因此 20 世纪后半期美国法院逐渐抛弃了用技术特征决定因果关系的做法，代之以用市场价值来决定因果关系，这一证明被称为“若非”测试，即必须满足“如果没有侵权则可能获得的收益”，从而淡化了技术分摊规则难题。[②] 伴随着技术分摊规则的衰落，全部市场价值规则在 20 世纪八九十年代得到广泛适用，但在适用时，其范围不断被拓展，所失利润中的全部市场价值规则从单独产品到物理上分离的组装件，再到备件，再扩及非专利产品，不断刷新的天价赔偿额，逐渐受到业界及学界的质疑。有学者指出，专利的价值体现在实施了该专利的产品因此而增长的利润上，当侵权发生时，专利人受到的损失正是由其专利技术带来的增利，为避免对侵权人的过度惩罚，专利权人获得额外的利益，技术分摊规则仍有合理性和必要性。[③]

笔者认为，汉德法官所提出的“技术分摊不可能”命题，有合理性的一面，对一项专利技术特征进行量化未必符合市场的评价，不过拒绝量化也未尽合理，将技术分摊规则一棍子打死会丧失立论科学性。将技术分摊规则与全部市场价值规则加以比较，可能因案而异的处理方式更为合理：

---

① 周琪．技术与市场综合分析法在专利侵权损害赔偿中的应用//国家知识产权局条法司．专利法研究：2009 年卷．北京：知识产权出版社，2010：342.

② 对技术分摊规则在美国发展的历史介绍，参见：和育东．专利侵权赔偿中的技术分摊难题——从美国废除专利侵权“非法获利”赔偿说起．法律科学，2009 (3).

③ 张玲，张楠．专利侵权损害赔偿额计算中的技术分摊规则．天津法学，2013 (1).

"针对专利类型一个因素而言，在改善效能专利、降低成本专利和部分新增功能专利所涉及的产品上采用技术分摊规则更为合理；在新产品专利和部分新增功能专利所涉及的产品上采用全部市场价值规则更为合理，因为该类产品所产生的全部利润均由新产品专利和接近新产品的新增功能专利所创造，没有分摊的必要"①。由是观之，两种计算方法都考虑了"贡献率"：技术分摊规则考虑了专利技术特征在整个产品中的"贡献率"，全部市场价值规则表面上没有考虑这一点，但从实际适用中的条件限制看，如专利技术应当在技术市场及该专利产品的商品市场同时处于独占地位，且商品市场独占的原因源自系争专利的排他特性②，此时之所以不考虑"贡献率"而按照全部市场价值计算，是因为此时专利技术特征在专利市场与商品市场已经取得独占地位，专利权人丧失的利益正是侵权人所获得的利益，这使得对"贡献率"的考虑并无必要。

"当研究人员和公司在从提供者的基因中获利时，人体组织提供者不应当被遗忘；这也可以解释为一种互惠，人体基因提供者应当分享由于他的贡献而产生的回报"③。这种回报的计算方法应当与"贡献率"相联系，可以参照专利侵权损害赔偿数额的计算方式。既然在计算专利侵权造成的损害时，应当考虑专利技术特征对产品或者市场价值的"贡献率"，那么在计算人体组织提供者的基因价值时，就应当考虑对完成的基因技术成果的"贡献率"。

2. 人体组织与个人基因信息"贡献率"的差别性

由于基因科技研究的特殊性，孤立的、单一的、无对照、无群体支撑的人体组织和基因样本价值效用甚低，由特定人群（如长期生活在封闭环境中的家族或少数民族、多个患有共同疾病的数代人构成的家系等）所构成的基因样本群体价值甚高，相关研发活动必须收集一定数量的基因样本

① 周琪．技术与市场综合分析法在专利侵权损害赔偿中的应用//国家知识产权局条法司．专利法研究：2009年卷．北京：知识产权出版社，2010：342.

② 一般需要经过"潘蒂特"(Panduit) 测试：(1) 对专利产品的市场需求；(2) 不存在可接受的非侵权替代产品；(3) 专利权人具有满足需求的制造能力和市场销售能力；(4) 应该获得的利润值。*Panduit Corp. v. Stahlin Bros. Fibre Works, Inc.*, d575 F. 2d 1152, 1156, 197 U. S. P. Q. 726, 729－30 (6th Cir. 1978).

③ MURRAY T H. Who owns the body? On the ethics of using human tissue for commercial purposes. 8 IRB: Ethics and Human Research, 1 (1986), pp. 1－5.

加以比对方可能找到特定的基因。不过，生物科技或基因科技的发展，生物银行或生物数据库建设正日益成为研究的必备基础条件，从前只针对少数罕见疾病寻找特定基因缺陷的研究方式正逐步为大规模生物医学研究所取代。人体组织基因信息的利用，就是将人体组织带有的生理及病理信息加以整理分析，成立基因信息库、病理信息库等，提供给学术界、医界及药厂进行研究。由于人类大部分疾病都是多重基因或基因与环境生活方式等多重因子所共同导致，即所谓“基因型”与“表现型”。为了研究基因与人类主要常见的一些疾病之间的关联性，传统较小样本或以某个家族为样本的研究方式往往并不理想，所以大型的“全民基因信息库”和“医疗记录数据库”成为研究基因与人类主要常见疾病之间的关联性的一项非常重要的工具，若再配合样本的环境及生活方式调查资料以及完整的家族家系族谱资料，应该更能有效分析基因型与表现型之间的复杂关系。① 由于这样的人群研究（population-based studies）需要大量的且最好具有人口代表性的人群样本，因而其样本动辄需要搜集到数十万笔，而且所需资料除了民众的组织或血液，还包括他们的医疗病历资料、家族族谱资料，甚至环境及生活方式的调查资料，然后分别建立数据库、再彼此进行连接比对，只有如此方能针对多重因子所导致的常见疾病做更有效的分析。②

人体组织样本和个人基因信息对于基因科技的“贡献率”是否有所差别呢？其实这种差别是客观存在的。比较小规模的基因科技研究可能是由特定病友团体所支持成立，该特定病友团体的组织样本对于有关研究无疑具有重要“贡献率”。如果考虑到基因研究中的样本取得，除了有带病基因外尚需正常基因样本加以对照，该样本提供者及其基因信息的“贡献率”虽然不能抹杀，但应当承认该特定疾病样本所具有的价值更大。而在大规模生物科技与基因科技研发中，面对的往往是多基因共同决定的疾病或者功能，像糖尿病、高血压、心脏病都属于多重基因或基因与环境生活

① 刘宏恩．基因科技伦理与法律——生物医学研究的自律、他律与国家规范．台北：五南图书出版公司，2009：11－12.

② GWINN M，KHOURY M J. Epidemiologic approach to genetic tests：population-based data for preventive medicine//Human Genome Epidemiology. New York：Oxford University Press，2004：195－206.

方式等多重因子所导致的疾病（polygenic or multifactorial diseases），由于这样的人群研究动辄牵涉到社会中数十万民众，而且必须大量搜集这些民众的组织或血液、解析其所含的基因信息，甚至还需要搜集这些民众的医疗记录、家系族谱资料、调查其生活环境及生活方式，这就很难说谁提供的人体组织或者个人基因样本“贡献率”更高。不过，有学者主张应按（1）单基因疾病之基因信息，（2）多基因疾病之基因信息，（3）多因子疾病基因信息，（4）一般基因信息，四种类型来划定人体组织样本和个人基因信息对于基因科技的“贡献率”并确定利益分享：第（1）者，对基因信息主体的追溯性最高，应当成为“可分享”的基因信息；第（2）者，若能够证明其个人基因信息的特异性（或对疾病的预测力）高于某种程度，例如50%，也应成为“可分享”的基因信息，否则同归于第（3）者；（2）比（3）有较高的权利基础，因为（2）均由基因构成，但（3）仍有环境因素，基因信息在（3）中所扮演的医学研究重要性相对降低；而第（4）者则不具有分享的权利。原因是，“一般基因信息”和“多因子疾病，无法算基因概率”的情况下属于“人类共有遗产”，在生物科技研究中并无特殊用途，不具有财产权要求的独占及排他性，由于其对人类社会益处有限，主张分享利益可能不妥。① 笔者不认同以上观点：首先，对一般基因信息而言，在生物科技研发中作为对照系加以利用，说其在生物科技研究中并无特殊用途似乎并不公允；其次，并非“一般基因信息”和“多因子疾病，无法算基因概率”的情况属于“人类共有遗产”，如从此角度，所有人类的基因都来自遗传和适应外部环境的共同作用，并无信息主体的贡献在内，我们既然坚持人类基因价值的人格理论和激励理论，似乎不应将人类基因再区分为个人的基因和“人类共有遗产”的基因而作不同对待；再次，其实以上观点面临与专利权损害赔偿确定中技术分摊规则一样的难题，某些情形下无法算定基因概率，但不能由此否定人体组织提供者的利益分享。

所以，笔者设想对于基因科技研发中人体组织或个人基因信息的“贡献率”可以采取“一般均等，容有差别”处理原则。在涉及人体组织或个人基因信息对于基因科技成果的“贡献率”议题时，推定每一主体提供的

① 杨庆泉．人群生物资料库之医研成果分享——以样本提供者为中心．桃园：中原大学硕士学位论文，2005：132.

人体组织和个人基因信息都是份额均等的，但对某种特殊基因的携带者，可由人体组织提供者本人证明其基因信息与基因科技成果之间存在更加确定、更为紧密的联系，从而应获得更多的利益分享。这种处理方式既符合“交换正义”（justice in exchange），又符合“分配正义”（distributive justice）的要求。从交换正义说，作出贡献的个人、人群或社区都应当得到回报，双方同意的契约安排就是公正和等价有偿的，所有人体组织提供者按照其对基因科技成果生成的“贡献率”有权从专利权人处获得利益分享。从分配正义说，其理论前提是利益共有，对共有利益的分配强调程序正义基础上对利益的公平获得，既然人体组织提供者数量众多，大家对处于共有状态待分配的利益加以分配时，按照“贡献率”大小对利益各得其所，符合公平的要求。当代最著名的正义论者罗尔斯认为：“正义的第一个原则：每个人都应有平等的权利去享有与人人享有的类似的自由权体系相一致的最广泛的、平等的基本自由权总体系。正义的第二个原则：社会和经济不平等的安排应能使他们（1）符合地位最不利的人的最大利益，符合正义的储蓄原则，以及（2）在公平的机会均等的条件下与向所有人开放的官职和职务联系起来”①。基因科技研究中，某种特殊基因的携带者往往是特殊疑难疾病的罹患者，其在天赋条件方面往往处于最不利的地位，因此利益分享上的倾斜保护符合其最大利益，也符合正义的储蓄原则。

在人体组织之基因科技研究上，生物银行或者生物样本库、基因信息库等中介机构扮演的角色应当是人体组织及其相关信息的管理与保存者，其旨在降低人体组织运用的潜在风险，使供应者与利用者双方的流通能在效益最大、最安全的情况下进行。各国生物银行法或生物样本库法等往往将其定性为公益性法人，例如本书第五章中介绍的英国生物银行虽然以公司形态设立，但经营模式类似财团法人或者“慈善公司”（charitable company）模式，其经济上的获益将再投入其他的研究活动（reinvested in the research）。在观察其利益分享时，可以考虑必要的运营成本加上极少的利润。

---

① 罗尔斯．正义论．谢延光，译．上海：上海译文出版社，1991：329－330.

第二节　人体组织提供者直接分享的途径：告知后同意

一、受管制的“财产规则”与告知后同意

（一）受管制的“财产规则”

1. 财产规则对个人基因信息之适用

美国耶鲁大学法学院教授 Guido Calabresi 和 A. Douglas Melamed 提出的“卡—梅框架”按照对于客体处分权能中的政府管制程度差异，界定了财产规则、责任规则和不可让与规则。[①] 后来又有学者增加了“管制规则”和“无为规则”[②]。财产规则是一种通过双方谈判协商，议定彼此主观上能接受的对价，而去改变权益归属状态的方式；责任规则是即使未得到初始权益人同意，也可以移转其权益，但前提是必须依法对初始权益人做适当的补偿，如公用征收；管制规则即“虽然允许私人交易但是施加了法定限制”，这种限制表现为价格管制；不可让与规则是指即使得到初始权益人同意，权益的转移仍不被准许，初始权益人只有消极权能而无积极权能的状态；无为规则是指法律对于权利归属不予界定，置身事外。财产规则可视为市场取向模式的理论基础，允许自由交易；不可让与规则可视为完全伦理取向模式的理论基础，完全的不可让与规则完全禁止权益的转移；责任规则却是在两者之间，允许权益转移但按照客观第三方给定的价格。

有学者认为，对于人体组织提供者和个人基因信息主体对基因科技成果利益的分享应当采取改良式的责任规则，建立一个既维持原有伦理取向模式之精神，又可兼顾人体组织提供者利益保障的混合途径，即“折中补偿模式”，该模式仍以取得人体组织提供者的同意为前提，并将“告知后

---

① CALABRESI G and MELAMED A D. Property rules, liability rules, and inalienability: one view of the cathedral. Harvard Law Review, 1972. p. 1090. 其中译可以参见：徐爱国，译．哈佛法律评论·侵权法学精粹．北京：法律出版社，2005：275.

② 凌斌．法律救济的规则选择：财产规则、责任规则与卡梅框架的法律经济学重构．中国法学，2012（6）.

同意”与“公平客观的补偿标准”二者并列为制度要件。[①] 对于此种观点，笔者在第四章已做评述，其歪曲了责任规则的本义，“即使未得到初始权益人同意，也可以移转其权益”与“告知后同意”的本质并不相同。从这一本质出发，责任规则与折中补偿模式并不存在对应关系，其理论基础仍接近于财产规则，只不过有些许改良（价格不由双方商定，而是第三方提前确定），属于管制规则。

有学者曾以生物医学研究中对胚胎的利用为例，提出了三种管制模式：禁忌模式、礼物模式与商品模式。所谓禁忌模式，就是将胚胎视为神圣或不可碰触的对象，并禁止任何人以“非自然”方式进行人为干预，也禁止胚胎在社会中的转让流通；所谓礼物模式，是指胚胎并非完全神圣不可碰触，在一定条件之下可以针对胚胎进行人为操作，也允许胚胎在社会中的转让流通，但却只能以捐赠方式而不能成为自由市场中的商品；所谓商品模式，是指胚胎的地位与一般物品毫无差异，因此可任由人与人之间的自由约定加以处分。[②] 对于人体组织和个人基因信息的利用与管制，也可以归结为以上三种模式，其中禁忌模式对应不可让与规则，礼物模式对应管制规则，商品模式对应财产规则，礼物模式下适用管制规则是因为其比财产规则所受管制更高（允许流转和处分，但不得有金钱交易关系），商品模式完全按照市场规则运行。本书坚持人体组织和个人基因信息的商品属性，认为财产规则应当适用于人体组织和个人基因信息的利用，只是由于其更多攸关人类尊严，接近于“人格性”，所以与普通“物”的市场规则相比，受到较多管制。

2. 个人基因信息的财产规则所受管制

虽然对个人基因信息的利用仍然按照财产规则实行市场化运行，但由于其属于敏感个人信息，财产规则应受到更多管制。个人基因信息具有

---

① HARRISON C H. Neither Moore nor the market：alternative models for compensating contributors of human tissue. 28 Aht. J. L. & MED. (2002). p. 77；张文贞．从基因信息与基因市场的面向来分析（III）. 台北：我国台湾地区“科学委员会”专题研究计划成果报告（公开查询），2005：18.

② 何建志．论关于利用胚胎之管制模式：禁忌模式、礼物模式与商品模式//基因科技的人文议题：基因伦理、干细胞研究、基改食品研讨会．台湾 ELSI 研究中心主办，台北．（2003－12－28）［2015－05－05］. http：//www.documentsky.com/4932189340/.

"敏感性"，按照联合国教科文组织 2003 年《国际人类基因数据宣言》（International Declaration on Human Genetic Data）前言中的论述，"人类基因数据因其敏感性而具有的特殊地位，因为该信息除能预示个人基因之外，并且可能对其家庭及其后几代人，有时甚至对相关群体产生重大影响，应充分重视人类基因数据的敏感性，并制定相适应的措施保护这些数据和生物标本"。据此，可以将"敏感性"总结为：其一，对个人而言，采集、处理、使用和保存人类基因数据可能对行使和尊重人权与基本自由及尊重人的尊严构成威胁；其二，对家庭，包括后代乃至几代人，有时甚至是对当事人所属的整个群体都可能产生重大影响。所以，宣言要求应充分重视人类基因数据的敏感性，并制定相适应的措施保护这些数据和生物标本。①

根据以上宣言的要求，个人基因信息的采集、处理、使用和保存受到的管制可能包括：（1）目的限制。根据宣言第 5 条，个人基因信息只能用于诊断和治疗，医学及科学研究，法医学和民事、刑事及其他法律诉讼或其他任何符合《世界人类基因组与人权宣言》和国际人权法的目的。（2）特别伦理控制。第 6 条（b）要求按照《世界人类基因组与人权宣言》第 16 条的规定，在国家、地区、地方或机构各级倡导和建立独立的、多学科和多元化的伦理委员会。（3）不歧视不侮辱原则。根据第 7 条，应竭力确保人类基因数据和人类蛋白质组数据不用于意在侵犯或造成侵犯某一个人的人权、基本自由或人类尊严的歧视之目的或导致对某一个人、家庭或群体或社区造成任何侮辱之目的。但宣言强调，"不以经济或其他个人利益加以引诱的情况下，事先征得当事人自愿的、知情的和明确表示的同意"仍是个人基因信息采集、处理、适用和保存中的基本规则，"告知后同意"的运作等同于财产规则。

个人基因信息的财产规则所受管制吸收了不可让与规则的部分因素。不可让与规则体现了较强的政府管制，有时是完全禁止，在私法上应当体现为权利的限制或者消极权能。消极权能打着人类尊严的大旗，彰显"人"性，划定人体组织和个人基因信息利用广度和深度界限；积极权能借由"自主性"的口号，彰显"物"性，在划定的广度和深度范围内将相

① 参见联合国教科文组织 2003 年《国际人类基因数据宣言》第 4 条。

关利益最大化。①

个人基因信息适用财产规则应受到管制却并不等于管制规则。管制规则，即“虽然允许私人交易但是施加了法定限制”，意味着国家对私人交易施加了直接干预，是否允许市场通过“校正交易”（corrective transaction）进行自由定价，是管制规则与财产规则的一个重要差别。管制规则的干预并不涉及交易方式而仅涉及定价，给出“顶层价格”（ceiling price），事前就强行控制了权利的定价范围而非最终定价、当事人只能“非选即弃”（take it or leave it）。个人基因信息的财产规则所受管制来自“不违反法律、行政法规的强制性规定，不违背公序良俗”（如我国《民法总则》第143条第3项），并不涉及价格，所以不构成管制规则。

（二）告知后同意：从伦理安排到契约安排

财产规则可以适用于个人基因信息利用中的利益分享，其基本理论工具为“告知后同意”制度。告知后同意既是一种伦理安排，也是一种契约安排。

1. 伦理安排

告知后同意要求最初见于医学伦理学，属于一种伦理安排。尊重自主原则（the principle of respect for autonomy）、不伤害原则（the principle of nonmaleficence）、行善原则（the principle of beneficence）及公正原则（the principle of justice）被认为是“医学伦理四大原则”②。医疗过程中，告知后同意与尊重自主原则相联系，可以视为“病患自主权”的体现。作为一种伦理安排，告知后同意主要是为了解决医患关系中的信息不对称问题。除了医患关系中具有信息不对称情形外，医学研究中研究者与参与者之间同样存在信息不对称，再加上医学研究往往涉及研究者利益，而参与者可能获得的利益十分有限，因此在医学研究领域告知后同意原则也有适用之必要。相关涉及医学研究和人体试验的重要伦理规则，如1947年《纽伦堡规则》（Nuremberg Code）、1964年《赫尔辛基宣言》、美国1979年贝蒙报告（The Belmont Report）、联合国教科文组织（UNESCO）于2003年通过的《国际人类基因数据宣言》，前三者针对人体试验，提出了

① 详细论述参见本书第一章第三节相关部分。

② 戴正德，李明滨．医学伦理导论．台北：我国台湾地区教育管理机构，2006：51.

"尊重自主性"的原则和告知后同意的具体要求，最后一个规范目的在于确保基因数据或样本提供者之权益，而告知后同意之应用，亦可一目了然地存在于各个条文之中。作为伦理安排或行业要求，相关规则或者指引规范均属医学伦理规范，所以难免流于宣示性之作用，存在拘束力不足的问题。而且，作为伦理安排其难以容纳人体组织提供者与个人基因信息的利用者之间所达成的利益分享约定。由于人体组织往往按照捐赠模式被用于生物科技研究，其财产价值未获立法与司法认可，相关争议产生后，不仅人体组织提供者的财产性损害赔偿请求难以获得支持，其与人体组织或个人基因信息的利用者、生物科技研发者之间在告知后同意的过程中达成的利益分享安排也因缺乏权利基础而面临"不当得利"的尴尬局面。

在本书第三章专门讨论的美国 Moore 案中，法院即拒绝承认捐赠者的经济利益，驳回对强占诉因的主张。在另一起比较典型的 Greenberg 案①中，美国非营利组织 Canavan Foundation 鼓励患有该病的家庭（与被告医院并无医患关系）提供人体组织供基因检测发展之用，1993 年被告迈阿密儿童医院成功分离出 Canavan 基因并擅自申请了检测方法专利，且向作为原告方的患者收取检测费，人体组织提供者在 2000 年提起诉讼控告迈阿密儿童医院强占、未履行告知后同意、不当得利与违反信托责任等，双方最终于 2003 年和解，原告承认被告享有专利权，被告不再向原告收取检测费，对于原告应否分享利益并未做出司法判定。但涉及 2001 年遗传性弹性假黄瘤（Pseudoxanthoma elasticum，PXE）的案例中，PXE 国际病友团体成功地以契约的方式，与享有专利权的研究人员分享该基因衍生专利权之利益，这些利益包括专利权使用费及控制实行基因检测的权利，患方作为人体组织提供者与研究者达成协议参与了利益分享。这说明，关于生物医学研究组织提供者的权益保护，已经从不得任何主张，逐渐朝向强调对自身人体组织和基因信息之控制权以及通过契约协商模式控制后续衍生专利权方式进行了典范转移。② 所以，作为伦理安排的告知后同意必须发展到作为契约的告知后同意，方能突破捐赠模式，为人

① *Greenberg* v. *Miami Children's Hosp. Research Inst.*, 264 F. Supp. 2d 1064 (S. D. Fla. 2003).

② 李崇僖，刘源祥．从生医研究趋势探讨参与管理者权益之保障．月旦法学杂志，2007 (142).

体组织提供者经济利益的承认和利益分享的要求提供制度支持。

2. 契约安排

已有的关于人体组织提供者利益分享的国际伦理规则，如《赫尔辛基宣言》《国际医学组织理事会涉及人的生物医学研究国际伦理指引》《人类基因组组织伦理委员会关于利益分享的声明》、世界卫生组织和联合国教科文组织《联合国世界人类基因组与人权宣言》及《生物伦理与人权宣言》，虽然作为伦理规则尚不具备国际法的拘束力（non-binding），但人类基因信息利用者应当向人体组织提供者披露利益分享的安排，其已经包含了契约性安排的萌芽。其中《涉及人的生物医学研究国际伦理指引》第5条“获取知情同意：应提供给未来研究受试者的基本信息”中包括了“是否要以货币或其他物品作为参与研究的回报，如果有，说明种类和数量”“当研究结束且研究产品或干预措施已证明安全有效时，它们是否会提供给受试者，何时、如何提供，以及是否要付费”“说明是否有可能从生物标本中研发出商业产品，受试者是否将从这些产品的开发中获得货币或其他利益”等内容。此项规定等于明示研究者基于人体组织所衍生成果取得知识产权收益时，应事先取得人体组织提供者或个人基因信息主体的同意。这种通过告知后同意来处理原人格主体对其人体组织之使用授权的模式，实则隐含着进一步发展的可能性，即“告知后同意”作为一种“授权契约”的可能性。

生物医学研究中要求研究者对人体组织提供者与基因信息主体的告知后同意，已经从一种排斥承认财产价值和利益分享的纯粹伦理安排发展到了容纳利益分享的契约安排。伦理安排中所着重之人格性权利的保护，通过当事人自主意思的形成，可能扩及财产性权利的处理。“告知后同意”的功能不再只是意味着医疗关系中医方的照顾义务履行、生物科技研究和人体试验中对参与者的自主性尊重，而已经涉及人体组织提供的交换性条件以及未来经济获益的分享。换言之，原来适用捐赠（礼物）模式践行利他性伦理要求的自主性人格权益，可以通过自主意志下的条件交换，成为践行市场（商品）模式兼采利他和个人一定利益相结合伦理要求的自主性人格权益。虽然两个阶段都是财产规则的体现，都需要落实对人体组织提供者的告知后同意，但后者可以主张利益分享。这方面的延伸可能是未来发展的重点，也衔接到本小节中关于交易自由的讨论。

二、对人体组织提供者的告知后同意

（一）医疗中告知后同意与生物医学研究中告知后同意的差别

1. 二者价值取向差异与利益冲突

告知后同意适用于医疗过程中和医学研究中，但内容并不完全一致。医疗中的告知后同意，乃指医师有法律上的义务，以病人得以了解的语言，主动告知病人病情、可能之治疗方案、各方案可能之风险与利益，以及不治疗之后果，以利病人做出合乎其生活形态的医疗选择。① 医师“告知”的目的并不在于得到“同意”，而是在于帮助病人作出合乎其生活形态与价值观的选择，医疗中的告知后同意以患者最大利益为取向，应当是完全利他的。医学研究如果以患者人体、人体组织或者基因信息为对象，其告知后同意目的在于得到“同意”以阻却违法性，是以研究或者说研究者的利益为取向的，具有自利性或者一定程度的自利性。

研究中的告知后同意是指进行以人类为对象的研究时，“事前必须向受试者充分说明研究目的和危险性等，依受试者的自由意志即在非强制和压迫的状况下，经受试者自发性同意后，才能进行研究”②。其与医疗中的告知后同意具有一定冲突，这种冲突实际上系医师/研究者的角色和利益冲突。生物医学发展到今日，血液检体、基因信息及医疗病历记录的搜集与利用，往往是研究进行的基本素材，而且为了有效比对出健康者与病患间的差异、研究罕见疾病以外的一般常见疾病，研究者所需要搜集的检体资料的数量愈来愈庞大。各大教学医院的主治医师，除了替病人看诊，普遍都还有研究任务，所以往往是身兼“医师”与“研究者”的双重角色。作为研究者，医生的行为是发现科学知识，造福于未来的病人；作为临床医生，医生的责任要求根据病人的最佳利益行事。“这两个角色都是旨在造福病人，但是科学研究者的角色是指向未知的、未来的病人，而临床医生的角色指向的是已知的、当前的病人”③。涉及受试者或人类的研

① 杨秀仪．谁来同意？谁作决定？从“告知后同意法则”谈病人自主权的理论与实际：美国经验之考察．台湾法学会学报，1999（20）.

② 黄丁全．医疗法律与生命伦理．修订版．北京：法律出版社，2007：372.

③ 比彻姆，邱卓思．生命医学伦理原则．5版．李伦，等译．北京：北京大学出版社，2014：307.

究具有重要的社会意义，但存在道德风险，因为他为了科学进步等目标和自身研究利益可能置病人的权利于不顾，所以对于医学研究中的告知后同意医生的“告知”内容应当加以规范。有学者指出，倘若在从病人取得检体或者利用其身体之前，医生已达成为病人谋求最大健康福利的任务，曾经清楚地告知病人自己的双重角色，并且确实让病人了解：就研究的部分，他们并没有参与的义务，即使他们拒绝提供检体，也完全不影响他们得到应有的医疗照顾；同时，也清楚地跟病人说明研究的目的、参与研究可能的风险以及研究背后是否会有商业利益。在这些事先说明都已经完备的情况之下，才符合研究伦理的“告知后同意”，也才不会误导病人并让他误以为这是为了接受治疗所不得不为的“同意”①。当然，对于这种角色和利益冲突，仅仅寄希望于医生的自律显然不够，除了私法上的救济措施外，外部医学研究伦理委员会的审查也必不可少，以贯彻“科学研究受试者的利益考虑必须永远高于科学利益、社会利益的要求”②。对于身兼研究者之职的医生或者医学工作者，应当要求其与医疗过程分开告知，审查依据不限于一纸患者签署的“知情同意书”，落实是否真正履行过告知义务才是关键。

2. 实质风险性与告知后同意的模式

患者告知后同意的适用范围在美国仍有争议，从最初只有外科领域适用告知后同意，发展到“侵袭性”标准，手术和侵入性治疗适用告知后同意，“当手术不能满足需要的时候，我们寄托希望于侵袭性，当发现侵袭性仍然过于模糊的时候，我们重回理性人——实质性风险”③。根据我国《侵权责任法》第55条第2句，医疗过程中的告知后同意主要适用于“实施手术、特殊检查、特殊治疗”情形，往往对于患者身体具有“侵袭性”，具有实质性风险，对利益的影响也具有“实质性”；对于一般非具“实质性”风险的医疗措施，根据第1句规定只需一般性说明即可，无须践行告知后同意程序。所以，医疗措施的“侵袭性”和实质性风险决定了告知后

① 刘宏恩．医师以病人为研究对象时之角色冲突与伦理规范．苹果日报，2005-05-26：论坛版．

② 世界医学协会《医生誓言》的要求。

③ 马辉，孙文利．论患者知情同意的适用范围——以美国近期案例为参照．河北法学，2011（7）．

同意的适用。

与医疗行为“实质性”风险作为告知后同意与一般性说明的区隔类似，在涉及人的生物医学研究中，风险程度也会影响到告知后同意的模式。生物医学研究所涉及的人体试验具有较高风险性，因为其操作不属于医学常规行为，当时的医学知识尚无法确定之领域才有进行研究与试验之必要，所以相关国际公约和国别立法对告知后同意的模式给以较高配置。例如，前述世界医学会《赫尔辛基宣言》强调对人体试验的受试者自主性的绝对尊重，美国1979年的《贝蒙特报告》(Belmont Report)① 也确立了人体试验的自主原则、善行原则和公正原则，分别对应告知后同意(informed consent)、风险与利益评估（assessment of risks and benefits）与合理选择受试者（selection of subject）制度。基于较高风险性，各国人体试验一般适用经典同意，即“选择参加”(opt-in）同意，其“参加”必须要求受试者主动选择，否则推定为“不参加”及“不同意”。与人体试验略有差异，尽管基因科技研究中的素材具有对未来健康之预示意义和身份识别功能，另外还具有样本易取性，但其并不具有特别高的风险性。所以有的国家基于基因研究的风险性较人体试验为低，又往往是大型研究计划，若要落实经典同意有一定困难，所以不仅伦理审查中大多采行合理参与者所能理解的标准，在告知后同意的模式上也可以进行便宜处理，如采取集会式说明与咨询方式、推定同意、概括同意等运作。② 不过，这种认识颇有争议。

（二）基因科技研究中告知后同意的模式

根据既有的实践，告知后同意运作模式大体分以下几种：(1) 经典同意，或称“选择参加”(opt-in）同意，必须经过参与者主动选择才视为同意，否则即默认为“不参加”“不同意”；(2)“选择不参加”(opt-out）或曰推定同意（presumed consent)，除非参与者主动选择“不参加”，否则

① 全称为《研究受试者保护之伦理原则与基准（45 CFR 46)》(Ethical Principles and Guidelines for the Protection of Human Subjects of Research)，由卫生教育与福利部于1979年4月18日发布。[2015-06-03]. http://www.hhs.gov/ohrp/humansubjects/guidance/belmont.html#.

② 李崇僖．人体基因研究之伦理规范问题初探．月旦法学杂志，2007 (141).

默认其“同意”参加①；（3）概括同意（general consent），与特定同意（specific consent）相对，将当事人的同意不局限于特定目的范围，一次同意则可以扩及其他目的范围，包括了后续二次利用②；（4）群体同意（group consent），与个别同意（individual consent）相对，认为针对特定团体或人口进行生物医学研究，不仅应取得人体组织提供者的同意，还要经过其所在群体的审查（community review）或群体同意（group consent），而对诸如原住民这类特定群体提供更多保障。③ 对于人体组织提供者适用哪种告知后同意模式，不同的国家有不同的实践，不同的专家和学者也有不同的看法。

1.“选择参加”（opt-in）还是“选择退出”（opt-out）？

前文反复提及，冰岛作为全球第一个以国家立法的方式来支持全民生物医学数据库研究的例子，全民医疗记录数据库允许实行“选择不参加”（opt-out），即“推定同意”（presumed consent）。该国立法授权一个私人的美国商业公司（deCODE公司）在医疗数据库的建置及管理上取得排他性的利益，并且无须取得民众明示的告知后同意，只要民众没有特别申请选择退出（opt-out），立法中便径行推定已具备民众的同意，可将其医疗记录纳入该公司所建置的全民医疗记录数据库中。如此处理的理由一方面是基于“倘若必须一一向每位民众取得个别同意将会成本过巨的问题”，另一方面则是因为其认为“已编码过、无法辨识个人身份的资料（non-personally identifiable data）毋需再视同个人资料予以保护”④。围绕数据库建构之必要性与价值、商业化模式与私人公司的垄断地位等都有反对或批评意见，但推定同意在国际上及国内引发的争议最大，其也因此成为人类基因数据库研究的相关问题讨论中，最常被引用或检讨的个案。许多论

---

① 刘宏恩．冰岛设立全面医疗及基因资料库之法律政策评析——论其经验与争议对我国的启示．台北大学法学论丛，2004（54）．

② 李崇僖．人体基因研究之伦理规范问题初探．月旦法学杂志，2007（141）．

③ C WEIJER & J ANDERSON. *A critical appraisal of protections for aboriginal communities in biomedical research*. 42 Jurimetrics 187（2002）；R SHARP & M FOSTER. Involving study populations in the review of genetic research. 28 Journal of Law，Medicine & Ethics 41（2000）.

④ 刘宏恩．冰岛设立全面医疗及基因资料库之法律政策评析——论其经验与争议对我国的启示．台北大学法学论丛，2004（54）．

者指出：冰岛针对医疗记录数据库“推定同意”的规定，明显违反“以人作为参与研究的对象时应取得其‘告知后同意’”的伦理要求及法律要求，不但不尊重人的自主尊严和选择自由，而且有可能因此对冰岛民众造成伤害。① 以上“推定同意”规则受到冰岛大部分的医生及几个主要的医疗机构反对，其多拒绝与 deCODE 公司合作，而且冰岛最高法院已经于 2003 年 11 月 27 日判决《卫生部门数据库法》（Health Sector Database Act）的部分条文违反冰岛宪法第 71 条的隐私权保障规定，在判决理由当中直接表示“所谓单向编码后的资料并不是无法辨识个人身份的匿名信息”，因此该法中“推定同意”的规定、对于已死亡的病人“不承认家属有权拒绝将死者信息纳入数据库的权利”之规定、还有相关不足的安全保密措施，都被认为已经侵害了冰岛宪法所明文保障的个人隐私权。② 在我国国家基因库伦理审查规范中，也有专家主张采取“选择不参加”（opt-out）模式，“一则可以最大限度地节约成本，发挥样本的价值；二则也可对捐赠者提供很好的保护，因为捐赠者在任何时候都可以提出不同意，样本的使用者必须尊重捐赠者的意愿”③。

笔者认为，告知后同意是基于对被研究对象的“人的尊严”及“个人自主性”的尊重，目的在于保护被研究对象免受无从预料或防范的伤害。若容许“推定同意”会侵害“自由的同意”，能否真正反映患者的意志颇有疑问；而且面对研究者与医生角色和利益冲突，患者能否真正理解个人

---

① See, e.g., BERNHARD PALSSON & SNORRI THORGEIRSSON. *Decoding developments in Iceland*. 17 Nature Biotechnology 407 (1999); GEORGE J ANNAS. *Rules for research on human genetic variation-lessons from iceland*. 342 New England Journal of Medicine 1830 (2000).

② R GERTZ. An analysis of the Icelandic Supreme Court judgement on the Health Sector Database Act. (2004) 1: 2 SCRIPTed 241. [2013-09-06]. http://www.law.ed.ac.uk/ahrc/script-ed/issue2/iceland.asp.

③ 2011 年 1 月，国家发改委批复同意深圳依托华大基因研究院组建国家基因库。国家基因库着眼于为本国生命科学研究和生物产业发展提供基础性和支撑性服务平台，储存和管理本国特有的遗传资源、生物信息和基因数据，是维系一个民族生存与发展的命脉，具有国家水平、服务国家战略需求的创新科研和产业基础项目。参见国家基因库生物样本库指导性问题：伦理审查规范．[2015-07-05]. http://www.cngb.org/r/cms/www/red/img/images/standard/伦理审查规范.pdf.

信息之利用行使退出权利也有问题。联合国教科文组织大会于 2003 年 10 月 16 日通过的《国际个人基因信息宣言》第 8 条表示：个人基因信息、蛋白体资料或生物检体的采集，以及随后的处理、使用和保存，无论是由公共机构还是私人机构来进行，均应在不以经济利益或其他个人利益加以引诱的情况下，事先征得当事人自愿的、知情的和明确表示的同意。除非有极为重大而能令人信服的理由，才能由符合国际人权法精神的国内法律，对此项告知后同意原则做出限制。由此，"推定同意"并未在宣言中被绝对禁止，但冰岛之后再无国家或地区在生物数据库或医疗记录数据库的操作上采取"推定同意"模式。我国卫生部《涉及人的生物医学研究伦理审查办法（试行）》第 16 条规定，"项目申请人必须事先得到受试者自愿的书面知情同意。无法获得书面知情同意的，应当事先获得口头知情同意，并提交获得口头知情同意的证明材料。对于无行为能力、无法自己做出决定的受试者必须得到其监护人或者代理人的书面知情同意"。由此，我国卫生主管部门采纳了经典告知后同意即"选择参加"（opt-in）模式，并不认可对受试者或人体组织提供者实行"推定同意"即"选择不参加"（opt-out）模式。

2. 采纳特定同意还是概括同意?

所谓的告知后同意，原则上要求必须具体特定地告知所进行研究的目的及内容，由于一般基因科技研究具有较为特定的研究目的，当事人仅在特定目的范围内决定是否同意，可以称为"特定同意"（specific consent）。概括同意（general consent），与特定同意相对，将当事人的同意不局限于特定目的范围，一次同意则可以扩及其他目的范围。[①] 概括同意与空白同意不同。在基因科技研究中，人体组织提供者可能预先同意只要经过机构伦理委员会审查，就未来其人体组织和个人基因信息的再利用就无须再次经其同意，一般可称之为"空白同意"（blanket consent）。事后退出机制（right to withdraw）的存在，是概括同意与空白同意区分之关键点："概括同意接近于一种授权（authorization）关系，此种关系是随时可以临时

① 李崇僖．人体基因研究之伦理规范问题初探．月旦法学杂志，2007（141）．

终止的，不像空白同意会完全剥夺参与者事后之主张机会”①。

由于科学研究方式日新月异，对研究者而言，如果其所搜集的人体组织与个人基因信息仅能限于特定范围使用，将导致这些样本或信息的研究价值大受局限。一种观点认为，为从事新的研究，如果必须重新获得特定生物银行参与者的进一步同意，势必将耗费诸多额外磋商成本，可以概括同意模式进行告知后同意。另一种观点认为应继续坚持特定同意，研究目的外的利用可以区分情形决定是否需要“再告知”，对于匿名样本可以对样本提供者之家族、或族群的代表进行再告知，对采加密措施之样本，原则上应向样本提供之个人进行再告知。②

应当承认，在尊重参与者自主性方面，概括同意确实不如特定同意，但鉴于概括同意有助于推动未来研究发展，参与者已被告知相关信息并作出概括同意，且其有权撤销同意并要求销毁人体组织或基因信息，各国均在不同程度上接受概括同意但作一定限制，或多或少允许以概括同意模式完成告知后同意，以英国生物银行为例，便采取概括同意制度③，其他如冰岛、澳大利亚生物银行也基本采纳了概括同意模式。④

由于概括同意不符合经典告知后同意模式的要求，且基因信息库参与者面临的分享与一般人体组织之提供又有所不同，如潜在的基因歧视和基因决定论的危险，因而鲜有国家或地区采取彻底的概括同意，一般都会有所修正。例如有观点认为，可以将程序设计为两个阶段：第一阶段先要让参与者了解并同意其所提供的人体组织将被用于未来不特定目的的研究利用，获得其同意后，假以时日让其充分了解相关信息后；再进入第二阶段，详细告知研究目的、方法、样本和基因信息的存储和使用方式等，或

① HENRY T GREELY. Breaking the stalemate: a prospective regulatory framework for unforseen research uses of human tissue samples and health information. 34 Wake Forest L. Rev. 737 (1999).

② 杨庆泉．人群生物资料库之医研成果分享——以样本提供者为中心．桃园：中原大学硕士学位论文，2005：126.

③ UK BIOBANK ETHICS AND GOVERNANCE FRAMEWORK Version 3.0 (Oct. 2007).

④ HSIEH A. A nations' genes for a cure to cancer: evolving ethical, social and legal issues regarding population genetic databases. 37 Colum. J. L. & Soc. Probs. 359 (2003—2004).

者让参与者从若干选项中作出选择。[①] 也有论者提出，可以将基因研究进行科学领域分类，例如疾病研究、医药研究、行为研究、族群研究等，然后要求研究者必须将其研究领域定位为特定领域，以使当事人对此领域的研究进行概括同意。[②] 另外，无论何种形式的概括同意，凡适用的人体组织和个人基因信息的研究利用，尚须经过相应层次的伦理审查委员会的审查通过。

我国原卫生部于2007年制定的《涉及人的生物医学研究伦理审查办法（试行）》未明文禁止概括同意，不过其第18条规定，"当项目的实施程序或者条件发生变化时，必须重新获得受试者的知情同意，并重新向伦理委员会提出伦理审查申请"。乍看之下，生物样本与生物信息之使用必须受到原始采集目的所拘束。不过，如果在同意书中所提及的研究目的是"生物医学研究"或"基因与环境对疾病之影响"这类广泛目的，则即使同意书中未使用概括同意名义，也已有概括同意之实质，而使生物数据库营运者或研究者可针对生物样本与生物信息从事任何研究。因此，对待概括同意模式的态度，仍需实践进一步检验，如何在不违背"特定同意"原则之精神及其所表彰之参与者自主权前提下，发展出符合伦理要求的替代方式，是各国基因科技研究顺利推进的关键。不过笔者考虑，受到伦理委员会外部审查和控制、经过修正的概括同意并不会造成很大风险。

3. 采纳个别同意还是群体同意?

生物医学研究中，由于基因具有遗传之特性，所以通过基因之研究，则不仅个人之身体信息将受解读与揭露，个人所属之家庭与家族，甚至是特定群体之身体信息亦同样受到检验。因此，进行基因研究所造成之影响范围可能相当广泛。有鉴于此，学者间遂有提倡进行"群体"之告知后同意之见解。[③] 基因所具有的对未来健康之预示意义和身份识别功能，不仅

① HSIEH A. A nations' genes for a cure to cancer: evolving ethical, social and legal issues regarding population genetic databases. 37 Colum. J. L. & Soc. Probs. 359 (2003—2004).

② 李崇僖．人体基因研究之伦理规范问题初探．月旦法学杂志，2007 (141).

③ HENRY T GREELY. Breaking the stalemate: a prospective regulatory framework for unforeseen research uses of human tissue samples and health information. 34 Wake Forest L. Rev. 737, 756 - 57 (1999); RICHARD R SHARP & MORRIS W FOSTER. Involving study populations in the review of genetic research, 28 J. L. Med. & Ethics 41 (2000).

影响人体组织提供者的利益，对于其所在的家庭、群体利益也会产生影响，使他们为基因科技研究做出消极贡献，成为风险承担者。前述美国《贝蒙特报告》确立的公正原则对应着合理选择受试者（selection of subject）制度。虽然医学研究具有对整体社会之利益，但当这样的研究具有风险性时，究竟由哪些人参与研究就是关系到社会正义的研究伦理问题。这里的风险是指人体组织提供者所在群体或家庭可能会被“标签化”或者“污名化”。关于个别同意和群体同意、家庭同意的关系，有观点认为目标族群的群体同意应优先于个别同意，在没有群体同意的共识之前，不能仅以个别同意建立生物资料库。① 也有观点认为，以族群为基础之基因体研究因牵涉基因之遗传性与长效性，如何以个别同意为基础辅以家庭（family）或社区（community）同意机制，来强化沟通的效果，以落实东方文化中的人文精神，并避免日后的争议，显有其必要。②

如本书第三章第三节所述，族群作为权利主体在法律制度设计和实施上面临诸多困难，例如：如何划定特定族群，族群同意与个别同意的关系是什么？达成同意的标准为过半数简单多数决还是更高比例的特别多数决、全体一致决？如果个人加入生物资料库研究计划必须得到家人同意，则家人即实质上具有否决权，如此一来是否个人的自主（autonomy）反而受到侵害？尽管2005年的《世界生物伦理与人权宣言》第6条第3款规定了“群体或社区合法代表的同意”，而且强调“在任何情况下，社区集体同意或社区领导或其他主管部门的同意都不能取代个人的知情同意”，但其实在实践中，特定族群的同意很难取得，因为群体范围不易确定且缺乏足以代表族群之组织与机构。而且，有学者谈到了“群体同意”从支持到倾向于不支持的一种范式转移：直到20世纪90年代，伦理学的分析范式关注的焦点一直是科学研究尤其是非治疗性研究的风险和负担，以及保护潜在的和实际的受试者免遭伤害、虐待和剥削的必要性，关注的问题是负担的不公平分配；然而最近分析范式发生了转变，关注焦点转移到了治疗性研究和临床试验可能带来的利益，使得作为公平参加研究的公正，变

① 蔡笃坚．以小区/群为基础的台湾生物资料库伦理法律社会意涵导引建议．台湾生医伦理与社会福利学刊，2007（创刊号）．

② 何建志．台湾生物数据库之伦理、法律、社会议题研究——回顾与政策分析．台湾科技法律与政策论丛，2008，5（1）．

得与保护受试者免遭剥削一样重要。[①] 因为特定族群的同意很难取得，不如多想想有关研究可能给族群甚至更大范围的人群所带来的利益。

特定族群的利益保护机制不能寄希望于告知后同意与群体事先与事后咨询机制等，各研究机构与政府的伦理委员会，应扮演适当的守门员角色。以加拿大为例，关于涉及家族与团体之基因研究，其政府委员会之联合研究伦理规范，便规定研究者应在研究计划中向伦理委员会表明其潜在损害，并概述处理此等损害之方法。[②] 基因科技研究中的告知后同意应当限于对人体组织提供者或个人基因信息主体的个别同意，群体同意的制度建构努力只会使得研究工作难以开展并难以为继；在利益分享上，应当通过直接分享和间接分享的划分，将风险承受者群体划入间接分享的范畴。

三、人体组织提供者直接利益分享的形式

由于告知后同意既是一种伦理安排，也是一种契约安排，关于人体组织提供者的利益分享应当由双方以意思自治的方式确定。[③] 不过，由于有关国际公约对人体组织和基因信息中蕴含财产利益多未承认，利益分享的请求多不获实务上支持，关于利益分享的主体范围、形式的讨论更是较少涉及。

（一）有关国际公约中的利益分享形式

1. 利益分享形式概览

在利益分享方面，《赫尔辛基宣言》《国际医学组织理事会涉及人的生物医学研究国际伦理指引》《人类基因组组织伦理委员会关于利益分享的声明》、世界卫生组织和联合国教科文组织《联合国世界人类基因组与人权宣言》《生物伦理与人权宣言》适用于人类基因，都规定了对衍生利益的分享（benefit-sharing），不过其多基于基因信息的全人类共有定性，所主张的利益分享奠基于分配正义和团结互助之上，利益分享的主体为全体

① 比彻姆，邱卓思．生命医学伦理原则．5版．李伦，等译．北京：北京大学出版社，2014：220－221.

② 何建志．台湾生物数据库之伦理、法律、社会议题研究——回顾与政策分析．台湾科技法律与政策论丛，2008，5（1）.

③ 田野，郭晓庆．基因提供者的利益分享机制研究．社科纵横，2013（9）.

民众或社会而不单独针对人体组织提供者，利益分享的形式包括对公共卫生基础设施建设和疾病防控、卫生服务等方面。即使在利益分享方面最富野心的2000年人类基因组组织伦理委员会《关于利益分享的声明》也规定，“如果能够获得利润，应该捐赠一定百分比的净利润（缴税后）给医疗卫生基础设施建设（如疫苗、测试、药物、治疗等）或当地、国家、国际的人道主义援助”。声明还要求利益不应限于参与这种研究的人，可提供利益给特定人群的所有成员，不管他们是否参与了研究，这带有浓厚的“团结互助”（solidarity）色彩。

关于利益分享的形式最为明确的规定是2005年联合国教科文组织《世界生物伦理与人权宣言》第15条：

> （1）科学研究及其应用所带来的利益应与全社会和在国际社会内共享，特别是要与发展中国家共享。为了实行这一原则，可以采取下述任何一种形式来共享利益：
>
> （a）对参与研究的个人和群体给予特殊的、持续的帮助，并向他们表示感谢；
>
> （b）提供高质量的医疗服务；
>
> （c）提供科研开发的新的诊断方法、治疗方法以及设备和药品；
>
> （d）支持卫生事业；
>
> （e）利用科学技术知识；
>
> （f）研究方面的能力建设设施；
>
> （g）符合本宣言阐述之原则的其他任何形式。
>
> （2）不应当将利益作为鼓励参与研究的不恰当手段。

2. 国际公约利益分享形式规定的不足

（1）既有的国际公约所讨论的利益分享多以分配正义展开，缺乏对人体组织提供者基于交换正义的回报，对于基因信息全人类共同财产的定性更进一步强化了“团结互助”（solidarity）与普惠色彩的设计。

（2）既有的国际公约所规定的利益分享形式主要是对发展中国家医疗卫生设施和服务，以及科学进步对全人类的影响角度展开，由于没有按照“贡献率”及贡献方式对直接分享和间接分享加以区分，人体组织提供者的专门利益分享形式尚付阙如。比如《世界生物伦理与人权宣言》第15条第1款（a）就仅仅规定了“对参与研究的个人和群体给予特殊的、持续的帮助，并向他们表示感谢”。

(3) 由于尚未明确承认人体组织和个人基因信息中的财产利益，没有区分直接利益分享和间接利益分享，目前的分享形式呈现极为强烈的折中色彩，导致其中的利益补偿与利益分享之区分没有意义。

(二) 关于人体组织提供者利益分享形式的建议

1. 学界观点

有学者提出，对于人体组织提供者的利益分享方式可以包括：(1) 一次性经济补偿，如 2000 年 HUGO《关于利益分享的声明》中建议赢利组织应提供一定百分比（如 1%～3%）的年利润率回报基因提供者；(2) 基因提供者免费或低价获得基因衍生专利成果，如冰岛和 deCODE 公司之间的合作研究协议中规定，冰岛可免费从该公司获得应用此项目研究成果而制造的药品，从而使冰岛不用从外国进口用于治疗一些基因疾病的昂贵药品；(3) 回授许可，开发方获得基因衍生专利后，许可基因提供方使用该基因衍生专利。①

这种观点较早认识到对基因提供者的利益分享具有可取之处，但显然其混淆了有关公约和国别实践中利益分享的对象并非人体组织提供者，而是发展中国家、社会，顶多延及病患团体。

2. 笔者观点

既然人体组织提供者的利益分享需要通过意思自治实现，人体组织或个人基因信息的提供者的契约安排中约定的利益分享形式，只要不违反法律强制性规定和公序良俗，皆应认定为有效。至于有观点所担心的直接分享是否构成"不当引诱"的问题，笔者认为个人是自己利益的最佳判断者，只要研究者或人体组织利用者提供的信息全面真实，个人基于其行为能力作出对直接分享的自愿同意并提供人体组织，并不违反研究伦理和法律。伦理审查和法律控制的重点应当是对社会经济地位低下，面对明显、不合理的操纵无力拒绝的情形，对于这些情形应当通过外部伦理审查机制加以控制。实践中，金钱分享（一次性或者一定比例）、对提供人体组织患者的免费治疗或者检查等均应认可，当然仍然要鼓励缓和的非金钱形式的利益分享。

---

① 尚志红．人类基因提供者利益分享实现的构想．法学杂志，2005 (2).

第三节　人体组织提供者直接分享的后盾：侵权责任制度

法律责任作为义务主体违反其相应义务所应承担的“第二性义务”，因具有了法律上之力的保障，联系了权利与国家公权力。① 对于责任与义务关系的总结，学者曾世雄的论述可谓精到：“责任，缘人类社会生活，有相互依存之生活面，如以物易物，彼此有利，各可取得所需社会生活资源，称为生活正态面。人类生活，亦有侵害破坏之生活面，如抢劫他人之生活资源或拒付应付之生活资源，称为生活反态面。人类在生活正态面下发生之私法法律关系，乃权利、法益或义务关系；人类在反态面下发生之私法法律关系，乃权利或责任关系。正态面下之权利（或法益），乃原权利（或原法益）；反态面下之权利，乃救济权。正态面下之义务，一转变为反态面时，即为责任”②。所以，责任本质上仍是义务，只不过这种第二性义务体现直接的国家强制力。为了保护特定法益，将立法者所规定的客观权利变成主观权利，法律配置了公法责任和私法责任。公法责任（行政责任与刑事责任）与私法责任（民事责任）是两种不同性质的责任，具有不同的认定主体、认定程序和认定依据，公法责任体现较强的惩罚性，而私法责任更强调损害填补功能。侵害人体组织提供者的“告知后同意”，同样会引起公法责任和私法责任，两种责任都是保障人体组织提供者直接利益分享的后盾。不过本书主要涉及私法责任。

一、违反告知后同意的民事责任：违约抑或侵权

（一）违反告知后同意的医疗损害责任

1. 违反告知后同意的违约与侵权责任竞合

侵害患者告知后同意权益，比较法上除法国法模式采取违约与侵权非

① 这种观点坚持了法律责任的“第二性义务说”，目前对于法律责任的界定，学说上还有不同观点，如处罚论、后果论、特殊责任论等。参见：张文显．法哲学范畴研究．北京：中国政法大学出版社，2001：119-121.

② 曾世雄．损害赔偿法原理．北京：中国政法大学出版社，2001：3.

竞合处理外[1]，医疗损害责任多会产生合同责任与侵权责任适用之竞合，但各国或地区以违约责任来处理医患纠纷的做法属少数。如在美国，处理医疗损害引发的民事责任经历了一个从医疗者承担对公众的责任到承担对患者个人的默示合同责任，但医学科技的逐渐进步使法院怀疑患者是否真能被赋予足够的信息做出自我决定，现在美国对受害患者的救济只通过侵权法。[2] 在德国，同样面临着违约责任和侵权责任的竞合问题，当发生医方与有契约关系的患者之间的损害赔偿责任时，大半依据侵权责任处理。[3]

2. 侵权责任优越性的分析

学者认为各国一般循侵权责任途径处理医疗损害赔偿，原因有二：其一，医患之间信息极度不对等，使得双方在订立合同时的缔约能力相差太过悬殊；其二，在合同的概念下，法律无法强行对医务人员科以一个较高的说明义务来平衡因为信息不对称所造成的冲突，是否能够通过医患之间自行约定的合同来实现病患的自主权颇有疑问。[4] 另外还有学者认为在很多国家医院与医生之间的关系比较松散，医院与医生之间，谁是谁的履行辅助人；究竟是患者和医院缔约，医生是履行辅助人，还是患者与医生缔约，医院是履行辅助人，亦有争议；医生的独立诊断权不受医院干涉，这与履行辅助人的地位不符。所以，运用侵权法处理更为妥当。[5] 关于医疗服务合同义务与侵权法中过失之关系，有观点指出，为了矫治信息不对称医疗服务合同中义务的来源包括相关法律、行政法规所规定的义务，而这些法定义务同时也是侵权法上作为专家的医生应承担的注意义务，无论是侵权行为之过失还是债务不履行之过失，就其内容而言，既然均以违反注

---

① 巴尔．欧洲比较侵权行为法：上．张新宝，译．北京：法律出版社，2004：526.

② SCHUCK P. Rethinking informed consent. 103 Yale L. J.，899，900（1994）.

③ 唐德华．《医疗事故处理条例》的理解与适用．北京：中国社会科学出版社，2002：42－44.

④ WARREN B J. Pennsylvania medical informed consent law：a call to protect patient autonomy rights by abandoning the battery approach. 38 Duq. L. Rev.，917，921（2000）.

⑤ 杨秀仪．“台湾地区医疗事故损害赔偿问题的现况与展望”研讨会（一）．台湾本土法学，2002（39）.

意义务为要件，一般情形又以抽象之轻过失为判断责任有无之标准，其本质并无差异，从探讨过失之内容或标准，大多数情形，均可适用于侵权行为及债务不履行上所谓之过失。[①] 在笔者看来，实践中医务人员在医疗法律范围内违反合同义务或在过失侵权中违反注意义务的结果差异很小。我国《侵权责任法》第七章规定了“医疗损害责任”，最高人民法院《民事案件案由规定》同时规定了“医疗服务合同纠纷”与“医疗损害责任纠纷”，允许当事人选择。有学者将医疗服务合同定性为准委托合同[②]，笔者完全赞同；但鉴于我国对非财产损害赔偿（精神损害赔偿）适用于违约责任的否定态度，民众会更愿意借助于侵权法的请求权基础。

（二）医学研究中违反告知后同意的责任

1. 告知后同意的扩展适用

告知后同意，源于普通外科医疗实践，后被适用于其他健康照护提供者，如在美国 Hannemann v. Boyson[③] 案件中，被适用于推拿治疗。为了顺应告知后同意被适用于医学研究的趋势，有学者认为医学研究中的告知后同意应当更为严格并不存例外，以更好保护个人自主性。[④] 但也有观点反对以上看法，认为对研究者在告知后同意上的过高要求会阻碍试验研究活动的开展。[⑤]

以医学研究中的商业利用为例，相关信息应否告知参与者在美国法实务上也差别较大。前引 Moore 案[⑥]虽认为人体组织提供者无权要求利益分享，但认为对人体组织和基因信息的商业利用时应将相关信息告知受试

---

① GIESEN D. International medical malpractice law：a comparative law study of civil liability arising from medical care. Kluwer Academic Publishers，1988：9.

② 韩世远．医疗服务合同的不完全履行及其救济．法学研究，2005（6）.

③ *Hannemann v. Boyson*，698 N. W. 2d 714，718（Wis. 2005）.

④ Grimm. Informed Consent for All! No Exceptions. 37 N. M. L. Rev.，（2007），p. 39.

⑤ HAMBURGE. The new censorship：institutional review boards.（2004）Sup. Ct. Rev.：271.

⑥ *Moore v. Regents of University of California*，51 Cal. 3d 120，127 - 128（1990）.

者。而在 Hecht v. Kaplan[①] 案中，法院并不赞同 Moore 案关于人体组织商业利用的信息应告知人体组织提供者的见解，认为医学研究者无须对血液样本取得经过告知后同意。另外在前引 Greenberg[②] 案中，涉及转变研究目的及商业化是否要告知人体组织提供者的问题，在转变研究目的部分，法院认为被告并不需要取得人体组织提供者的告知后同意，因为佛罗里达州医疗同意法仅规定在进行某个人基因检测时，需要取得告知后同意，而且联邦试验法律 21 C. F. R. § § 50.1－50.27（2000）所要求的告知后同意也不及于试验研究。由此，Greenberg 案对“医学研究利用”（the use of medical research）与“人体试验”（human experimentation）进行了严格区分，认为前者无须经过告知后同意；就商业利用是否要告知的议题，已如前述，法院的看法是无须告知未来进行的商业性使用。

2. 侵权责任的优先适用

在医学研究中，违反告知后同意的民事责任同样适用侵权责任法，而非契约法。以上三则典型案例均是以侵害告知后同意与忠实义务的诉因提起，法院的判决也聚焦于侵权责任的分析。这同样可以归结于医学研究过程中双方信息的严重不对称，契约法的“自愿性”要件难以保证，往往也要借助于默示契约概念实现力量平衡，不似侵权责任法的保护更加干脆直接。

二、违反告知后同意侵权责任的请求权基础

“告知后同意”可以作为一种法益或者注意义务之违反得到救济，但随着“告知后同意”要求的日趋严格。对我国《侵权责任法》第 55 条规定的侵害“告知后同意”的侵权责任加以分析，需要放在《侵权责任法》第七章“医疗损害责任”之体系中展开。这一点学界存有争议：第一种观点：《侵权责任法》第 54 条、第 57 条和第 58 条规定的是医疗技术损害责任；第 55 条、第 56 条和第 62 条规定的是医疗伦理损害责任，并在违法

① *Hecht* v. *Kaplan*，221 A. D. 2d 100，645 N. Y. S. 2d 51，53 N. Y. App. Div. (1996).

② *Greenberg* v. *Miami Children's Hospital Research Institute*，*Inc.*，264 F. Supp. 2d 1064（2003).

行为中区分为违反告知义务和违反保密义务两种类型。① 如此，违反告知义务与侵害患者隐私权的责任属于医疗伦理损害责任项下独立并列的类型。第二种观点：《侵权责任法》对医疗损害责任作出了类型化的规定：第一，规定了对药品、医疗器械、消毒药剂、血液的缺陷造成损害的责任；第二，规定了侵害隐私权的责任；第三，规定了违反知情同意义务而产生的责任；第四，规定了不必要检查的责任。② 依此，侵害隐私权与违反告知后同意的责任属于医疗损害责任项下之独立责任。第三种观点：认为医疗损害的过错认定包括三种情况：（1）违反告知后同意义务；（2）违反医疗机构的注意义务；（3）法定过错推定标准。③ 如此，违反告知后同意义务属于过错之一种。比较而言，第三种观点将违反告知后同意仅仅作为"注意义务"的违反或者过错认定的标准，具有合理性，但无论将"告知后同意"之违反作为伦理损害、过错认定的标准还是医疗损害的一种类型，皆没有注意到其请求权基础，即侵害患者"告知后同意"时侵害其何种"权利"。

（一）权利与法益在侵权责任法保护上之区分

关于民事权利与民法所保护的利益（法益）在侵权法上的保护差别，中国学说一般认为，应当对绝对权的保护和其他利益的保护区分其构成要件，对债权和利益的保护程度应弱于绝对权。④ 比较法上，法国民法典就侵害的对象没有区分权利和法益，对侵权造成的损害都要一体适用同一构成要件承担责任，过失侵害纯粹经济利益时原则上应赔偿损害；而德国法区分侵害权利和法益设定了不同的构成要件，原则上不赔偿纯粹经济损害，除非加害人因过错违反了以保护该利益为目的的法律、故意违反善良风俗或者符合某个特别规则规定的要件。⑤ 在侵权责任法立法过程中，有不少学者建议采取德国模式，在区分权利和利益的基础上规定不同的责任

① 杨立新．侵权责任法．北京：法律出版社，2010：419，428，441-442.

② 王利明．侵权责任法研究：上卷．北京：中国人民大学出版社，2010：371-372，380-381.

③ 张新宝．侵权责任法．北京：中国人民大学出版社，2010：235-237.

④ 王利明，周友军，高圣平．中国侵权责任法教程．北京：人民法院出版社，2010：77-78.

⑤ 布萨尼，帕尔默．欧洲法中的纯粹经济损失．张小义，钟洪明，译．北京：法律出版社，2005：93，110.

构成要件。[①] 但立法机关并未采纳这种意见，按照我国有关立法官员的解读，《侵权责任法》第 2 条之民事权益范围没有采纳德国模式，对民事权利和法益在保护程度和侵权构成要件上不作区分。[②]

但是，这种立法模式受到学界极力批评：侵权法必须在行为自由和权益保障之间进行妥当权衡，否则如此保护模式使得几乎所有的请求权基础规范，都可能被解释为以任何类型的民事权益为保护对象。而这在理论上将是灾难性的，在实践中将是危险的。所以，必须在解释上对绝大多数规范的保护范围或者保护方式进行限制，必须对其进行目的性限缩，在实质上依照德国模式确定其构成要件。[③] 对于第 2 条第 2 款，最高人民法院有法官一方面认为《侵权责任法》延续《民法通则》模式有利于建立一个开放、相对独立的侵权责任法体系，符合国际上侵权责任法的发展趋势；另一方面却以主观要件或者因果联系对民事法益的救济进行限制，对民事权利和法益区别保护，实际上以法国模式的一般侵权行为条款，得出区别保护的解释结论。[④] 面对立法，最高院法官这种矛盾立场自然有其苦衷。值得注意地是，在《侵权责任法》出台前，中国已有《最高人民法院关于确定民事侵权精神损害赔偿责任若干问题的解释》（法释〔2001〕7 号）在《民法通则》第 106 条确立的侵权责任框架中采取了德国法的解释方法：将可以请求精神损害赔偿的人格权益区分为权利侵害类型和公序良俗违反类型，解释的起草者明确承认其参考了德国法。[⑤] 笔者认同学界意见，对《侵权责任法》第 2 条和第 6、7 条在适用上应当通过解释，对权利与法益的保护应区别构成要件，绝对权应得到更强、更有力的保护。[⑥]

---

① 全国人大常委会法制工作委员会民法室．侵权责任法立法背景与观点全集．北京：法律出版社，2010：112.

② 王胜明．中华人民共和国侵权责任法解读．北京：中国法制出版社，2010：10.

③ 葛云松．《侵权责任法》保护的民事权益．中国法学，2010（3）.

④ 奚晓明．《中华人民共和国侵权责任法》条文理解与适用．北京：人民法院出版社，2010：21，26.

⑤ 唐德华．最高人民法院《关于确定民事侵权精神损害赔偿责任若干问题的解释》的理解与适用．北京：人民法院出版社，2001：20－37.

⑥ 更详细的理由解释，可以参见：程啸．侵权责任法．2 版．北京：法律出版社，2015：115－117.

（二）关于“告知后同意”定性的观点争议与评析

对于违反告知后同意的侵权责任请求权基础的观点主要有所谓“自主权说”“知情同意权说”和“隐私权说”。

1. 自主权说

该说主张在权利谱系中新增一项独立的权利：“自主权”，自主权乃是一个独立于身体权、隐私权而存在的权利，保护的是个人的“知的利益”以及“作决定的自由”。理由是：隐私权是一个消极权利，要求义务人（医生）“不作为”（不泄露秘密）；而自主权作为一个积极权利，要求医生“告知说明”（作为），二者在性质上并不相同，且隐私权的范畴应界定在“信息隐私权”上，而未有扩及“自主隐私权”①。

翻译学界认为，翻译就其具体形式而言，是语言或符号的转换，而语言或符号转换的根本目的，便是“意义”的再造，“翻译的实质，也就是语际间意义的对应转换”②。自主权说注意到了隐私权在我国语用中的“意义”，主张不能将美国法的 privacy 照搬硬译，但构造“自主权”忝列具体人格权行列却未必合理。关于权利主体的自主和自由其实已经构成“框架性权利”，“框架性权利”就是说由于可能和其他人同样主张的“一般人格权”或其他同样受到宪法保护的价值在同一层面上发生冲突，因而无法像具体人格权那样因“权利”被侵害即推定违法，而是对于是否违法还要先与相冲突的其他法益作一番权衡后才能认定。③ 诚如学者所言，确定侵害看起来有多容易，从正面具体规定受侵害地位的内容就有多难，由于所注入其中的价值过于概括和抽象，以至于“并不适合以具体权利的形式表现出来”④。

2. 知情同意权说

该说认为，“告知后同意”可以作为一种法益或者注意义务之违反得到救济，但随着“告知后同意”的迅猛展开，成为权利得到保护力度更强

① 杨秀仪．论病人自主权——我国法上“告知后同意”之请求权基础探讨．台湾大学法学论丛，2007，36（2）．

② 胡晓姣．品牌翻译规范化研究．北京：中央民族大学出版社，2017：13-14．

③ 苏永钦．民事立法与公私法的接轨．北京：北京大学出版社，2005：40．

④ 施瓦布．民法导论．郑冲，译．北京：法律出版社，2006：214．

系必然趋势，侵害患者知情同意权的侵权责任在体系上应具有独立性。[①]不过，该说对其根据未做任何交代。

在医学伦理学界，的确有很多学者使用了“知情同意权”概念[②]，这与其非法学背景有一定关系，不过在法学界却也有不少学者使用了这一概念。[③] 对此有观点认为，将“知情同意”界定为“权”，既与现实中所出现的“权利泛化”有关，一些人随便给利益安上权利的名字就请求保护，也与法理学界将权利界定为“正义的东西”有关。[④] 可能正是在这种意义上，有关立法官员才认为“权利与利益的界限较为模糊，很难清楚地加以划分”[⑤]，所以干脆在侵权责任法中对权利与利益不加区分。

3．隐私权说

笔者曾主张该说，认为医方取得患者“告知后同意”属于患者隐私权范畴。[⑥] 主要理由是：按照参与侵权责任法起草的有关立法官员的解读，“隐私权是指自然人享有的对其个人的、与公共利益、群体利益无关的个人信息，私人活动和私有领域进行支配的人格权”；隐私权的客体包括身体秘密、私人空间、个人事实与私人生活；隐私权主要包括四项基本权能：隐私隐瞒权、隐私利用权、隐私维护权及隐私支配权。[⑦] 但依《侵权责任法》第 62 条，医方对于患者的隐私有“保密”义务，“泄露”和“未经同意公开”构成侵权，似乎只是隐私隐瞒权。隐私权另外三项权能何以体现？因此，《侵权责任法》第 55、56 条的“告知后同意”应当属于患者

---

① 王竹．解释论视野下的侵害患者知情同意权侵权责任．法学，2011（11）．

② 达庆东，瞿晓敏，樊民胜．知情同意权实现的伦理思考与法律保护．医学与哲学（人文社会医学版），2006（1）；赵西巨．谈患者的知情同意权．医学与社会，2003（2）．

③ 陈福民，胡永庆．对患者知情同意权的法律保护——对上海首例患者知情同意权纠纷案的评析．政治与法律，2003（2）．

④ 于飞．侵权法上权利与利益的区分保护//为民法而斗争——梁慧星先生七秩华诞祝寿文集．北京：法律出版社，2014：328．

⑤ 王胜明．中华人民共和国侵权责任法解读．北京：中国法制出版社，2010：10．

⑥ 郭明龙．论患者隐私权保护——兼论侵害“告知后同意”之请求权基础．法律科学，2013（3）．

⑦ 同⑤8，307－308．

隐私支配权，与第 62 条的患者隐私隐瞒权、第 61 条的患者隐私利用和维护权共同构成完整的患者隐私权。

该说注意到了隐私权的积极（自主）权能，具有较强合理性，但将隐私权扩展于“个人自我决定”射程的确不太符合我国对“隐私”或“隐私权”的语用习惯，“语言只有在实际运用中才有意义可言”，美国的 privacy 与汉语“隐私”并不对等，从语用学上并未保持原语符号与译语符号之间的意义对等。① 因此，笔者已经改变之前的观点，认为应将“知情同意”的侵害纳入身体权、健康权和个人信息权的保护更加合理。“告知后同意”之过程，如果违反经“同意”的义务，医疗行为未取得患者的同意，这个医疗行为本身就是侵害患者身体权或健康权的侵权行为，在不违反法律和公序良俗的前提下患者对自己身体权和健康权享有一定支配权能，未经“告知后同意”就是侵害了这种支配权能；如果研究者未经“告知后同意”取得或利用人体组织或基因信息，则侵害了患者或人体组织提供者的信息自决权。换言之，“告知后同意”不应作为一种独立的权利而存在，它只是身体权、健康权或者隐私权（个人信息权）的支配权能，集中体现了人格权的“物性”一面。

三、违反对人体组织提供者告知后同意的损害后果：从精神损害赔偿到财产损害赔偿

在医疗损害赔偿研究中，学者们对于仅仅违反《侵权责任法》第 55 条但又未给患者造成人身损害时，应否承担侵权责任颇为纠结。第一种观点认为，医疗损害责任中的损害，是指人身伤亡的损害和财产损失，医疗机构在未能尽到对患者的告知义务和取得患者同意的情况下，必须是造成患者损害的结果才需要承担责任②；第二种观点认为，这种损害系医疗伦理损害，侵害的是患者的知情权和自我决定权，损害事实主要不是人身损

① 胡晓姣．品牌翻译规范化研究．北京：中央民族大学出版社，2017：13－14，17.

② 王利明．侵权责任法研究：下卷．北京：中国人民大学出版社，2010：388，432. 最高人民法院林文学法官明确指出这种损害不包括对知情同意权的侵害，而必须是物质损害和精神损害，参见：林文学．《侵权责任法》医疗损害责任规定若干问题探析．法律适用，2010（7）.

害事实（尽管也有人身损害事实），而是精神损害赔偿[①]；第三种观点认为，违反告知后同意即便未给患者造成人身损害，医疗机构也应当承担相应的精神损害赔偿责任或返还相应的治疗、检查和手术的费用。[②] 笔者认为，如果将“告知后同意”作为身体权、健康权和隐私权中的支配权能加以理解，以上争议便会迎刃而解：因为医疗过程中违反“告知后同意”而侵害了患者自主决定、自我控制的身体权、健康权时，自应赔偿财产损害；根据《侵权责任法》第22条规定，如果未“造成他人严重精神损害”而不能请求精神损害赔偿，可以适用“赔礼道歉”责任方式；如果“造成他人严重精神损害”，则同时有财产损害和精神损害赔偿的适用。当违反“告知后同意”但未给患者造成人身损害时，因自主性或支配权能包含于身体权、健康权，如果“造成他人严重精神损害”仍有精神损害赔偿之适用。质言之，第55条第2款中“未尽到前款义务”就表明已经侵害到了身体权和健康权，造成患者损害。笔者基本认同第二种观点，第三种观点认为违反告知后同意可能产生返还相应的治疗、检查和手术费用的民事责任，似乎将债务不履行责任当成侵权损害赔偿责任，有混淆侵权责任与违约责任之嫌，恐难以成立。

在生物科技研发中研究者对人体组织提供者的“告知后同意”也应当视为人体组织提供者对其人体组织和基因信息的支配权能。与医疗中的“告知后同意”类似的是，违反告知后同意即侵害了人体组织提供者对其人体组织和基因信息的权益；与之不同的是，医疗中的身体权和健康权没有利益产出，但人体组织、基因信息与基因科技成果利益联系在一起。所以，违反对人体组织提供者告知后同意的损害后果中，既有精神损害赔偿问题，也有与基因科技成果研发者的某些不当利益剥夺联系在一起的财产损害赔偿。

（一）“侵权人获利”在精神损害赔偿考量中的独立

面对人格权商品化的现实，精神性人格权益（个人信息权益）被他人非法利用，侵权人获益应当予以剥夺，在制度上如何实现？美国法通过脱

① 古津贤．医疗侵权法．吉林：吉林大学出版社，2008：161；杨立新．侵权责任法．北京：法律出版社，2010：442－444.

② 程啸．侵权责任法．2版．北京：法律出版社，2015：563.

胎于隐私权的公开权（right of publicity）来实现[1]，而德国法则逐步通过创立精神损害赔偿的管道，明确规定在侵害精神性人格权时所获得的利益，应当在确定精神损害赔偿数额时予以考量，“侵权人获利”因素的引入正是为了解决人格权商品化产生的经济利益剥夺问题。[2]“侵权人获利”因素受到德国法传统国家或地区的极大重视，折射出该因素逐步独立的潮流。1994年德国联邦宪法法院在审理的摩洛哥卡洛琳公主案件[3]中首次承认：为了实现精神损害赔偿的预防和制裁功能，可将获利作为量定精神损害赔偿数额的因素。而在我国台湾地区，其“高等法院”在1996年审理“引用电视名嘴姓名案”（“高信谭”案）[4]时囿于传统见解仍回避争议，以“此种商业引用既非冒用上诉人姓名，更未就上诉人姓名作不当使用，自难谓被上诉人已侵害上诉人之姓名权”而不认可受害人的赔偿请求权，但及至2005年审理“陈美凤料理米酒案”[5]中即已明确侵权人“必有助于商品之销路”的获利应作为量定精神损害赔偿的一项因素，立场有了根本转变。如此，无论是德国还是我国台湾地区显然均认可了在算定精神损害赔偿数额时“侵权人获利”应当成为一种衡量因素。

在我国司法实践中，对于擅自将名人姓名、肖像等商业利用的情形一般诉诸精神损害赔偿制度。我国《最高人民法院关于确定民事侵权精神损害赔偿责任若干问题的解释》（法释〔2001〕7号）第10条第1款规定了精神损害赔偿数额确定应考虑的六项因素：（1）侵权人的过错程度；（2）侵害的手段、场合和行为方式等具体情节；（3）侵权行为所造成的后果；（4）侵权人的获利情况；（5）侵权人承担责任的经济能力；（6）受诉法院所在地平均生活水平。“侵权人获利”因素的“独立”对于因应实践

① THOMAS M J. The rights of publicity and privacy (Second Edition). vol. 1. Thomson/West, 2005.

② 德国法一般人格权与精神损害赔偿的发展，可参见：郭明龙．论精神损害赔偿中的“侵权人获利”因素．法商研究，2009（1）.

③ Caroline von Monaco-BGH 15.11.94 NJW 1995, 861＝JuS 1995, 646 (vgl. auch BGH 5.12.95 NJW 1996, 984). 该案例译文参见：德国联邦宪法法院裁判选辑：十一．台北：2004：摩洛哥卡洛琳公主案判决（吴绮云，译）57-80.

④ 我国台湾地区高等法院1993年重上字第136号民事判决。

⑤ 参见台北地方法院2004年诉字第1820号、台湾地区高等法院2005年上易字第616号（陈美凤料理米酒代言案）。

发展具有重要价值。实践中我国有关精神性人格权被他人擅自商业利用的侵权案例不少，在处理上多借助于精神损害赔偿的管道，如鲁迅之子周海婴先生提起的有关鲁迅肖像权的几起诉讼、王秀珍四姐妹诉北京松堂医院案、浙江仙居陈某六兄弟诉县彩雕服务部业主王某案等。① 近些年比较有影响的是2005年原告刘翔诉被告《精品购物指南》报社、被告北京精品卓越科技发展有限公司、被告北京中友百货有限责任公司肖像权纠纷案，代表了我国法院对此问题的认识，“考虑到因千期专刊的发行使刘翔人格在较广泛的社会范围受商业化侵害，存在一定的侵权后果，而且刘翔本人对此并无过错，所以在赔礼道歉之外，还应当令精品报社赔偿适当的精神损害抚慰金，具体数额本院酌定为二万元，对刘翔要求的精神损害抚慰金过高部分不予支持，刘翔没有提供证据证实自己受有经济损失，故对其此项诉讼请求，不予支持”②。

法院的以上说理可能代表了我国司法对于人格权商品化的通识。我国做法与德国“卡洛琳公主案件”做法类似，均将人格的商业利用问题转换为精神损害赔偿加以解决。虽然判决并未涉及对“侵权人获利”因素的考量，但从我国《最高人民法院关于确定民事侵权精神损害赔偿责任若干问题的解释》（法释〔2001〕7号）第10条第1款规定了精神损害赔偿数额确定应考虑的六项因素来看，“侵权人获利”因素被明列在裁量因素中，对法官确定赔偿金额应有指引。我国通过司法解释将“侵权人获利”作为量定精神损害赔偿的独立因素，这种做法已经走在了德国、我国台湾地区司法实践的前面，具有一定先进性。违反告知后同意即侵害了人体组织提供者对其人体组织和基因信息的权益，由于人体组织中较高的“人格性”含量与基因信息更为纯粹的“人格性”定位，人体组织提供者可以提出精神损害赔偿请求，基因科技成果研发者的获利可以作为量定精神损害赔偿数额的重要因素。

虽然在大陆法系各国或地区司法实务中，“抚慰金数额应该由法官的

---

① 具体参见《法制日报》网络版相关报道．[2011－12－15]. http：//www.legaldaily. com. cn/gh/content/2000-11/ 15/content _ .

② 案情以及法院说理参见北京市海淀区人民法院（2005）海民初字第2938号民事判决书，北京市第一中级人民法院（2005）一中民中字第8144号民事判决书。

自由心证、自由裁量决定，所以可以不必出示金额的认定根据”①，是否明列“侵权人获利”因素可能并不会影响法官对该因素的考量，但在实践和理论层面该因素的单列具有重要价值。

1. 对实践中的直接个人信息商品化而言，某些名人（celebrities）的肖像、姓名、声音等人格权益可以被运用于商业广告中，带来一定经济价值。如果以上人格权系被他人非法利用，所获得的收益应当予以剥夺方符合正义要求。人格权商品化的基础理论学说，有自然权利说、诱因说、禁止不当得利说、经济效率说、保护消费者权益说等，虽有争议，但各国均认可应有一个使个人自主控制其人格特征所体现财产价值的权利。② 通过精神损害赔偿的管道，“侵权人获利”因素的引入可以达致此目标。

2. 对间接个人信息的商业利用而言，面对大数据时代理论上个人信息成为“数据财产”，“对大数据的掌握程度可以转化为经济价值的来源”③。“侵权人获利”因素的引入突破传统见解，顺应了“数据成为商业资本，创造新的经济利益”的理论走向，体现了对大数据产生财产利益处理的态度。“侵权人获利”因素受到德国法传统国家或地区的极大重视，折射出该因素逐步独立的潮流，大数据技术进一步强化了这一趋势。

当然也应当承认，大陆法系在精神损害赔偿中突出“侵权人获利”因素，对于精神性人格权中的财产利益之保护仍然属于间接保护，远未达到美国法上“公开权”对精神性人格权中财产利益直接保护之力度，更没有达到大数据时代数字信息商品化的需求。

（二）《侵权责任法》第20条及其对精神性人格权双重利益构成的推进

1. 第20条适用条件

《侵权责任法》第20条规定的侵权客体为“人身权益”。该法第2条第2款对侵权法保护的民事权益范围作出了例示性规定：“本法所称民事权益，包括生命权、健康权、姓名权、名誉权、荣誉权、肖像权、隐私权、婚姻自主权、监护权、所有权、用益物权、担保物权、著作权、专利

---

① 于敏．日本侵权行为法．2版．北京：法律出版社，2006：372.

② 黄松茂．人格权之财产价值——以人格特征之商业利用为中心．台北：台湾大学硕士学位论文，2008：96－112.

③ 舍恩伯格，库克耶．大数据时代．盛杨燕，周涛，译．杭州：浙江人民出版社，2013：15.

权、商标专用权、发现权、股权、继承权等人身、财产权益。”尽管对于该款列举的周延性、妥当性学界可能会有不同见解，但将以上列举按照人身权和财产权加以分类应当不会有疑义。其中人身权又划分为人格权和身份权，人格权应当包括以上列举的生命权、健康权、姓名权、名誉权、荣誉权、肖像权、隐私权、婚姻自主权，身份权应当包括监护权。

第 20 条规定了财产损害算定时“受害人损失”“侵权人获利”“法院酌定”的“三择一”方法，将“三择一”损失算定方法的适用前提限定为“侵权人因此获得利益”，但物质性人格权和精神性人格权在“侵权人获利”问题上存在重大差异。对于物质性人格权的侵害，其实一般无须考虑“侵权人获利”因素：生命权无从蕴含财产利益，健康、身体等人身权利，在各国法律中其财产利益之内涵极为有限。① 当实践中出现为牟利而致他人生命、健康于不顾、侵害他人物质性人格权情形，“侵权人获利”作为“非正义”（unjust）加以剥夺的方式除了私法上的赔偿更多需要借助于公法的惩罚来实现。② 根据《侵权责任法》第 16 条、第 18 条和第 22 条规定，侵害物质性人格权应当赔偿各种财产损失，造成严重后果的，同时应承担精神损害赔偿责任。侵害人所怀有的营利动机，主观上属于故意甚至是“恶意”，应视为侵权的过错程度严重从而提高精神损害赔偿数额。而对于侵权人以营利为目的利用他人精神性人格权，其获利应当被剥夺转归受害人，首先应当是私法上的责任，后果特别严重方有公法责任之适用。所以，“三择一”损失算定方法适用的前提是存在“侵权人获利”，而“侵权人获利”只在对精神性人格权的利用中有制度意义。同样，如果侵害他人监护权等身份权并获得利益（如拐卖人口），侵权人获利也不宜视同受害人损失，否则受害人或者监护人获赔的岂不是就是自己或亲人被卖的价钱（其实需要从公法上罚没剥夺），简直就是笑话！

由此，虽然第 20 条适用于侵害“人身权益”的案件，但在涉及“三

---

① 我国 2007 年 5 月 1 日由国务院颁布实施的《人体器官移植条例》严禁人体器官交易，并成为立法的一个核心原则（第 3 条）。

② 有学者对死亡赔偿（生命权）的论述堪扩大涵摄以为参照：“公法为主、私法为辅是现代法制对死亡的调整模式。社会个体对他人的生命，负有公法和私法上的双重义务，而且公法上的义务更为重要……对私法自身救济方式的局限性要有清楚的认识……”张新宝．侵权死亡赔偿研究．法学研究，2008（4）．

择一”损失算定方法时，因为存在“侵权人获利”因素，其实际仅能适用于某些能够与获利联系在一起的精神性人格权（个人信息权益），如姓名权、肖像权等等。[①] 也就是说，第 20 条的“三择一”损失算定方法是专为解决某些人格权被强制商品化的侵权行为类型而设。将“三择一”损失算定方法限定于财产损失，与我国法释〔2001〕7 号将“侵权人获利”因素适用于精神损害的考量不同。第 20 条将“侵权人获利”作为算定受害人财产损失的方法，其实就是正式承认了某些精神性人格权中包含财产利益，侵害这种人格权获得的利益应当属于财产损失，而不再需要借道精神损害赔偿。

2. 第 20 条对精神性人格权双重利益构成定性的推进

主张“侵权人获利”与精神损害相关的观点属于现代民法观点，但主张其与财产损失相关的思路代表了“人格权商品化”和“大数据资产化”问题处理的未来。“侵权人获利”在精神损害赔偿中的引入实际上体现了一种解决问题的曲折迂回的思路，在精神损害的算定上引入“侵权人获利”作为一种衡量因素，实际上达到与承认“侵权人获利”属于财产损失类似的效果。笔者认为，第 20 条所确立的“三择一”损失算定方法成为传统精神性人格权定性的“掘墓人”。该条实际上承认了某些精神性人格权的双重利益构成，即精神性人格权中既包括了精神或伦理价值利益，同时也包括了财产利益。对于可获财产利益的某些精神性人格权，受害人财产损失可以采取“侵权人获利”来算定。

知识产权作为具有人身和财产双重属性的复合型权利，在受到侵害造成财产损失时可以适用“三择一”损失算定方法。[②] 根据第 20 条，我们同样得出结论，法律已经认可精神性人格权的双重利益构成，其保护模式应类同知识产权法，“侵权人获利”自然就与财产损失计算相关联。通过《侵权责任法》第 20 条的制度安排，我国在精神性人格权财产利益保护上由“借道”精神损害赔偿转轨到自己道路，前者尚属间接保护，而后者就是直接保护了。如此处理已经大大超前于大陆法系其他国家和地区的立法和实务做法，而已与美国法上公开权（right of publicity）的保护力度相

① 这一观点在有关立法官员对法律的阐释中得到了一定程度印证，参见：王胜明．中华人民共和国侵权责任法解读．北京：中国法制出版社，2010：91.

② 参见《专利法》第 65 条、《商标法》第 56 条与《著作权法》第 49 条的规定。

当，同时相较美国法通过隐私权与公开权分别保护精神利益和财产利益的做法更胜一筹。

人体组织和基因信息对于生物科技研究具有基础性，应当根据其“贡献率”来论证参与技术成果利益分享的正当性。信息产品定价机制特殊之处在于信息价值的间接性，基因科技成果的价值取决于其对基因制药、基因诊断等基因产品和方法之市场价值的“贡献率”，人体组织提供者分享的根据是人体组织和蕴含的基因信息对基因科技成果形成的“贡献率”。人体组织提供者作为基因信息主体享有利益的基础在于其对基因技术成果的贡献，应按照“贡献率”取酬，这种“贡献率”还包括他们承受的“负外部性”。笔者前文建议对于基因科技研发中人体组织或个人基因信息的“贡献率”可以采取“一般均等，容有差别”处理原则，但无论如何，人体组织及基因信息与经济利益相联系却是不容否认的。在基因科技研发者违背人体组织提供者的自主性，违反告知后同意取得并利用人体组织及基因信息时，人体组织提供者当然有权根据《侵权责任法》第 20 条的规定主张财产损害赔偿。

小　　结

人体组织提供者的利益分享与个人信息商品化相联系，直接与间接个人信息在商品化机理和保护路径上存在较大差异。直接个人信息商品化就是传统意义上的人格权商品化，其机理类似于商标之品牌功能；通过从精神损害赔偿到财产损害赔偿之发展其二元利益构成得到明确承认，直接个人信息保护路径应适用财产规则实现权利。间接个人信息商品化之机理在于其具有消除“不确定性”、识别目标之效用；为平衡人格权益保护与信息自由，间接个人信息保护路径应运用修正的财产规则与候补性合同规则，遭遇被动商品化时一般须诉诸精神损害赔偿。信息产品定价机制特殊之处在于信息价值的间接性，基因科技成果的价值取决于其对基因制药、基因诊断等基因产品和方法之市场价值的“贡献率”，人体组织和基因信息价值的确定可以参照对被侵害专利权“贡献率”计算方法。对于专利侵权损害赔偿的数额确定，无论是侵权人所获利益还是受害人所受损失，主要计算方法有技术分摊规则和全部市场价值规则。专利价值体现在实施了该专利的产品因此而增长的利润上，当侵权发生时，专利人受到的损失正是由其专利技术带来的增利，为避免对侵权人的过度惩罚，对于专利权人获得的额外利益，技术分摊规则仍有合理性和必要性。既然在计算专利侵权造成的损害时，应当考虑专利技术特征对产品或者市场价值的“贡献率”，那么在计算人体组织提供者的基因价值时，就应当考虑对完成的基因技术成果的“贡献率”。对于基因科技研发中人体组织或个人基因信息的“贡献率”可以采取“一般均等，容有差别”处理原则，这种处理方式既符合“交换正义”（justice in exchange），又符合“分配正义”（distributive justice）的要求。

财产规则应当适用于人体组织和个人基因信息的利用，只是由于其更多攸关人类尊严，接近于“人格性”，所以与普通“物”的市场规则相比，受到较多管制。财产规则可以适用于个人基因信息利用中的利益分享，基本理论工具为“告知后同意”制度。告知后同意既是一种伦理安排，也是一种契约安排。生物医学研究中对人体组织提供者与基因信息主体的告知后同意中对研究者取得同意之义务，从一种排斥承认财产价值和利益分享的纯粹伦理安排发展到了契约安排。“告知后同意”的功能不再仅仅意味着医疗关系中医方的照顾义务履行、生物科技研究和人体试验中对参与者的自主性尊重，而已经涉及人体组织提供的交换性条件以及未来经济获益的分享。关于告知后同意的方式选择，应坚持“选择参加”（opt-in）而非“选择退出”（opt-out），坚持概括同意而非特定同意，坚持个别同意而非群体同意。特定族群的利益保护机制不能寄希望于告知后同意与群体事先与事后咨询机制等，各研究机构与政府的伦理委员会，应扮演适当的“守门员”角色。既然人体组织提供者的利益分享需要通过意思自治实现，人体组织或个人基因信息提供者的契约安排中约定之利益分享形式，只要不违反法律强制性规定和公序良俗，皆应得到承认和保护。实践中，金钱分享（一次性或者一定比例）、对提供人体组织患者的免费治疗或者检查等均应认可，当然仍然要鼓励缓和的非金钱形式的利益分享。

侵害人体组织提供者的告知后同意，在私法上应以侵权责任制度为后盾。违反告知后同意义务会导致违约与侵权责任竞合，但侵权责任具有优越性。在坚持侵权责任法对权利与法益的区分保护前提下，对于违反告知后同意的侵权责任请求权基础的观点主要有所谓“自主权说”、“知情同意权说”和“隐私权说”。笔者认为，将“告知后同意”的侵害纳入身体权、健康权和基因信息权的保护更加合理，未经“告知后同意”就是侵害了这种支配权能；如果研究者未经“告知后同意”取得或利用人体组织或基因信息，则侵害了患者或人体组织提供者的信息自决权。换言之，“告知后同意”不应作为一种独立的权利而存在，它只是身体权、健康权或者隐私权的支配权能，集中体现了人格权的“物性”一面。违反对人体组织提供者告知后同意的损害后果中，既有精神损害赔偿问题，也有与基因科技成果研发者的某些不当利益剥夺联系在一起的财产损害赔偿。“侵权人获利”在精神损害赔偿考量中的独立体现了经济利益的逐步承认，基因科技成果研发者的获利可以作为量定精神损害赔偿数额的重要因素。

第七章　其他相关主体对基因科技成果的间接利益分享

如本书第四章的研究，对于基因科技成果利益的分享应当区分积极贡献者和消极贡献者，直接分享和间接分享。间接分享主要面向消极贡献者，消极贡献者是指间接地或以被动方式承担基因科技研发可能风险的主体，如人体组织提供者所在族群的其他人员、未来人类后代等。另外，《生物多样性公约》（CBD）作为生物多样性和遗传资源保护的基本国际法规范，应当被扩展适用于人类基因资源，以适应人类基因资源取得和可持续利用的目标，相关主体对基因科技成果的间接利益分享可以借鉴 CBD 中利益分享的制度设计。

第一节　特定族群对基因科技成果的间接利益分享

生物科技研发中的“贡献者”（包括收益与潜在的风险）并不限于人体组织提供者，也及于其背后的“特定族群”，因为基因信息在同一家族、甚至族群当中往往有极高相似性，因此基因信息的使用或外泄，可能会被标签化（labeling）或污名化（stigmatizing），其影响层面并不限于人体组织提供者个人。人体组织提供者属于积极贡献者，其所属的特定族群甚至后代人类属于消极贡献者。前文已评述过“特定族群本权说”，该说认为研究分析之基因信息并非单纯来自个人，而是来自于族群间共通的基因信息，不论具备罹患疾病基因之族群成员已经患有或者尚未罹患该疾病，抑或是正常基因之族群，都为基因信息研究提供了一定程度的贡献；而且，人体组织提供者之族群有可能要被“贴标签”或遭受不利评价的成本并非仅仅由人体组织提供者单独负担，在考量以该致病基因为基础产生的基因技术成果之利益时也应以该族群成员为优先考量。[①] 正是基于以上认识，有学者提出要以“族群”为保护对象的讨论。[②] 笔者虽不认同“特定族群本权说”，但也承认人体组织提供者所在的“族群”应当参与基因科技成果利益的间接分享。

一、特定族群间接分享的形式：对基因科技成果的强制许可

人类基因组组织伦理委员会（HUGO）于 2000 年所发布的《关于利益分享的声明》（Statement on Benefit-sharing）规定“所有作出贡献的个人、团体或社群，都有权就其贡献得到回报”，利益不一定限于参与这种研究的人，特定族群的其他成员有时可以要求利益分享，因为将回报限于参与研究的人可能在族群内造成分裂，不符合互助原则要求。许多学者认为，HUGO 声明是在人类遗传资源背景下对利益共享最为明确的规定。[③] 联合国教科文组织《涉及人的生物医学研究国际伦理指引》第 10 条规定了在资源贫乏的人群和社区中的研究，“为了该人群或社区的利益，所研发的任何干预措施和产品或所产生的任何知识都将能为该人群或社区合理可得”。为了保证基因科技产品或方法能够造福相关人群，多数国家之专

---

① 参见本书第三章第三节的相关论述。

② HENRY T GREELY. The control of genetic research：involving the “group between” //Genetics：ethics，law and policy. St. Paul：West Group，2002.

③ DORIS S and JULIE C L. Benefit sharing-from biodiversity to human genetics. Springer，2013：53.

利法确立了强制许可制度。[1]

（一）强制许可制度概述

所谓强制许可，是指在法定的特殊条件下，未经专利权人同意，他人可在履行完毕法定手续后取得实施专利的许可，但仍应向专利权人缴纳专利实施许可费。[2] 一般而言，强制许可也属于专利实施许可的一种类型，与其他许可方式不同的是，这种许可合同中国家干预是一个非常重要的因素。为了防止专利权人滥用专利权、维护专利权人与广大公众之间的利益平衡，《保护工业产权巴黎公约》最早确立专利强制许可制度，后《与贸易有关的知识产权协议》（TRIPs）第31条也规定了强制许可制度，不过两者适用条件略有不同。

《保护工业产权巴黎公约》第5条A（2）（4）规定，各成员国对专利权人不实施，也不允许他人实施专利的情况，有权颁发强制许可证，许可他人实施专利权人的专利技术，而不必征得专利权人的同意。[3] 我国1984年《专利法》规定的强制许可条件同公约的规定完全相同。世界贸易组织《与贸易有关的知识产权协议》（TRIPs）第31条规定了强制许可及其适用条件，在出现具备实施条件的单位以合理条件在合理期间内未获许可、国家紧急状况或公共利益需要、后取具有进步性的专利实施需要依赖前一专利等情形时，专利机关可以决定给予强制许可。我国《专利法》2008年修订后从第48条到第58条对强制许可制度作出了完整规定，与TRIPs协议所定条件基本一致。强制许可不具有独占性，属于普通实施许可，且不可转让。

（二）对基因科技发明专利的强制许可

除了配合TRIPs协议第31条在本国专利法中增订医药出口至强制许

---

① 美国较为特殊，其专利法原先有强制许可制度，1978年6月1日法律修改时予以删除。理由是：发明人在取得专利权后可能因发明实施的商业利益有限、市场上已有更便宜或更高品质的商品或服务、原材料无法以合理价格取得或专利权人欠缺资金等各种因素而无法或不愿实施专利，基于财产权的排他性，决定删除强制许可制度。参见：李素华．基因及基因医药之专利法制发展趋势//谢铭洋．基因体医学研发创新与智慧财产权．台北：元照出版公司，2010：97.

② 刘春田．知识产权法．3版．北京：中国人民大学出版社，2007：313.

③ 对《巴黎公约》中强制许可适用条件的介绍，可参见：张玲．专利法理论与实务研究．天津：天津人民出版社，2002：384.

可事由外，有部分欧洲国家新增或准备新增关于基因或基因医药专利权的强制许可事由。例如，比利时《专利法》早已有符合 TRIPs 协议所要求的一般强制许可规定，但针对实务上有部分基因及基因医药专利权人所主张的专利实施费过高或附加不合理限制，不利于公共政策落实，特修法增订第 31 条之 1 第 1 款将“基于公共卫生利益”作为强制许可的事由。[①] 要获得强制许可者无须达到公共卫生危急（a public health crisis）程度，只需要公众健康所需的产品、方法或诊断方法于数量及品质上有所不足，专利权人所要求的实施条件违反公共卫生利益或构成不正当竞争即可。为了解决基因衍生专利及生物医学领域之研究工具取得和利用上的困难，瑞士专利法也予以修订，准备给以非专属性授权的请求权；另外，针对人体诊断方法或产品之发明，如果经法院判决或行政机关认定违反竞争秩序构成垄断者，也可以给予非专属性许可。[②]

针对基因医药和检测、治疗工具，我国《专利法》规定的强制许可制度也可以被利用。如第 48 条第 2 项“专利权人行使专利权的行为被依法认定为垄断行为，为消除或者减少该行为对竞争产生的不利影响”时、第 49 条“在国家出现紧急状态或者非常情况时，或者为了公共利益的目的”时、第 50 条“为了公共健康目的，对取得专利权的药品”，制造并将其出口到条约规定的国家或者地区时，均可以给予实施发明专利或者实用新型专利的强制许可。以基因发明申请专利保护目前已为各国所承认，我国亦然。这种发明与医药研究密切相关，可以衍生出基因检测、细胞治疗、基因治疗、组织工程产品、个性化医疗等新型医疗方式或药品，赋予基因发明足够的专利权保护，当然能够鼓励研发及促进医药产业发展，但也可能对公共卫生产生不利影响。在符合 TRIPs 协议第 30 条所规定要件的前提下，欧洲部分国家于修订的专利法中新增专利权限制机制，但我国应否借鉴却需要审慎论证。

我国《专利法》第 50 条规定“为了公共健康目的，对取得专利权的

---

① GEERTRUI VAN OVERWALLE. *The implementation of the biotechnology directive in Belgium and ist after-effects*. The Introduction of a New Research Exemption and a Compulsory Licence for Public Health，IIC 2006，pp. 909 - 11.

② 李素华，谢铭洋．生技医药产业所面对新型专利议题——基因检测、细胞治疗与基因治疗之专利保护与权利限制．台湾科技法律与政策论丛，2007，4 (2).

药品”制造并将其出口到条约规定的国家或者地区时，可以实施强制许可制度。对于其中“药品”的范畴，我国国家知识产权局2010年1月9日修订的《专利法实施细则》第73条明确规定，《专利法》第50条所称取得专利权的药品，是指解决公共健康问题所需的医药领域中的任何专利产品或者依照专利方法直接获得的产品，包括取得专利权的制造该产品所需的活性成分以及使用该产品所需的诊断用品。药品专利的强制许可，来源于2001年11月14日在第四届WTO部长级会议通过的《TRIPs与公众健康宣言》，宣言中声称TRIPs不会也不应阻止成员方采取保护公共健康的措施。《关于TRIPs和公众健康的多哈宣言第六段的执行决议》中规定，发展中国家和最不发达成员国因艾滋病、疟疾、肺结核等其他流行疾病而发生公共健康危机时，可在未经专利权人许可的情况下，在其内部可以通过实施专利强制许可制度，生产、使用和销售有关治疗导致公共健康危机疾病的专利药品。根据《修改TRIPs议定书》，在某些国家没有制药能力或能力不足的情况下，可以给予为了出口的强制许可。不过有观点认为，虽然各国在不同程度上认可强制许可制度，但很少动用，更多时候强制许可制度的意义在于药品领域降低价格的手段。①

比较而言，我国《专利法》中对于强制许可制度的设计已经“用足”TRIPs所给出的界限，似乎并无必要循瑞士、比利时而继续修改相关部分。首先，我国《专利法》第48条第2项、第50条已经涵盖了瑞士的修法内容，足以解决生物科技研发成果的利用与人体诊断发明的利用问题，如果一般专利权人或医药领域专利权人构成垄断情形，在我国完全可以申请强制许可，增订人体疾病诊断发明反垄断已无必要；其次，如果面临公共传染性流行等突发事件，必用药品或基因检测或其他基因药品专利权人主张不合理价格，我国《专利法》第49条也可适用，所以比利时修法对我国而言已经是“过去式”。

特定族群如果由某种罹患特定疾病者或潜在高风险者构成，其往往也是基因技术或产品专利成果的消费者，如何既保障其以可负担的合理价格获得医药或检测，又维护对成果研发者的激励，需要专利权制度保持利益平衡，强制许可制度即因此而生。由于美国没有强制许可制度，在面临基因科技成果专利的垄断问题时，往往会引发专利无效诉讼。例如，前文详

① 吴汉东．知识产权法．5版．北京：法律出版社，2014：194.

细介绍的 Myriad 公司持有涉及 BRCA1（检验乳腺癌）和 BRCA2（检验卵巢癌）基因的 7 项专利权，在分离 BRCA 基因、合成 BRCA cDNA（complementary DNA，cDNA）和提供 BRCA 基因检测诊断服务方面享有排他性的权利，权利人限制仅能由少数实验室进行基因检测且费用甚高，科学家的研究自由也受到限制，包括乳腺癌和卵巢癌患者在内的 20 位原告将 Myriad 公司以及美国专利商标局（USPTO）告上法庭，要求法院判决宣告上述 Myriad 公司 7 项专利的 15 项权利要求全部无效。联邦最高法院的裁定宣告专利部分无效，结束了美国专利商标局三十多年来授予基因衍生专利权的历史，成为近些年来生物技术领域最受瞩目并最具颠覆性的案件。① 当然，强制许可制度并非将专利的实施许可授予该特定族群，而是通过授予其他有条件实施专利的主体借以增加产品或服务的供给，通过减少超额垄断利润以平抑获取医药产品或服务的价格。

二、特定族群间接分享的形式：医疗卫生可及性的提升

1992 年 CBD 中认可对非人类遗传资源的利益分享，因为受益者（原住居民和政府）为资源管理作出了贡献，传统知识的传承也需要通过教育，但人类遗传资源中没有。HUGO 于 2000 年所发布的《关于利益分享的声明》做出了明确规定：即使研究没有成果，没有利润，也要提供社区需要的医疗卫生服务；如果能够赢利，则该单位应捐赠一定比例（例如 1%～3%）年净利润用于医疗卫生基础设施建设（如疫苗、测试、药物、治疗等）或当地、国家、国际的人道主义援助。当然需要特别强调，人类基因组组织针对从事基因研究之事业，建议利益分享对象应是整个族群而非个人。2005 年的《世界生物伦理与人权宣言》第 15 条规定了利益分享的基本形式如：(a) 对参与研究的个人和群体给予特殊的、持续的帮助，并向他们表示感谢；(b) 提供高质量的医疗服务；(c) 提供科研开发的新的诊断方法、治疗方法以及设备和药品；(d) 支持卫生事业，等等。以上形式兼顾了人体组织提供者和所在族群、国家等相关主体利益。

医疗卫生条件的提升可以基于契约安排。关于契约安排，例如 2001 年遗传性弹性假黄瘤（Pseudoxanthoma elasticum，PXE）的案例中，

---

① 肇旭．基因衍生专利中的利益平等共享——以 Myriad 案为视角．伦理学研究，2014 (2).

PXE国际病友团体成功地以契约的方式，与享有专利权的研究人员分享该基因衍生专利权所衍生的利益，这些权益包括专利权使用费及控制实行基因检测的权利①；基因提供者免费或低价获得基因衍生专利成果，如冰岛和deCODE公司之间的合作研究协议中规定，冰岛可免费从该公司获得应用此项目研究成果而制造的药品，从而使冰岛不用从外国进口用于治疗一些基因疾病的昂贵药品，当然由于合作中途夭折，利益分享并未真正实现。②

医疗卫生条件的提升也可以基于一般政策性要求。例如人类基因组组织主张即使研究没有成果，没有利润，也要提供社区需要的医疗卫生服务。不过，由于人类基因组组织伦理委员会《关于利益分享的声明》属于世界医学专门组织制定的行业伦理规范，一般不具有法律拘束力，所以关于特定族群的利益分享仍更多需要借助于契约安排。关于利益分享问题要与人群或社区事先讨论的要求与CBD的要求比较近似，因为它暗示双方须事先的告知后同意和就共同议定条件进行谈判，尽管表达并不直接。

第二节　国家对基因科技成果的间接利益分享

一、国家的间接利益分享：政府征用许可

（一）政府征用许可概述

就基因及基因医药专利权之限制，域外学者有建议加强政府征用许可者。③ 基于公共卫生政策而限制基因及基因医药专利权，欧洲国家系以扩大试验实施例外、增加强制许可事由的方式实现，而在加拿大则采取国家使用（government use）或政府征用许可制度。④ 所谓政府征用许可，是

① 李崇僖，刘源祥．从生医研究趋势探讨参与管理者权益之保障．月旦法学杂志，2007（142）.

② 刘宏恩．基因科技伦理与法律——生物医学研究的自律、他律与国家规范．台北：五南图书出版公司，2009：58－59.

③ CORNISH W R，LLEWELYN M and ADCOCK M. Intellectual property and genetics. 79（2003）.

④ 李素华．论强制授权制度在医药专利权之适用．生物伦理通讯，2006（21）.

指政府可以决定对国家利益或公共利益具有重大意义的专利技术在指定单位实施。世界知识产权组织《与贸易有关的知识产权协议》(TRIPs) 第 31 条在强制许可制度之外也包括了政府征收许可，亦即由政府实施专利保护之发明，其目的及考量与强制许可制度类似，但由国家主动作出实施发明决定，并由政府、所属机构或授权之人实施，侧重更浓厚的社会政策与公益性色彩。

(二) 基因衍生发明专利的政府征用许可

在我国《专利法》中除一般强制许可外，还在第 14 条规定了政府征用许可。这种许可方式只适用于国有企业事业单位的发明专利，对集体企业、中外合资经营企业、中外合作经营企业、外商独资企业以及外国法人或自然人享有的专利权不适用，对实用新型和外观设计专利也不适用。对于符合以上条件的发明专利，对国家利益或者公共利益具有重大意义的，国务院有关主管部门和省、自治区、直辖市人民政府报经国务院批准，可以决定在批准的范围内推广应用，允许指定的单位实施，由实施单位按照国家规定向专利权人支付使用费。

有观点认为，即使是对中国的国有企业事业单位，采用这种许可的可能性也是微乎其微的，因为随着市场经济体制的不断完善，所有的市场主体在市场规则面前应当一视同仁，而不应厚此薄彼。① 笔者不认同以上观点，因为专利的政府征用制度要件比强制许可制度更为严格，可以使政府资助、非营利之健康或安全服务相关公营事业，诸如医院及地区卫生机构不受专利权限制而使用必要之基因衍生专利，且无须受限于事先协商及程序上较为迂回的强制许可制度，很有必要。比较法上，加拿大拒绝增加强制许可制度的事由，而另外规定了国家使用或政府征用制度，已经取得了不错的效果。② 而我国作为社会主义国家，根据《宪法》第 7 条“国有经济，即社会主义全民所有制经济，是国民经济中的主导力量”，国有企业事业单位作为公有制经济的载体应当承担更多的社会义务，所取得的基因科技成果如果对国家利益或者公共利益具有重大意义，适用政府征用制度

---

① 刘春田．知识产权法．3 版．北京：中国人民大学出版社，2007：314.

② 加拿大生物科技咨询委员会 (Canadian Biotechnology Advisory Committee, CNAC)：人类基因物质、知识产权暨健康领域建议 (Human Genetic Materials, Intellectual Property and the Health Sector, 2006)。

更是无可厚非。

二、国家的间接利益分享：节省办学经费投入，促进产学研结合

（一）其他国家对科技成果利益分享之实践

科技立国与产学合作为近年来世界各国的潮流。例如，1980 年美国国会颁布 Bayh-Dole 法案（Public Law No. 96－517），通过技术移转政策，促进政府出资的研究结果之商业化，使得由政府提供资金支持的科学家将其工作注意力转移至技术转化上，不仅改善了产学研合作的关系及环境，而且使得大学的研发创新蓬勃发展。① 资助大学研究发展的联邦基金是美国大学技术转移商业化运作的最主要的先驱，正是有了联邦基金的经费支持，才有了大学的基础实验研究，进而才有发明创造和专利申请。大学将研发创新成果通过技术转移授权给产业界，一方面解决了公立大学研究资金短缺的困境；另一方面大学可以不用通过依赖政府提供的经费，而实现自我“造血”。产学研的良性互动，节省了政府对公立大学的办学经费支持，也促进了产业发展，比较成功的例子如斯坦福大学对硅谷的产业促进、麻省理工学院对波士顿地区发展的促进。② 由政府资助的发明，在受联邦基金资助的公立大学无法申请或无法选择保有这些权利时，一般规定由政府保有。国家通过研究基金成为产业支持者，研发者和产业支持者既存在利益的一致性，其共同分享研发成果和利益；又有利益冲突的一面，其在利益分配上存在争夺，并且资本的话语权在上升。美国 1980 年 Bayh-Dole 法案、德国 2002 年经修订的《受雇人发明法》及日本 1988 年《大学及研究机构技术转移促进法》均通过激励大学研发并保有专利权，相应促进了产业发展，实现了公立大学的自我“造血”、自我发展，政府实现了

① 吴佩琳．生物材料专利对科技发展之冲击及其可能管制方式之探讨——以胚胎干细胞为例．台南：成功大学硕士学位论文，2005.

② KENT HILL. *University research and local economic development*. Center for Competitiveness and Prosperity Research，L. William Seidman Research Institute，WP Carey School of Business，Arizona State University，2006.

一举多得。①

(二) 国家对技术成果利益分享之我国实践

我国《高等教育法》第 35 条第 2、3 款规定，“国家鼓励高等学校同企业事业组织、社会团体及其他社会组织在科学研究、技术开发和推广等方面进行多种形式的合作。国家支持具备条件的高等学校成为国家科学研究基地”。我国高校在承担教书育人、服务社会职能的同时，也应当成为科研和技术开发推广的重要阵地。国家为了促进科学研究，在自然科学领域设立了“自然科学基金”②。对于研究获得的技术成果，《科学技术进步法》第 20 条第 1 款规定，“利用财政性资金设立的科学技术基金项目或者科学技术计划项目所形成的发明专利权、计算机软件著作权、集成电路布图设计专有权和植物新品种权，除涉及国家安全、国家利益和重大社会公共利益的外，授权项目承担者依法取得”；并在第 3 款规定，国家为了国家安全、国家利益和重大社会公共利益的需要，可以无偿实施，也可以许可他人有偿实施或者无偿实施。比较而言，我国把项目成果知识产权授予项目承担者，彰显对于产学研结合与科教兴国的更高重视，不过并无美、德、日等国节省公立高校办学经费拨付的考虑。我国国家对专利技术成果的分享更多体现在《科学技术进步法》第 20 条第 3 款的“无偿实施”与第 21 条第 1 款规定的“首先在境内使用”。

第三节　对全人类的回馈：对基因科技成果的合理使用

应当承认，知识产权合理使用制度是对社会公众的回馈。例如著作权合理使用的根据在于，任何作品都是在继承前人智慧和文化遗产基础上，当今社会生活汲取营养，在这种公共资源的环境中，再注入自己的心智创作而成，作为对受传统文化沐浴的酬谢，法律设定著作权人将这种酬谢转

---

① 陈丽娟．大学研发成果商品化组织架构之法制研究//谢铭洋．基因体医学研发创新与智慧财产权．台北：元照出版公司，2010：284－302.

② 《国家自然科学基金条例》2007 年 2 月 14 日国务院第 169 次常务会议通过，2007 年 4 月 1 日施行。另可参见：国家自然科学基金网站．[2016－12－25]. http://www.nsfc.gov.cn/.

换为公众可行使的权利，回报给当今的社会公众。① 同其他知识产权一样，专利权在许多方面是受限制的，考虑到公共利益，专利权人在享有权利的同时还应承担若干义务，表现为阻却侵权责任的情形，如首次销售权利用尽、善意侵权、先行实施、临时过境和非营利实施、行政审批利用等情形。合理使用制度成为知识产权利益衡平的重要法律工具。国际实践中，学名药可以视为对药品专利成果的合理使用，本书即以此为例对基因科技成果的合理使用加以阐述。

一、学名药与对药品专利的合理使用

（一）学名药及其功用

Generic Drugs，可以译为通用名药物、仿制药或学名药。之所以称其为通用名药品，是因为其不受专利保护，包括专利已到期或者根本就没有专利的药品；之所以称其为仿制药，是因为其往往是对专利药（原厂药）的仿制；之所以称其为学名药，是因为这类药品在市场上销售时通常以其化学成分命名。学名药，是指国内已核准与专利药品具有相同成分、相同剂型、相同剂量和相同疗效之药品制剂。② 由于学名药的制药商不需要重复专利药企业早就做过的既费时又昂贵的安全性和药用性研究，因而学名药的价格往往要比同类专利药品便宜许多。学名药在成分、剂型、效果方面均与原厂药相同，若是在药品专利权保护期间内会涉及合理使用，若是专利已经到期则不存在专利权也就不涉及合理使用，本书研究的系前一种情形。鼓励学名药进入市场，对于享有专利的原厂药却是很大的冲击，故应以何种方式鼓励学名药进入市场，将涉及学名药厂商与原厂药厂商间的利益冲突，也是 TRIPs 协议谈判和发达国家与发展中国家谈判的重要议题。

一般而言，制药行业是十分依赖专利保护的产业，如果社会对新技术的使用不加任何限制，在市场上跟随或者模仿他人技术者的生产成本必然很低，这将导致大量不公平竞争现象，从而破坏经济秩序。国家在技术这类公共产品上强制规定一种垄断性权利，使其在一定程度上成为私产品，

---

① 刘春田．知识产权法．3 版．北京：中国人民大学出版社，2007：166.

② 陈昭华，钟镜湖，张乃文，等．学名药试验免责规范之探讨//谢铭洋．基因体医学研发创新与智慧财产权．台北：元照出版公司，2010：185.

可以激发创造。从这种意义上看，专利法中的“垄断”较之其他法律具有促进技术进步、兼顾公众利益的宗旨。① 基于专利权排他性，原厂药厂商可通过专利权保护其在市场上专用的地位，以回收其研发成本，因此只要使其药品能够维持市场专用地位，经常就是获利保证。近年来，因各国药价高涨，以至于在许多国家都发生药品可及性问题。药品的可及性是指人人能够承担药品的价格，即能够安全、实际地获得适当、高质量以及文化上可接受的药品，并方便地获得合理使用药品的相关信息。② 学名药的上市具有平抑药价、提升药物可及性等重要功能，相当于对药品专利的限制或合理使用，即无须给付专利费而利用权利人的专利权。学名药的上市会减少原厂药的市场份额，对于原厂药而言自是一大竞争对手，于是原厂药厂商想尽办法延长其在市场上的专用地位。③

（二）我国药品专利保护与合理使用的平衡

根据我国《专利法》第 60 条规定，对于专利权“未经专利权人许可，实施其专利，即侵犯其专利权”，立法进一步规定了专利权人对“实施”行为的控制能力：对专利产品，包括制造、使用、销售、进口以及为销售目的的展示、出租、派送；对于专利方法，包括使用专利方法或者销售、使用、进口用专利方法获得的产品，以及为销售目的展示、出租、派送、占有用专利方法获得的产品。有观点认为，专利权所指向的标的——专利技术本身是公开的，任何人都可以合法地占用这项技术，专利法仅仅需要将权利人有权禁止他人擅自实施专利技术加以规定即可，所以专利权甚至整个知识产权都是一种负面权利，仅仅是一种禁止权。④ 笔者认为，以上观点有失偏颇，权利可以有两种表述，即正面表述和负面表述，前者是指权利人可以为何种行为，后者是指权利人可以禁止他人为何种行为。尽管实践中专利实施往往由产业资本推动进行，发明人和专利权人自己未必实现专利权，但不能否认其享有积极权能，由是观之，专利权不仅是禁止他

---

① 刘春田．知识产权法．3 版．北京：中国人民大学出版社，2007：205.

② 蒋舒，等．实施 TRIPs 协定后提高我国药品可及性方式探讨//国家知识产权局条法司编．专利法研究：2004 年卷．北京：知识产权出版社，2005：21.

③ GRAHAM DUTFIELD. *Intellectual property right and the life science industries a twenty history* 108，Chapter 5：the Pharmaceutical Industry（Ashgate Publishing Company 2003).

④ 同① 300.

人未经权利人同意而实施的“禁止权”，也是权利人自我实施的支配权。

就药品专利而言，对药品给予专利保护从长远看与公共健康利益具有一致性，其保护了专利权人的合法利益，促进了新药品的研制，从而更好地保障了人类的生命健康安全。但专利权也应受到限制，限制专利权的效力也是基于公共利益，专利权的绝对性效力不如所有权的效力强也正是从这种意义上讲的。我国《专利法》对非营利性实施专利技术的行为不视为侵犯专利权早有规定，比如为了科学研究和实验使用专利技术，以及为课堂教学而演示专利技术的行为均不属于侵权行为。专利法的宗旨是促进技术进步，法律应当允许人们在专利技术的基础上从事改进，这种非营利的实施专利行为，与专利权人不存在竞争关系，所以对专利权人的市场利益不会构成侵害。

药品专利虽然与长远公共健康具有一致性，但有时过高的垄断定价又会对公共健康产生负面影响，一定程度上成为提高药品可及性的障碍，已经成为发展中国家在药品获得方面所面临的最大困难。若能打开学名药市场，对于平抑药价、提高药品可及性将有很大作用。2008 年 12 月 27 日，我国《专利法》完成了第三次修订，在药械专利权的合理使用与权利限制方面又添新事由，第 69 条新增第 5 项“为提供行政审批所需要的信息，制造、使用、进口专利药品或者专利医疗器械的，以及专门为其制造、进口专利药品或者专利医疗器械”，该制度属于对药品专利权进行特别限制的重要制度，有观点将之作为非营利性实施行为，并与教学科研利用并列。① 不过，在比较法上，该制度被称为“药品实验例外”，用于克服因药品和医疗器械上市审批制度造成在专利权期限届满之后仿制药品和仿制医疗器械上市所带来的迟延，使公众在专利权保护期限届满之后及时获得价格较为低廉的仿制药品和医疗器械，对我国仿制药产业的发展以及缓解公共健康危机影响深远。②

所以，对药品和医疗器械专利权的限制并不涉及专利权过期后对发明成果的利用，而是在专利权有效期内为了迅速衔接进入公共领域发明成果利用制度而作出的安排，争议点仅仅在专利期向公共领域转换的衔接点上。

① 吴汉东．知识产权法．5 版．北京：法律出版社，2014：190.

② 胡潇潇．我国专利法“药品实验例外”制度研究．法商研究，2010 (1).

二、TRIPs-Plus 规则对学名药实践的影响

（一）TRIPs-Plus 规则

制药业是 TRIPs 协议和 TRIPs-Plus 规则的幕后推手。[①] TRIPs 协议被认为是历史上保护知识产权最全面的多边条约，但制药业积极推动更高水平的知识产权保护标准走向国际化，人们将这些高于 TRIPs 协议的保护标准称之为“超 TRIPs”（TRIPs-Plus）标准，它限制 TRIPs 协议所允许的弹性条款或权利限制条款，提供比 TRIPs 协议更多、更宽的知识产权保护。[②] TRIPs-Plus 主要的手段包括双边协议（双边自由贸易协议、投资协议，欧洲合作伙伴协议）、地区性的自由贸易协议和多边（plurilateral）协议，进而向协议外国家推广。

TRIPs-Plus 的推动者是美国。作为 TRIPs-Plus 的重要组成部分，美国不仅积极利用自由贸易区（Free Trade Area，FTA）谈判来推行此类制度，而且也主动使用其“特别 301 条款”的单边方式向其他国家推行该制度。当许多缔约国将 TRIPs 协议视为其知识产权保护的“天花板”时，他们却发现 TRIPs 协议的谈判成果只是知识产权保护标准的“地板”[③]。TRIPs 协议使制药业在全球范围之内获得了“制造、使用、销售、许诺销售和进口”专利药品或依专利方法直接获得的药品之权利，不过这成为 TRIPs-Plus 的新起点。美国《特别 301 报告》有督促 WTO 成员落实 TRIPs 协议第 39.3 条的作用，还有监督落实美国与有关国家达成的双边贸易协定（如 FTA）的作用。除最不发达国家外，TRIPs 协议第 39.3 条自 2000 年 1 月 1 日起在所有 WTO 成员中生效。该条规定：“当被要求呈交未公开的、需要付出相当劳动（considerable effort）才能获得的试验数据或其他数据，以作为成员方同意使用新型化学实体（new chemical entities）生产的药品或农用化学品在市场上销售的一项条件时，应保护该数

① 梁志文．美国自由贸易协定中药品 TRIPs-Plus 保护．比较法研究，2014（1）．

② HO C. Access to medicine in the global economy：international agreements on patents and related rights. Oxford University Press，2011.

③ SUSAN K S. TRIPs was never enough：vertical forum shifting，FTAs，ACTA，and TPP. 18 J. Intel. Prop. L.，（2011），p. 448.

据免受不公平的商业利用（unfair commercial use）。此外，成员方应保护该数据免于泄露，除非是出于保护公共利益（public）的需要，或采取了保证该数据免受不公平商业利用的措施”[①]。以上规定强调：（1）为获得上市许可而必须提交的药品试验数据，对于那些未向药品监管部门提交的试验数据，则可以作为商业秘密保护。（2）受保护数据必须涉及一个“新型化学实体”（new chemical entity），根据2013年国际化学命名权威机构国际纯化学与应用联合会（International Union of Pure and Applied Chemistry，IUPAC）的定义，是指药品含有的未经药品监管机关批准的活性基。[②] 这一定义改变了各国通常所采用的与其专利法中所使用的新颖性相似、将未提出过审批申请的化合物看作新型化学实体的做法，已有药品的新剂型、新适应征、复方、新服用方式、结晶形式、异构体等的试验数据均不再属于新型化学实体，无须纳入药品试验数据保护体系。[③]（3）该数据的获得需要付出“相当努力”，即经济上的投入、技术上的探索。（4）属于“未披露信息”（undisclosed information），只要药品上市申请人可以证明药品试验数据在提交药品监督管理部门审核前满足“未披露”要求就符合药品试验数据保护的条件。（5）目的是防止不正当的商业使用，WTO成员方对于“不正当商业使用”的解释存在很大争议，第39.3条仅要求成员对数据视为商业秘密，提供反不正当竞争的保护模式。美国1984年通过著名的《药品价格竞争与专利保护期恢复法案》（Drug Price Competition and Patent Term Restoration Act，或 Hatch-Waxman Acts），用于推销TRIPs-Plus，它主要包括三项制度：数据专有权、专利链接和专利保护期延长。

在制药业的推动下，美国以超WTO的市场准入来获取发展中国家的TRIPs-Plus，并辅以特别301条款的大棒，取得了在多边谈判中难以获得的好处。TRIPs-Plus成为潜在的国际新标准，对药品获取和公共健康产生严重影响。这实际上意味着强化了原厂药的专利保护水平，直接影响学

---

① 梁志文．美国自由贸易协定中药品TRIPs-Plus保护．比较法研究，2014（1）．

② COOK T M. *Special report*: *the protection of regulatory data in the pharmaceutical and other sectors*. Sweet & Maxwell，London，2000. p. 6.

③ 周婧．药品试验数据的保护与限制．知识产权，2017（3）．

名药的上市，对专利权的限制变少或者说合理使用的空间被压缩。

（二）TRIPs-Plus 规则的具体表现

为调和专利药厂商与学名药厂商间的利益冲突，在美国原厂药企业积极推动下发展出了数据专有权、专利链接及专利保护期延长制度。①

1. 数据专有权

药品试验数据保护是在专利权之外政府为鼓励药品创新而提供的知识产权保护形式。所谓数据专有权（data exclusivity），是指药品研发过程中关于药品的各种数据，如药品的成分、制造、管制、动物实验、人体试验等数据，专属于原厂药厂商，学名药厂商不能直接或间接利用。② 药品试验数据虽不具有可专利性，但也需投入大量的资本，具有相当的商业价值，药品试验数据保护是药品上市申请制度的必然结果。在原厂药厂商享有数据专有权期间，其权利体现在：其一，学名药厂商不能够引据该数据作为申请药品上市时的查验登记数据；其二，主管机关在审核学名药上市申请时，不能本于先前审查原药厂数据之经验所得来认定学名药的安全性和疗效。在第一层权利意义里面，学名药厂商如果需要提出上市申请，必须自行通过试验来证明药品的安全性和疗效，不得引据原厂药厂商在第一次申请同一药品时所提出的数据，而必须提出如同新药上市时所需要的全部数据；而在第二层权利意义上，即使学名药与原厂药成分品质相同，在学名药厂商提出上市申请时，主管机关虽非初次审查该药品，仍须秉持首次审查的态度，逐一审核学名药厂商提出的数据。

TRIPs 协议第 39.3 条规定了数据的保护，但并未明确采用“权利保护路径”还是“反不正当竞争法保护路径”，一般认为反不正当竞争法的保护即符合最低要求。但美国 1984 年《药品价格竞争与专利保护期恢复法案》，即 Hatch-Waxman 法案采取了 TRIPs-Plus 标准：对学名药采用简易申请程序，申请人只需提交证明学名药与该品牌药具有生物等效性（bioequivalent）的试验数据而无需重新提交临床试验数据；同时为了平衡原创药产业的利益，Hatch-Waxman 法案创设了药品试验数据保护制度，规定新化学成分新药上市后 5 年内，学名药不得以简易申请程序申请上

---

① 陈昭华，钟镜湖，张乃文，等．学名药试验免责规范之探讨//谢铭洋主编．基因体医学研发创新与智慧财产权．台北：元照出版公司，2010：239.

② 林志六．资料专属概述．医事法学，2004，12（1、2 合订）.

市；新适应征新药上市后3年内，学名药不得以简易程序申请上市。①

2. 专利链接制度

药品专利链接制度（patent linkage）作为TRIPs-Plus的重要组成部分，并未体现在TRIPs协议中。该制度系将申请以上市为目的的药品审查程序与该药品的相关专利查核部分加以链接，赋予药品行政主管部门就该申请上市的药品在已登录的专利审查申请中所申报的相关专利是否侵害他人权利，并作为是否批准上市的条件。② 药品专利保护与上市许可联动后，拒绝批准药品上市的理由不再仅是药品的安全性、有效性或质量可靠性问题，而包括了可能存在侵犯专利权的风险。③ 药品专利链接制度属于美国Hatch-Waxman法案力推的规则，虽然被同时适用于原厂药和学名药，但由于新药的开发厂商通常就该申请上市的药品享有专利权故而对其不会有影响，对于学名药而言由于本身不享有专利权，所以影响甚巨。

美国Hatch-Waxman法案对专利链接制度的具体规定包括新药申请时提出专利状况、学名药专利声明、45天诉讼期、30个月停止期和180天独占期。首先，要求新药申请时提出专利状况，申请人在提出新药上市申请时，须同时提出涵盖该药品的专利或方法专利的证书及到期日④；其次，学名药专利声明是指学名药上市申请可以采取简易申请程序，除了要包含足以展示该学名药与相关原厂药的“生物等效性”信息外，还必须对列在橘皮书重点每个相关专利作出声明⑤；再次，45天诉讼期是指新药申请人必须通知专利权人，专利权人有权在45天内提出侵权诉讼，若专利权人并未提出诉讼，又满足生物等效性等条件，新药申请会被核准⑥；又次，30个月停止期是指专利权人在45天内提出诉讼，药品行政主管部门在30个月内不能核准该新药申请，但如在前述期间内地方法院判决专利无效或未受侵害，该批准将以判决日、和解命令日、合意判决中法院决定

---

① 周婧．药品试验数据的保护与限制．知识产权，2017（3）.

② 陈昭华，钟镜湖，张乃文，郑耀诚．学名药试验免责规范之探讨//谢铭洋．基因体医学研发创新与智慧财产权．台北：元照出版公司，2010：255.

③ 梁志文．药品专利链接制度的移植与创制．政治与法律，2017（8）.

④ 21 U.S.C. &355（a）（b）.

⑤ 21 U.S.C. &355（j）（2）（A）（VII）.

⑥ 21 U.S.C. &355（j）（4）.

之日为生效日①；最后，180 天独占期是指法律赋予第一个提出包含第四段声明的学名药新药申请人 180 天的市场独占权，在这段期间内药品行政主管部门 FDA 不能核准后续相同的药物制品的新药申请。② 对生物制剂的保护方面，2010 年美国通过《生物制剂价格竞争与创新法案》(Biologics Price Competition and Innovation Act，BPCIA)，规定了与被参考生物制剂具有生物相似性（biosimilar）或可互换性（interchangeable with）的生物仿制药（follow-on biologics）快速审批制度。不过，BPCIA 确立了不同于 Hatch-Waxman 法案的药品专利链接制度，其主要理由在于生物制剂的仿制成本与小分子化合药大不相同，BPCIA 建立了与小分子化合药不同的专利链接制度。③

专利链接制度强化了原厂药的专利保护水平，将药品的上市许可与其专利权相联系的做法，有效地阻碍了学名药在专利保护期内的上市进程，进而起到了加强药品专利权保护的效果。④ Hatch-Waxman 法案在美国的实践被认为非常成功，从制药业的整体发展来看，美国不仅拥有世界上最有影响的原厂药企业，也拥有世界上最强大的学名药产业，专利权的保护与合理使用较为均衡。⑤ 该制度在美国力推下逐渐在不同国家扩展，与其他国家签订的自由贸易协定多规定了药品专利链接制度。⑥ 但在美国之外的其他自由贸易协定国家，如加拿大是世界上跟随美国建立药品专利链接制度的第二个国家，其实践并不尽如人意，不仅学名药产业的国内发展受阻，而且强化药品专利保护的结果也没有实现提升本国制药企业竞争力的目标，这也许可以说明原厂药产业并不发达的国家贸然实施专利链接制度，可能并不明智。⑦ 世界各国就药品专利链接制度远未达成共识，同属发达国家的欧盟各国对药品专利链接制度持否定态度，欧盟同发展中国家所缔结的自由贸易区（Free Trade Area，FTA）并不强求严格的药品数据

① 21 U. S. C. &355 (j) (5) (B) (III).

② 21 U. S. C. &355 (j) (5) (B) (IV).

③ 梁志文．药品专利链接制度的移植与创制．政治与法律，2017 (8).

④ 周婧．药品试验数据的保护与限制．知识产权，2017 (3).

⑤ RON A and BOUCHARD et. al. Structure-function analysis of global pharmaceutical linkage regulations. 12 Minn. J. L. Sci. & Tech, (2011), pp. 408 - 409.

⑥ 梁志文．美国自由贸易协定中药品 TRIPS-Plus 保护．比较法研究，2014 (1).

⑦ 同③.

保护和市场专有权，也完全不提及专利链接。① 而且，作为发展中国家的印度对专利链接制度也予以反对。因此移植 Hatch-Waxman 法案式的法律制度应该审慎。

3. 专利保护期延长

TRIPs 协议规定了成员方对专利权的保护期限为申请日起 20 年。原厂药厂商为了尽力延长其在市场的专用地位，可以运用的途径有二：一是延长其专利期间，另一则是延长学名药上市的时间。关于前者，各国立法例不同，通常会有二到五年的延长期。为了调动原厂药企业的积极性，使其获得足够的药物研发回报，Hatch-Waxman 法案规定了新药申请者可获得专利保护期延长（PTE），补偿其在临床试验和药品审评中所消耗的时间，但最多不超过 5 年，并且延长期限加上药物上市时所剩余的专利期限之和不能超过 14 年。② 之所以给予延长期多是考虑到新药在申请专利到真正上市前，要耗费很多时间在临床试验及主管机关的审核上面，如不给予延长期恐怕难以回收在研发阶段的成本支出。至于延缓学名药上市的时间，多半涉及专利诉讼，其中最常见的是原药厂商控告学名药厂商在其专利权期间内进行学名药的实验，侵害其专利权，而学名药厂商往往以“药品试验例外”进行抗辩。

三、我国学名药的实践与对 TRIPs-Plus 规则的应对

（一）对 TRIPs-Plus 规则的应然立场

学名药作为对药品专利成果的合理使用，体现了公众对科技成果的利益分享，但美国通过 Hatch-Waxman 法案推动的 TRIPs-Plus 规则意在提高对药品专利的保护水平，降低了 TRIPs 协议中弹性条款的可适用性，将提高药品获取的成本，从而对公共健康产生影响。美国积极推销其更高水平的知识产权保护制度，实质性地强化了品牌药商的竞争优势和垄断地位。发展中国家是否应全面移植 Hatch-Waxman 法案，接受 TRIPs-Plus

---

① See European Commission, *Pharmaceutical Sector Inquiry* (Final Report), at 130. (2009 - 07 - 08). http: //ec. europa. eu/competition/sectors/pharmaceuticals/inquiry/staff _ working-paper _ paper _ part1. pdf.

② 李素华．从公共卫生之观点论医药专利权之保护与限制．台北：台湾大学博士学位论文，2006：128.

标准呢？有观点认为，虽然美国式的立法并不完全符合各国医药产业的发展状况，但某一发展中国家选择坚决抵制可能压力很大，建议发展中国家应该采取合纵连横的策略，形成共同的政治和经济联盟，以实现共同的目标，移植药品的 TRIPs-Plus 保护规则时一方面应将 TRIPs 协议中的弹性条款以及《多哈宣言》纳入其中，另一方面，也应该尽量争取 TRIPs-Plus 规则本身的弹性，以适应本国的公共健康需要。[①] 从国情来看，我国无疑属于以学名药生产为主的国家，对于 TRIPs-Plus 规则既不能全面否定，也不能全盘接受。

（二）我国对 TRIPs-Plus 规则的具体应对

我国作为 WTO 成员国，应履行公约义务，TRIPs 协议中，制药业仅收获了第 39.3 条对于药品数据的保护，而专利链接和药品专利保护期延长制度并未得以体现。但发端于美国的药品专利 TRIPs-Plus 提高了知识产权保护水平，大量 FTA 的缔结表明 TRIPs-Plus 保护义务的知识产权制度在发展中国家逐渐扩散。对于 TRIPs-Plus 标准或美国 Hatch-Waxman 法案要完全拒绝似乎是不可行的，但完全接受这些规则又是不明智的，我国可以考虑使用 TRIPs 协议弹性条款来缓冲自由贸易区（Free Trade Area，FTA）中的 TRIPs-Plus 保护义务。

1. 构建以公开为基础的数据专有权

药品数据的保护义务为 TRIPs 协议第 39.3 条所规定，数据保护成为各成员方所应履行的最低义务，它允许成员方提供更高的保护。发展中国家主张对药品数据以保密方式予以保护，我国在“入世”之前也曾经采取以保密为基础的数据保护模式。然而，药品安全性、有效性和质量可靠性数据的准确提供，不仅涉及品牌药商与仿制药商的利益，而且涉及更多的利益主体。由此有观点认为，我国可以对数据提供更高的保护，确立以公开为基础的数据专有权。[②] 因为在对药品数据缺乏足够法律保护制度的背景下，商业秘密保护是解决数据之公共产品问题的重要措施，但商业秘密保护模式不利于公共健康，也不利于学名药厂商的市场进入，还不利于后续创新的维持；药品数据具有公共产品属性，依据公共产品理论，数据之获取需要付出巨大成本，而要禁止其他人的搭便车行为则非常困难，但当

① 梁志文．美国自由贸易协定中药品 TRIPs-Plus 保护．比较法研究，2014（1）．

② 同①．

法律建立了药品数据的专有权保护后，药品的商业竞争者之搭便车行为得到了有效遏制。我国“入世”承诺选择了以高水平的数据专有权模式来落实 TRIPs 协议第 39.3 条，而不是发展中国家所赞成的不正当竞争模式，承诺的 6 年保护期甚至高于美国 Hatch-Waxman 法案所能提供的保护水平，但仍须改进落实 TRIPs 协议第 39.3 条的较高保护，构建以公开为基础的数据专有权模式。

2. 建立以信息公示为基础的药品专利链接制度

目前我国参加的多边国际条约并无有关保护的规定，美国多年来通过《特别 301 报告》和中美谈判来督促中国建立该制度。在我国，主张以美国 Hatch-Waxman 法案为模板、移植药品专利链接制度的观点在学界较为普遍。① 2005 年我国发布的部门规章《药品注册管理办法》建立起了类似制度，使我国成为世界上在美国自由贸易协定国家之外仿建专利链接制度的首个国家。然而强保护的药品专利制度在实施了两年后开始改变，《药品注册管理办法》2007 年的修订弱化了专利链接制度，我国学者称之为专利链接制度的“一再弱化”②。2016 年 7 月发布的修改草案又对专利链接制度进行了进一步删除，目前该修订稿尚未通过实施。③ 有观点建议废除《药品注册管理办法》中的药品专利链接相关规定，且不宜在我国《专利法》上将申请药品上市的行为规定视为侵犯专利权的行为，仅建立以“信息公示”为目标的药品专利链接制度：国家药品监管部门应完善披露信息的内容，如登记的专利权类型、申请日、保护期届满日、权利人等，并保障这些信息能够公开、及时为社会公众所获取；法律应规定申请人须披露申请上市的药品是否受专利保护的信息，规定药品专利权人可在一定时间内将专利信息登记到该系统中，同时，登记的药品专利信息应定期更新。④ 以信息公示为基础的药品专利链接制度的优越性体现在：首先，在

① 刘晶晶，武志昂．建立我国药品专利链接制度的专家调查研究．中国新药杂志，2016 (11)；刘立春，朱雪忠．美国和加拿大药品专利链接体系要素的选择及其对中国的启示．中国科技论坛，2014 (1).

② 张清奎．浅析药品注册过程中的专利链接．中国新药杂志，2007 (8).

③ 2016 年 7 月 22 日发布的《药品注册管理办法（修订稿）》，可以参见《国家食品药品监督管理总局》网站．[2017－10－13]. http：//www. sda. gov. cn/WS01/CL0778/160300. html.

④ 梁志文．药品专利链接制度的移植与创制．政治与法律，2017 (8).

管理体制上缓和了“对传统药品管理部门的职责产生的冲击”，因为传统上认为，“药品管理部门的职责限于药品的安全性、有效性和质量可靠性，并不及于侵犯专利权的判定”①；其次，在制度上避免了与“药品试验例外”的冲突，学名药厂商在获取批文之前必须要解决其可能面临的专利纠纷，明显不符合第69条第5项鼓励学名药的快速上市的价值取向②；最后，在利益上它较好地协调了专利权保护与公共健康之间的冲突，符合我国作为发展中国家和学名药占主导的实际，利益关系持平，可值赞同。

3. 对专利保护期延长持谨慎态度

对于专利期，在我国语境中其实有两种含义：第一，是指数据专用保护期限，按照WTO的规定中国目前实行的保护期限是6年③；第二，专利保护期，中国目前发明专利实行20年保护期，本文即在此含义上使用。专利药研发投资高，审批周期长，许多药品上市后，核心专利可以保护的有效期限已经很短，专利保护期延长制度即因此而设。尽管中国的药物审批过程可能同样非常漫长，但中国专利法并未对药物的期限延长或者补偿作出任何安排，由于许多已授权专利药物的销售额在相关专利到期后的一段时间内才开始达到高峰，创新型制药公司希望中国可以效仿美国专利制度来提供恰当的专利保护期延长。④ 例如，有来自医药行业的全国人大代表建议，在专利法修订草案中增加药品专利保护期延长制度，参照药品注册审批过程中损失的专利保护期间，给予药品相应的保护期延长。⑤

不过，我国对专利保护期延长一直持谨慎态度。尽管专利药制药取得了快速发展，但目前的中国制药行业仍由仿制药物占主导地位，基于这一定位，我国政府担心可能加重制药行业整体负担并会影响公众对药物的可

① RON A and BOUCHARD, et al. Empirical analysis of drug approval-drug patenting linkage for high value pharmaceuticals. 8 NW. J. Tech. & Intell. Prop, (2010), p. 177.

② 胡潇潇. 我国专利法“药品实验例外”制度研究. 法商研究，2010 (1).

③ 陆琨倩. TPP延长专利保护期将成仿制药企业噩梦. 搜狐网. [2015-10-07]. http://business.sohu.com/20151007/n422677999.shtml.

④ 封丽，刘辛，王宁玲，等. 中美专利期限延长和数据专属权的对比研究. 中国发明与专利，2014 (7).

⑤ 汪晓慧. 天津天士力制药闫希军代表：延长药品专利保护期. 人民日报，2016-03-12 (10).

及性。笔者认为，专利保护期延长应当立足本国医药产业发展水平和结构，由于 TRIPs 协议对药品专利保护期延长制度未加规定，我国对于属 TRIPs-Plus 的规则不能盲目跃进，依然应当保持谨慎。

小　结

相关主体对基因科技成果的间接利益分享主要面向消极贡献者，消极贡献者是指间接地或以被动方式承担基因科技研发可能风险的主体，如人体组织提供者所在族群的其他人员、未来人类后代等，间接分享主体可以通过国家税收、基因科技成果对该国的回授许可、对基因科技成果的合理使用、强制许可等形式实现利益分享。人体组织提供者所在的“族群”应当参与基因科技成果利益的间接分享，形式包括对基因科技成果的强制许可和医疗卫生可及性的提升，医疗卫生条件的提升可以基于契约安排，也可以基于一般政策性要求。国家对基因科技成果的间接利益分享形式包括政府征用许可与利用产学研结合节省办学经费投入，促进产业发展。对全人类的回馈主要表现在对基因科技成果的合理使用，药品专利虽然与长远公共健康利益具有一致性，但有时过高垄断定价又会对公共健康产生负面影响，一定程度上成为提高药品可及性的障碍，已经成为发展中国家在药品获得方面所面临的最大困难。鼓励学名药进入市场，对于享有专利的原厂药却是很大的冲击，故应以何种方式鼓励学名药进入市场，将涉及学名药厂商与原厂药厂商间的利益冲突，也是 TRIPs 协议谈判和发达国家与发展中国家谈判的重要议题。美国不仅积极利用自由贸易区（Free Trade Area，FTA）谈判来推行 TRIPs-Plus 规则，而且也主动使用其“特别 301 条款”的单边方式向其他国家推行该制度。在美国原厂药企业积极推动下发展出了数据专有权、专利链接及专利保护期延长制度。这实际上意味着强化了原厂药的专利保护水平，直接影响学名药的上市，对专利权的限制变少或者说合理使用的空间被压缩。从国情来看，我国无疑属于以学名药生产为主的国家，对于 TRIPs-Plus 规则既不能全面接受，也不能全盘接受：构建以公开为基础的数据专有权，建立以信息公示为基础的药品专利链接制度，但对专利保护期延长应持谨慎态度。

结论：制度如何提升

生物科技的发展，对人体组织的传统利用从18世纪的解剖到20世纪的器官移植，再到现代基因信息利用，既涉及人格利益，又涉及“物”的利益。人体组织提供者对基因科技成果利益分享机制的研究，涉及制度较多，需要展望制度提升的方向。

（一）从“无为规则”转轨“有为规则”

“无为规则”是对法益“初始归属”并不做出明确界定的法律规则，其表明的法律立场是“不予救济”，意味着正反两方面的“放任主义”(libertarian)。[①] 目前的国际公约中，《生物多样性公约》（CBD）可以说是国际上对基因资源利用最重要的一项，其第15条主要规定了CBD利益分享的实质：“事先的告知后同意”（prior informed consent）与“事先商定的条件”（mutually agreed terms），其《名古屋议定书》还规定

① 凌斌．法律救济的规则选择：财产规则、责任规则与卡梅框架的法律经济学重构．中国法学，2012（6）．

了利益分享的形式，但其限于缔约国相互之间的分享，且未涉及人体组织提供者的利益分享。人类基因组组织伦理委员会《关于利益分享的声明》、联合国教科文组织《世界人类基因组与人权宣言》与《世界生物伦理与人权宣言》等提及的利益分享往往也是以国家为分享主体，并未涉及人体组织提供者。可以说，国际范围内人体组织提供者对基因科技成果的利益分享尚处于“无为规则”阶段。

“无为规则”的存在可能说明立法和司法对新兴事物准备不足、价值判断把握不大，希望经历波斯纳所谓“打混仗”（the muddle-through approach）后再做一般性臧否。随着生物科技对基因科技成果的研发，人体组织提供者的积极参与已经成为产业健康顺利发展的重要保证，“无为规则”转轨为“有为规则”的时机逐渐成熟，在四种规则中（财产规则、管制规则、责任规则和不可让与规则），财产规则是理想的选择，放手让人体组织提供者与基因科技研发者就利益分享通过“告知后同意”作出安排，有利于人权保护和产业发展。

（二）国际公约发展与国内立法演进

为科技研发作出“贡献”的主体应当有权分享成果利益，这涉及公平议题。《生物多样性公约》（CBD）作为生物多样性和遗传资源保护的基本国际法规范，部分规定了利益分享机制，不过其不应将人类基因资源排除在外，CBD应当被扩展适用，以实现人类基因资源取得和可持续利用的目标。《赫尔辛基宣言》《国际医学组织理事会涉及人的生物医学研究国际伦理指引》《人类基因组组织伦理委员会关于利益分享的声明》、世界卫生组织和联合国教科文组织《联合国世界人类基因组与人权宣言》与《生物伦理与人权宣言》均适用于人类基因，都规定了对衍生利益的分享（benefit-sharing），不过其不具拘束力（non-binding）。由于人类基因资源利用的国际公约缺位，不同国家和地区政府都在制定自己的规则和准则。这种拼凑式立法，可能最终对相关研究工作造成阻碍。其实，一些国际公约并非对人类遗传资源取得和利益分享不感兴趣，而只是因为尚难达成一致而故意回避，并且新技术的发展已经突破了传统边界，要求对基因资源进行一体调整。人类遗传学和基因组学的研究已经导致了全球广泛的合作研究，人体生物材料的跨洲、跨国和在学术机构和商业机构之间的流动，强调知情同意和利益分享，一些实施中的问题已经浮出水面，利益分享系告知后同意程序中必须涉及的议题。

本书选取了冰岛、肯尼亚、印度尼西亚和英国为研究对象，可以勾勒出目前世界关于利益分享的制度现状，国家之间特别是发达国家与发展中国家之间的利益分享受到重视，人类组织样本和基因资源的国家主权得到肯定，普惠式的利益分享已经一定程度上进入实践。

不过，2019 年 7 月 1 日实施的《中华人民共和国人类遗传资源管理条例》似乎更倾向于“利益补偿”。其第 10 条第 1 款规定“禁止买卖人类遗传资源”，第 2 款规定“为科学研究依法提供或者使用人类遗传资源并支付或者收取合理成本费用，不视为买卖”。其中第 1 款意在摒弃人类遗传资源之商品化，这是“原则”；第 2 款规定人类遗传资源的提供者可以收取“合理成本费用”，作为“例外”。第 10 条规定一方面意在摒弃商品化之疑虑，另一方面规定可以对人类遗传资源提供者进行“补偿”。但如前文所述，“利益补偿论”中告知后同意与公平客观补偿标准的结合，缺乏可操作性。各国涉及人的生物研究中的告知后同意，皆应当包括利益分享，这就决定这种分享方案应当主要通过契约安排实现，而不是全部交给所谓的“公平客观补偿标准”，否则人类遗传资源的取得和利用将因缺乏类似物权法“公益征收”制度而最终难以达成有效合作。可以预见，我国最新规定的实施效果将是可能的利益分享隐藏在“合理成本费用”名义下向人体组织提供者倾斜，名为“补偿”实为“分享”。

我国正在经历生物科技发展从大国向强国的迈进，在人体组织提供者对基因科技成果的利益分享的制度提升上，需要成为先行者和引路人。

参考文献

一、中文著作类

[1] 段相林，郭炳冉，辜清．人体组织学与解剖学．北京：高等教育出版社，2006.

[2] 刘方．人体解剖学．北京：人民卫生出版社，1998.

[3] 宋思扬，楼士林．生物技术概论．北京：科学出版社，2007.

[4] 沈显生．生命科学概论．北京：科学出版社，2007.

[5] 高崇明，张爱琴．生物伦理学十五讲．北京：北京大学出版社，2004.

[6] 刘银良．生物技术法．北京：清华大学出版社，北京交通大学出版社，2009.

[7] 赵西巨．医事法研究．北京：法律出版社，2008.

[8] 黄丁全．医疗法律与生命伦理．修订版.北京：法律出版社，2007.

[9] 邱雯惠．谱出生物科技法之妙音美

律——生物科技法学方法之理论与实践．台北：元照出版公司，2011.

［10］颜厥安．鼠肝与虫臂的管制．台北：元照出版公司，2004.

［11］张小勇．遗传资源的获取和利益分享与知识产权．北京：知识产权出版社，2007.

［12］刘宏恩．基因科技伦理与法律——生物医学研究的自律、他律与国家规范．台北：五南图书出版公司，2009.

［13］薛达元．民族地区遗传资源获取与利益分享案例研究．北京：中国环境科学出版社，2009.

［14］薛达元，崔国斌，蔡蕾，等．遗传资源、传统知识与知识产权．北京：中国环境科学出版社，2009.

［15］王泽鉴．民法物权．2 版．北京：北京大学出版社，2010.

［16］王泽鉴．民法总则．北京：北京大学出版社，2009.

［17］王泽鉴．人格权法：法释义学、比较法、案例研究．北京：北京大学出版社，2013.

［18］王利明．民法．北京：中国人民大学出版社，2015.

［19］王利明．民法总则研究．2 版．北京：中国人民大学出版社，2012.

［20］王利明．人格权法研究．2 版．北京：中国人民大学出版社，2012.

［21］王利明．物权法研究．3 版：上．北京：中国人民大学出版社，2013.

［22］王利明，周友军，高圣平．中国侵权责任法教程．北京：人民法院出版社，2010.

［23］杨立新．民法物格制度研究．北京：法律出版社，2008.

［24］杨立新．侵权责任法．北京：法律出版社，2010.

［25］杨立新．人身权法论．北京：人民法院出版社，2006.

［26］张新宝．侵权责任构成要件研究．北京：法律出版社，2007.

［27］张新宝．侵权责任法原理．北京：中国人民大学出版社，2005.

［28］王胜明．中华人民共和国侵权责任法解读．北京：中国法制出版社，2010.

［29］唐德华．《医疗事故处理条例》的理解与适用．北京：中国社会科学出版社，2002.

［30］唐德华．最高人民法院《关于确定民事侵权精神损害赔偿责任若干问题的解释》的理解与适用.北京：人民法院出版社，2001.

［31］全国人大常委会法制工作委员会民法室．侵权责任法立法背景与观点全集．北京：法律出版社，2010.

［32］奚晓明．《中华人民共和国侵权责任法》条文理解与适用．北京：人民法院出版社，2010.

［33］曾世雄．损害赔偿法原理．北京：中国政法大学出版社，2001.

［34］彭万林．民法学．北京：中国政法大学出版社，2007.

［35］江平．民法学．北京：中国政法大学出版社，2011.

［36］郑玉波．民法总则．10 版．黄宗乐，修订．台北：三民书局，2007.

［37］梁慧星．中国物权法研究：上，下册．北京：法律出版社，1998.

［38］梁慧星．民法总则．3 版．北京：法律出版社，2007.

［39］史尚宽．民法总论．北京：中国政法大学出版社，2000.

［40］龙卫球．民法总论．2 版．北京：中国法制出版社，2002.

［41］张俊浩．民法学原理．北京：中国政法大学出版社，1997.

［42］魏振瀛．民法．北京：北京大学出版社，高等教育出版社，2013.

［43］郭明瑞．民法学．北京：高等教育出版社，北京大学出版社，2003.

［44］胡长清．中国民法总论．北京：中国政法大学出版社，1997.

［45］刘心稳．中国民法学研究述评．北京：中国政法大学出版社，1996.

［46］张红．人格权总论．北京：北京大学出版社，2012.

［47］龙显铭．私法上人格权之保护．北京：中华书局，1948.

［48］李震山．人性尊严与人权保障．台北：元照出版公司，2001.

［49］李震山．多元、宽容与人权保障——以宪法未列举权之保障为中心．2 版．台北：元照出版公司，2007.

［50］韩大元．宪法学基础理论．北京：中国政法大学出版社，2008.

［51］林子仪．权力分立与宪政发展．台北：月旦法学出版社，1993.

［52］蔡维音．社会国之法理基础．台北：正典文化有限公司，2001.

[53] 陈新民．德国公法学基础理论：上．北京：法律出版社，2010.
[54] 杨开湘．宪法隐私权导论．北京：中国法制出版社，2010.
[55] 罗胜华．基因隐私权的法律保护．北京：科学出版社，2010.
[56] 邱格屏．人类基因的权利研究．北京：法律出版社，2009.
[57] 张维迎．博弈论与信息经济学．上海：上海三联书店，上海人民出版社，2004.
[58] 陈舜．权利及其维护——一种交易成本观点．北京：中国政法大学出版社，1999.
[59] 熊秉元．优雅的理性——用经济学的眼光看世界．北京：东方出版社，2014.
[60] 刘春田．知识产权法．3版．北京：中国人民大学出版社，2007.
[61] 李琛．论知识产权法的体系化．北京：北京大学出版社，2005.
[62] 吴汉东．知识产权法．5版．北京：法律出版社，2014.
[63] 吴汉东．知识产权基本问题研究．北京：中国人民大学出版社，2005.
[64] 吴汉东．著作权合理使用制度研究．北京：中国政法大学出版社，1996.
[65] 冯晓青，杨利华．知识产权法学．北京：中国大百科全书出版社，2005.
[66] 郑成思．计算机、软件与数据的法律保护．北京：法律出版社，1987.
[67] 郑成思．知识产权法．北京：法律出版社，2003.
[68] 郑成思．知识产权——应用法学与基本理论．北京：人民出版社，2005.
[69] 王迁．知识产权法教程．北京：中国人民大学出版社，2011.
[70] 陈耀东．商标保护范围研究．天津：天津人民出版社，2003.
[71] 程合红．商事人格权论：人格权的经济利益内涵及其实现与保护．北京：中国人民大学出版社，2002.
[72] 刘孔中．智慧财产权法制的关键革新．台北：元照出版公司，2007.
[73] 谢铭洋．智慧财产权之基础理论——智慧财产权法系列（一）.

台北：自版，1995.

[74] 谢铭洋．智慧财产权之基础理论．台北：自版，2004.

[75] 谢铭洋．科技发展之智慧财产权议题．台北：翰芦图书出版有限公司，2005.

[76] 谢铭洋．基因体医学研发创新与智慧财产权．台北：元照出版公司，2010.

[77] 冯震宇．智慧财产权发展趋势与重要问题研究．台北：元照出版公司，2003.

[78] 张玲．专利法理论与实务研究．天津：天津人民出版社，2002.

[79] 郭明龙．个人信息权利的侵权法保护．北京：中国法制出版社，2012.

[80] 齐爱民．个人资料保护法原理及其跨国流通法律问题研究．武汉：武汉大学出版社，2004.

[81] 苏永钦．民事立法与公私法的接轨．北京：北京大学出版社，2005.

[82] 王宪磊．信息经济论．北京：社会科学文献出版社，2004.

[83] 张鹏翥．信息技术．上海：上海交通大学出版社，2006.

[84] 赖茂生，王芳．信息经济学．北京：北京大学出版社，2006.

[85] 邬焜．信息哲学——理论、体系、方法．北京：商务印书馆，2005.

[86] 陈志忠．个人资料保护之研究——以个人资讯自决权为中心．台北：我国台湾地区司法管理机构印行，2001.

[87] 孔令杰．个人资料隐私的法律保护．武汉：武汉大学出版社，2009.

[88] 周汉华．中华人民共和国个人信息保护法（专家建议稿）及立法研究报告．北京：法律出版社，2006.

[89] 周汉华．个人信息保护前沿问题研究．北京：法律出版社，2006.

[90] 洪海林．个人信息的民法保护研究．北京：法律出版社，2010.

[91] 蒋坡．个人数据信息的法律保护．北京：中国政法大学出版社，2008.

[92] 朱伟．生命伦理中的知情同意．上海：复旦大学出版社，2009.

［93］张文显．法哲学范畴研究．北京：中国政法大学出版社，2001.

［94］古津贤．医疗侵权法．长春：吉林大学出版社，2008.

［95］于敏．日本侵权行为法（第2版）．北京：法律出版社，2006.

［96］李响．美国侵权法原理及案例研究．北京：中国政法大学出版社，2004.

［97］孙国华．中华法学大词典：法理学卷．北京：中国检察出版社，1997.

［98］戴正德，李明滨．医学伦理导论．台北：我国台湾地区“教育部”，2006.

［99］胡晓姣．品牌翻译规范化研究．北京：中央民族大学出版社，2017.

二、翻译著作类

［1］舍恩伯格，库克耶．大数据时代．盛杨燕，周涛，译．杭州：浙江人民出版社，2013.

［2］芦部信喜．宪法．李鸿禧，译．台北：元照出版公司，1995.

［3］我妻荣．新订民法总则．于敏，等译．北京：中国法制出版社，2008.

［4］栗屋刚．出卖器官．董炯明，译，台北：平安文化，2002.

［5］法国民法典．罗结珍，译．北京：中国法制出版社，1999.

［6］考特，尤伦．法和经济学．6版．史晋川，等译，上海：格致出版社，上海三联出版社，上海人民出版社，2012.

［7］科斯．论生产的制度结构．盛洪，陈郁，译．上海：三联书店，1994.

［8］波斯纳．法律的经济分析．蒋兆康，译．林毅夫，校．北京：中国大百科全书出版社，1997.

［9］波斯纳．正义/司法的经济学．苏力，译．北京：中国政法大学出版社，2002.

［10］比彻姆，邱卓思．生命医学伦理原则．5版．李伦，等译．北京：北京大学出版社，2014.

［11］艾伦，托克音顿．美国隐私法——学说、判例与立法．冯建姝，等译．北京：中国民主法制出版社，2004.

[12] 罗尔斯．正义论．谢延光，译．上海：上海译文出版社，1991.
[13] 孙斯坦．自由市场与社会正义．金朝武，等译．北京：中国政法大学出版社，2002.
[14] 康德．道德形而上学原理．苗力，译．上海：上海人民出版社，2002.
[15] 康德．法的形而上学原理——权利的科学．沈叔平，译．北京：商务印书馆，2001.
[16] 巴尔．欧洲比较侵权行为法：上．张新宝，译. 北京：法律出版社，2004.
[17] 巴尔．欧洲比较侵权行为法：下．焦美华，译. 北京：法律出版社，2004.
[18] 施瓦布．民法导论．郑冲，译．北京：法律出版社，2006.
[19] 梅迪库斯．德国民法总论．邵建东，译．北京：法律出版社，2000.
[20] 拉伦茨．德国民法通论：上．王晓晔，等译．北京：法律出版社，2003.
[21] 福克斯．侵权行为法．齐晓琨，译．北京：法律出版社，2004.
[22] 舍费尔，奥特．民法的经济分析．江清云，杜涛，译．北京：法律出版社，2009.
[23] 西德联邦宪法法院裁判选辑（一). 我国台湾地区司法管理机构印行，1991.
[24] 德国联邦宪法法院裁判选辑（八). 我国台湾地区司法管理机构印行，1999.
[25] 布萨尼，帕尔默．欧洲法中的纯粹经济损失．张小义，钟洪明，译．北京：法律出版社，2005.
[26] 莫迪恩．哲学人类学．李树琴，段素革，译．哈尔滨：黑龙江人民出版社，2005.
[27] 梅因．古代法．沈景一，译．北京：商务印书馆，1959.
[28] 洛克．政府论：下篇．叶启芳，瞿菊农，译．北京：商务印书馆，1964.
[29] 谢尔曼，本．现代知识产权法的演进——1760—1911 年的历程. 金海军，译．北京：北京大学出版社，2006.

三、期刊、辑刊与报纸类

[1] 谢兆辉. 基因概念的演绎. 遗传, 2010 (5).

[2] 刘元, 陈国梁, 梁凯. 基因概念的演变. 延安大学学报 (自然科学版), 2005 (4).

[3] 王泽鉴. 人格权保护的课题与展望 (三) ——人格权的具体化及保护范围 (6) 隐私权 (上). 台湾本土法学杂志, 2007 (96).

[4] 王泽鉴. 人权观保护的课题与展望 (二) ——宪法上人格权与私法上人格权台湾本土法学杂志, 2006 (81).

[5] 王泽鉴. 人格权保护的课题与展望 (三) ——人格权之具体化及保护范围 1. 台湾本土法学, 2006 (83).

[6] 王泽鉴. 人格权保护的课题与展望 (一) ——人格权、人格尊严与私法上的保护. 台湾本土法学杂志, 2006 (80).

[7] 张新宝. 中国个人数据保护立法的现状与展望. 中国法律, 2007 (3).

[8] 张新宝. 侵权死亡赔偿研究. 法学研究, 2008 (4).

[9] 张新宝. 从隐私到个人信息: 利益再衡量的理论与制度安排. 中国法学, 2015 (3).

[10] 王利明. 论人格权商品化. 法律科学, 2013 (4).

[11] 王利明. 隐私权概念的再界定. 法学家, 2012 (1).

[12] 王利明. 隐私权的新发展. 人大法律评论, 2009.

[13] 王利明. 试论人格权的新发展. 法商研究, 2006 (5).

[14] 杨立新, 林旭霞. 论形象权的独立地位及其基本内容. 吉林大学社会科学学报, 2006 (3).

[15] 杨立新, 袁雪石. 论声音权的独立及其民法保护. 法商研究, 2005 (4).

[16] 田野. 个人基因检测衍生的法律问题: 梳理与展望. 北京航空航天大学学报 (社会科学版), 2014 (6).

[17] 田野, 郭晓庆. 基因提供者的利益分享机制研究. 社科纵横, 2013 (9).

[18] 蔡维音. 个人基因科技研究所衍生之智慧财产权之归属原则. 成大法学, 2003 (6).

[19] 蔡维音．“拟似权利主体”之法律意涵——重新建构人类基因之法律定位．成大法学，2001 (2).

[20] 蔡维音．人类基因科技下之法益保护体系．当代公法理论（中）——翁岳生教授七秩诞辰祝寿论文集，2002 (7).

[21] 蔡维音．德国基本法第一条“人性尊严”规定之探讨．宪政时代，1992，18 (1).

[22] 杨秀仪．论病人自主权——我国法上“告知后同意”之请求权基础探讨．台湾大学法学论丛，2007，36 (2).

[23] 杨秀仪．病人，家属，社会：论基因年代病患自主权可能之发展．台湾大学法学论丛，2002，31 (5).

[24] 杨秀仪．美国“告知后同意”法则考察分析．月旦法学杂志，2005 (121).

[25] 杨秀仪．谁来同意？谁作决定？从“告知后同意法则”谈病人自主权的理论与实际：美国经验之考察．台湾法学会学报，1999 (20).

[26] 杨秀仪．“知情放弃”与“空白同意”合乎自主原则吗？论病人自主之性质．生命教育研究，2009，1 (2).

[27] 杨秀仪．“我国医疗事故损害赔偿问题的现况与展望”研讨会（一）．台湾本土法学，2002 (39).

[28] 曹丽荣．自然人基因的法律属性．河北法学，2008 (7).

[29] 曹丽荣．从 Myriad 案谈基因衍生专利的正当性及美国对基因衍生专利授权实质性要件分析．中国生物工程杂志，2013 (1).

[30] 刘红臻．人体基因财产权研究——“人格性财产权”的证成与施用．法制与社会发展，2010 (2).

[31] 冷传莉．个人基因法益权利化保护论纲——基于“人格物”创设的视角．现代法学，2014 (6).

[32] 陈英钤．胚胎干细胞研究管制的挑战——如何避免黄禹锡事件在台湾重演．台北大学法学论丛，2008 (67).

[33] 刘宏恩．冰岛设立全面医疗及基因资料库之法律政策评析——论其经验与争议对我国的启示．台北大学法学论丛，2004 (54).

[34] 刘宏恩．基因资料库研究中的公众信赖、商业介入与利益分享．台北大学法学论丛，2005 (57).

[35] 李锡鹤．民法“物格”说引起的思考．法学，2010 (8).

[36] 李锡鹤．所有权定义形式之比较——与梁慧星先生商榷．法学，2001 (7).

[37] 徐振雄．后人类时代中的人权通识教育：人性尊严的变异与操控？．实践通识论丛，2003 (1).

[38] 颜厥安．没有脸庞的权利主体——由法理学检讨生物科技与人工生殖技术．月旦法学，1995 (2).

[39] 李震山．从生命权与自决权之关系论生前预嘱与安宁照护之法律问题．中正大学法学期刊，1999 (2).

[40] 李震山．胚胎基因工程之法律涵意——以生命权保障为例．台湾大学法学论丛，2002，31 (3).

[41] 刘大洪．基因技术与隐私权的保护．中国法学，2002 (6).

[42] 汤啸天．基因及基因研究的法律控制．法律科学（西北政法学院学报)，2000 (4).

[43] 封展旗，杨同卫．保护中国人类基因资源的思考．科技管理研究，2001 (4).

[44] 李恒．试论生物技术对传统法律体系的挑战．法律与医学杂志，2005 (1).

[45] 马俊驹．从人格利益到人格要素．河北法学，2006 (10).

[46] 马俊驹，张翔．人格权的理论基础及其立法体例．法学研究，2004 (6).

[47] 李永军．论我国人格权的立法模式．当代法学，2005 (6).

[48] 金可可．论支配权概念——以德国民法学为背景．中国法学，2006 (2).

[49] 凌斌．法律救济的规则选择：财产规则、责任规则与卡梅框架的法律经济学重构．中国法学，2012 (6).

[50] 于飞．论诚实信用原则与公序良俗原则的区别适用．法商研究，2005 (2).

[51] 于飞．侵权法上权利与利益的区分保护．编委会．为民法而斗争——梁慧星先生七秩华诞祝寿文集，北京：法律出版社，2014.

[52] 胡锦光，王锴．论公共利益概念的界定．法学论坛，2005 (1).

[53] 张圣斌，范莉，庄绪龙．人体冷冻胚胎监管、处置权归属的认识．法律适用，2014 (11).

[54] 唐雪梅．器官移植法律研究．梁慧星．民商法论丛（第20卷），北京：法律出版社，2001.

[55] 王康．基因权的私法证成和价值分析．法律科学（西北政法大学学报），2011（5）.

[56] 张莉．论人类个体基因的人格权属性．政法论坛，2012（4）.

[57] 胡瓷红．法律与基因的对话——生命法学的现实问题研究．公法研究，2002（00）.

[58] 李倩，尹飞．人格权客体的再思考．甘肃社会科学，2011（3）.

[59] 陈现杰．《关于确定民事侵权精神损害赔偿责任若干问题的解释》的理解与适用．人民司法，2001（4）.

[60] 李琛．法的第二性原理与知识产权概念．中国人民大学学报，200（1）.

[61] 李琛．质疑知识产权之“人格财产一体性”．中国社会科学，2004（2）.

[62] 李琛．对智力成果权范式的一种历史分析．知识产权，2004（2）.

[63] 张玉敏．知识产权的概念和法律特征．现代法学，2001（5）.

[64] 张玉敏，易健雄．主观与客观之间——知识产权“信息说”的重新审视．现代法学，2009（1）.

[65] 张玉敏，马海生．基因序列的可专利性分析．中国专利与商标，2003（2）.

[66] 宋红松．知识产权法的体系化与法典化．中华商标，2003（1）.

[67] 刘春田．知识财产权解析．中国社会科学，2003（4）.

[68] 郑成思．对《知识财产权解析》一文中有关“信息”概念的意见．中国社会科学，2004（2）.

[69] 郑成思．知识产权、财产权与物权．中国软科学，1998（6）.

[70] 周俊强．知识、知识产品、知识产权——知识产权法基本概念的法理解读．法制与社会发展，2004（4）.

[71] 韦之．知识产权客体的统一称谓之我见．电子知识产权，2006（4）.

[72] 吴汉东．无形财产权的若干理论问题．法学研究，1997（4）.

[73] 吴汉东．形象的商品化与商品化的形象权．法学，2004（10）.

[74] 齐爱民．论信息财产的法律概念和特征．知识产权，2008（2）.

[75] 齐爱民．论信息财产的法律保护与大陆法系财产权体系之建立——兼论物权法、知识产权法与信息财产法之关系．学术论坛，2009（2）.

[76] 齐爱民．论信息法的地位与体系．华中科技大学学报（社会科学版），2006（1）.

[77] 齐爱民．中华人民共和国个人信息保护法示范法草案学者建议稿．河北法学，2005（6）.

[78] 向波．知识产权正当性之批判解读——以利益冲突为基本视角．法学杂志，2015（8）.

[79] 向波．知识、信息与知识产权的对象．知识产权，2011（1）.

[80] 冯晓青．信息产权理论与知识产权制度之正当性．法律科学，2005（4）.

[81] 冯晓青．“增加价值”论——知识产权正当性的一种认知模式．电子科技大学学报（社科版），2004（1）.

[82] 冯象．鲁迅肖像权问题．读书，2001（3）.

[83] 张勤．知识产权客体的哲学基础．知识产权，2010（2）.

[84] 张勤．简析知识、信息与知识产权对象．知识产权，2011（4）.

[85] 粟源．知识产权的哲学、经济学和法学分析．知识产权，2008（5）.

[86] 李晓辉．信息产权：知识产权的延伸和补充．电子知识产权，2013（11）.

[87] 王敏铨．著作人格权之负面效果与合理使用——伯恩公约与美国法之探讨．月旦法学杂志，2004（111）.

[88] 汪志刚．民法视野下的人体法益构造——以人体物性的科技利用为背景．法学研究，2014（2）.

[89] 赵西巨．谈患者的知情同意权．医学与社会，2003（2）.

[90] 赵西巨．人体组织提供者法律保护模式之建构．中国卫生法制，2008（4）.

[91] 赵西巨．知情同意：要素构成与过程优化．中国医学伦理学，2005（3）.

[92] 王千维．论人格法益损害之赔偿方法．月旦法学杂志，第 99

期，2003（8）.

[93] 潘维大．第三人精神上之损害研究．烟台大学学报（哲学社会科学版），2004（1）.

[94] 李崇僖．人体基因研究之伦理规范问题初探．月旦法学杂志，第141期，2007（2）.

[95] 李崇僖，刘源祥．从生医研究趋势探讨参与管理者权益之保障．月旦法学杂志，2007（142）.

[96] 张文贞，牛惠之．浅论人类基因衍生专利：科技发展、伦理与法律的三角习题．应用伦理研究通讯，2003（27）.

[97] 邱格屏．论人类基因的权利主体．中州学刊，2008（3）.

[98] 余光辉．个人基因上的权利类型探究．学术论坛，2011（1）.

[99] 王康萍．论个人基因信息的法律地位．甘肃政法学院学报，2009（9）.

[100] 易继明．评财产权劳动学说．法学研究，2000（6）.

[101] 蒲莉．寻求遗传资源和传统知识法律保护的正当性——以经济学为视角．华中科技大学学报（社会科学版），2006（4）.

[102] 伍春燕，焦洪涛．从 Myriad 案看人体基因的专利适格性．电子知识产权，2014（4）.

[103] 贾小龙，王敏．基因衍生专利保护问题研究——基因资源提供者参与分享基因衍生专利利益探讨．北京航空航天大学学报（社会科学版），2006（4）.

[104] 郭明龙．论精神损害赔偿中的“侵权人获利”因素．法商研究，2009（1）.

[105] 郭明龙．论患者隐私权保护——兼论侵害“告知后同意”之请求权基础．法律科学，2013（3）.

[106] 熊琦．论著作权合理使用制度的适用范围．法学家，2011（1）.

[107] 熊琦．著作权法中投资者视为作者的制度安排．法学，2010（9）.

[108] 廖福特．个人影像隐私与新闻自由之权衡——VonHannover 及 Peck 判决分析与台湾借镜．政大法学评论，2006（91）.

[109] 黄昭元．立法裁量与司法审查——以审查标准为中心．宪政时

代，2000，26（2）.

［110］孙宝成．谈美国专利改革法案．科技法律透析，2007，19（9）.

［111］彭立静．论人体基因衍生专利对道德底线的挑战．武汉理工大学学报（社会科学版），2009（2）.

［112］何建志．生物技术专利之最适范围——商业政策与法律分析．台湾大学法学论丛，2004，33（5）.

［113］何建志．台湾生物数据库之伦理、法律、社会议题研究——回顾与政策分析．台湾科技法律与政策论丛，2008，5（1）.

［114］李素华．基因科技成果之专利保护及权利范围——从美欧新近个案谈基因衍生专利权对公共卫生之影响//吴全峰．2011科技发展与法律规范双年刊：健康、科学与人权，台北：我国台湾地区“中央研究院”法律学研究所，2012.

［115］李素华．基因及基因医药之专利法制发展趋势．基因体医学研发创新与智慧财产权，2010.

［116］李素华．雇佣关系下发明权益之研究：以我国专利法为中心．台湾大学法学论丛，2010，39（1）.

［117］李素华．论强制授权制度在医药专利权之适用．生物伦理通讯，2006（21）.

［118］李素华，谢铭洋．生技医药产业所面对新型专利议题——基因检测、细胞治疗与基因治疗之专利保护与权利限制．台湾科技法律与政策论丛，2007，4（2）.

［119］肇旭．Myriad案与基因衍生专利的未来．河北法学，2014（1）.

［120］肇旭．基因衍生专利中的利益平等共享——以Myriad案为视角．伦理学研究，2014（2）.

［121］陈磊．对人工分离DNA序列专利客体适格性的反思——AMP v. USPTO案判决评析．电子知识产权，2012（5）.

［122］周莳文等．构建我国基因衍生专利池的设想．华南理工大学学报，2012（1）.

［123］胡均立，许美玉．台湾生物科技产业发展之研究．台湾经济，1997（248）.

［124］朱理．财产权劳动学说与知识产权——劳动学说能够为知识产权提供正当性吗？．科技与法律，2006（2）．

［125］张炳生，陈丹丹．论人体基因提供者在基因技术专利中的利益分享．环球法律评论，2008（4）．

［126］黄玉烨．人类基因提供者利益分享的法律思考．法商研究，2002（6）．

［127］焦艳玲．生物科技研究中人体组织提供者补偿模式研究．法律科学，2011（1）．

［128］马昭若．已表达序列标志的专利问题．知识产权，2000（2）．

［129］倪贵荣．与贸易有关之智慧财产权协议与生物多样性公约之冲突与调和：以生物遗传资源之取得与利益分享为探讨中心．生物科技与法律研究通讯，2003，17（18）．

［130］时国铭．人体试验之国际伦理规范：历史的考察．应用伦理研究通讯，2001（19）．

［131］姚树森，范贞．《赫尔辛基宣言》修订与受试者权益保障．中国医院，2014（2）．

［132］邱仁宗译．国际人类基因组组织（HUGO）伦理委员会关于利益分享的声明．医学与哲学，2000（9）．

［133］陈怡安．受试者保护与人体试验的规范．律师杂志，2002（270）．

［134］谢晓尧．商品化权：人格符号的利益扩张与衡平．法商研究，2005（3）．

［135］和育东．专利侵权赔偿中的技术分摊难题——从美国废除专利侵权“非法获利”赔偿说起．法律科学，2009（3）．

［136］张玲，张楠．专利侵权损害赔偿额计算中的技术分摊规则．天津法学，2013（1）．

［137］龚赛红，董俊霞．论患者知情同意权的限制．中国社会科学院研究生院学报，2009（5）．

［138］陈子平．医疗上“充分说明与同意（informed consent）”之法理．东吴大学法律学报，2000，12（1）．

［139］周友军．论中国侵权法上的知情同意规则．北京航空航天大学学报（社会科学版），2011（4）．

[140] 王竹．解释论视野下的侵害患者知情同意权侵权责任．法学，2011（11）．

[141] 马辉，孙文利．论患者知情同意的适用范围——以美国近期案例为参照．河北法学，2011（7）．

[142] 关健．美国非显而易见性判定实践的误区和难点．知识产权，2012（7）．

[143] 蔡笃坚．以小区/群为基础的台湾生物资料库伦理法律社会意涵导引建议．台湾生医伦理与社会福利学刊，2007（9）．

[144] 尚志红．人类基因提供者利益分享实现的构想．法学杂志，2005（2）．

[145] 韩世远．医疗服务合同的不完全履行及其救济．法学研究，2005（6）．

[146] 葛云松．《侵权责任法》保护的民事权益．中国法学，2010（3）．

[147] 达庆东，瞿晓敏，樊民胜．知情同意权实现的伦理思考与法律保护．医学与哲学（人文社会医学版），2006（1）．

[148] 陈福民，胡永庆．对患者知情同意权的法律保护——对上海首例患者知情同意权纠纷案的评析．政治与法律，2003（2）．

[149] 焦富民，盛敏．论荷兰民法典的开放性、融和性与现代性——兼及对中国制定民法典的启示．法学家，2005（5）．

[150] 胡潇潇．我国专利法“药品实验例外”制度研究．法商研究，2010（1）．

[151] 梁志文．美国自由贸易协定中药品 TRIPs-Plus 保护．比较法研究，2014（1）．

[152] 梁志文．药品专利链接制度的移植与创制．政治与法律，2017（8）．

[153] 周婧．药品试验数据的保护与限制．知识产权，2017（3）．

[154] 林志六．资料专属概述．医事法学，2004（6）．

[155] 刘晶晶，武志昂．建立我国药品专利链接制度的专家调查研究.中国新药杂志，2016（11）．

[156] 刘立春，朱雪忠．美国和加拿大药品专利链接体系要素的选择及其对中国的启示．中国科技论坛，2014（1）．

[157] 张清奎．浅析药品注册过程中的专利链接．中国新药杂志，2007 (8).

[158] 封丽，刘辛，王宁玲，武春华．中美专利期限延长和数据专属权的对比研究．中国发明与专利，2014 (7).

[159] 王轶．民法价值判断问题的实体性论证规则——以中国民法学的学术实践为背景．中国社会科学，2004 (6).

[160] 林文学．《侵权责任法》医疗损害责任规定若干问题探析．法律适用，2010 (7).

[161] 尹田．无财产即无人格——法国民法上广义财产理论的现代启示．法学家，2004 (2).

[162] 尹田．再论“无财产即无人格”．法学，2005 (2).

[163] 埃曼．德国民法中的一般人格权制度．邵建东，等译//梁慧星. 民商法论丛：23 卷．2002.

[164] 黄桂兴．浅论行政法上的人性尊严理念．行政法之一般法律原则（一)，台北：三民书局，1999.

[165] 董炳和．论人类基因提供者分享基因衍生专利利益的法律基础及模式．知识产权文丛，2003，(8).

[166] 谢哲胜．无过失医疗责任：医师的梦魇？病人的救星？//民法七十年之回顾与展望纪念论文集（一）总则、债编，台北：元照出版公司，2000.

[167] 白飞鹏．侵权法对应然私权的确认//王利明．民法典（侵权责任法研究)，北京：人民法院出版社，2003.

[168] 姚辉．逝者如斯夫//王利明．判解研究：第 1 辑. 北京：人民法院出版社，2002.

[169] 周琪．技术与市场综合分析法在专利侵权损害赔偿中的应用//国家知识产权局条法司．专利法研究：2009 年卷．北京：知识产权出版社，2010.

[170] 陈丽娟．国立大学研发成果商品化组织架构之法制研究//谢铭洋．基因体医学研发创新与智慧财产权．台北：元照出版公司，2010.

[171] 蒋舒，等．实施 TRIPs 协定后提高我国药品可及性方式探讨//国家知识产权局条法司．专利法研究：2004 年卷．北京：知识产权出版社，2005.

[172] 崔国斌．基因技术的专利保护与利益分享//郑成思．知识产权文丛：第3卷．北京：中国政法大学出版社，2000.

[173] 陈民．论人格权//郑玉波．民法总则论文选辑：上．台北：五南图书出版公司，1984.

[174] 陈耀东，张志坡．肖像权侵权案件的法律适用与法理分析//李少平．疑难侵权案件理论与实务研究．北京：法律出版社，2012.

[175] 焦艳玲．规范抑或放任——美国商业化基因检测的法律实践及其走向//国外社会科学前沿：第18辑．上海：上海人民出版社，2015.

[176] 北川善太郎．网上信息、著作权与契约．渠涛，译．外国法译评，1998 (3).

[177] 刘宏恩．医师以病人为研究对象时之角色冲突与伦理规范．苹果日报，2005-05-26（论坛版）.

[178] 董炳和．论人类基因提供者基因衍生专利利益分享的法律基础与模式．中国知识产权报，2002-07-12 (3).

[179] 汪晓慧．天津天士力制药闫希军代表：延长药品专利保护期．人民日报，2016-03-12 (10).

[180] 郭少峰，吴鹏．个人信息保护将出台国标明确使用后立即删除. 新京报，2012-04-05.

四、学位论文与项目成果类

[1] 林祺祥．人体分离物及其衍生物权利之属性及权利归属研究．台南：成功大学硕士学位论文，2009.

[2] 刘承庆．生物科技智慧财产权之研究——以人体组织所衍生之权利为中心．台南：成功大学硕士学位论文，2004.

[3] 王素珍．人体组织之保障与管制——财产权与人格权结合的另类思考．新北：辅仁大学硕士学位论文，2003.

[4] 张瑞伦．人体器官移植或重建之商品责任．新竹："清华大学"硕士学位论文，2005.

[5] 吴佩玲．生技年代下人体组织的权益保护与补偿．台北：台湾大学硕士学位论文，2005.

[6] 邱雯惠．人体组织及其衍生物在民法上之权利结构．台北：东吴大学博士学位论文，2009.

[7] 林纹铃．商品化的身体权——从买卖市场的实际存在探讨有关人体器官取得之管制政策．台北：台湾大学硕士学位论文，2002.

[8] 李俊贤．“我国宪法”上财产权之研究——从大法官会议解释析论之．台北：台湾大学硕士学位论文，1996.

[9] 陈守煌．非财产上损害赔偿之研究．台北：中国文化大学硕士学位论文，1987.

[10] 冷传莉．论民法中的人格物．武汉：武汉大学博士学位论文，2010.

[11] 袁雪石．论人格权的二元性．北京：中国人民大学博士学位论文，2008.

[12] 刘淑华．知识产权对象研究．北京：中国人民大学博士学位论文，2007.

[13] 刘德良．论个人信息的财产权保护．北京：中国人民大学博士学位论文，2008.

[14] 陈志兴．基因衍生专利发明之保护——以个人基因组序列可专利性为核心．台北：台北大学硕士学位论文，2002.

[15] 王凯玲．生物技术发明之专利保护．台北：台湾大学硕士学位论文，1999.

[16] 黄映智．人体组织提供者就该组织衍生利益得主张之私法上权利．台北：台北大学硕士学位论文，2005.

[17] 陆诗雅．从罗尔斯正义论探讨人群生物资料库之惠益共享．台北：台北大学硕士学位论文，2009.

[18] 张小罗．基因权利研究．武汉：武汉大学博士学位论文，2010.

[19] 何欣伦．论我国专利法对生物科技保护之趋势．台北：铭传大学硕士学位论文，2011.

[20] 林怡芊．欧盟 98/44 号生物技术发明保护指令中专利适格标的之研究．新竹：“清华大学”硕士学位论文，2004.

[21] 吴佩琳．生物材料专利对科技发展之冲击及其可能管制方式之探讨——以胚胎干细胞为例．台南：成功大学硕士学位论文，2005.

[22] 何欣伦．论我国专利法对生物科技保护之趋势．台北：铭传大学硕士学位论文，2011.

[23] 廖文孜．生物遗传资源之智慧财产权保护．台北：台湾大学硕

士学位论文，2001.

［24］满洪杰．人体试验法律问题研究——以受试者权利保护为核心．上海：复旦大学博士学位论文，2009.

［25］和绿华．“告知后同意”原则适用于人体试验之研究——以受试者自主权为核心．桃园：中原大学硕士学位论文，2005.

［26］杨庆泉．人群生物资料库之医研成果分享——以样本提供者为中心．桃园：中原大学硕士学位论文，2005.

［27］洪敏瑜．医学研究中告知后同意之法律意涵．新竹：清华大学硕士学位论文，2009.

［28］曾静雯．新药人体试验契约之探讨．台南：成功大学硕士学位论文，2006.

［29］黄松茂．人格权之财产价值——以人格特征之商业利用为中心．台北：台湾大硕士学位论文，2008.

［30］张文贞．从基因信息与基因市场的面向来分析（III）．台北：我国台湾地区“科学委员会”专题研究计划成果报告（公开查询），2005.

［31］黄居正．台湾原住民基因资料库财产权之归属——以财产权理论为核心之探讨．台北：我国台湾地区行政管理机构补助专题研究计划成果报告，2008.

［32］范建得．基因科技智慧财产权制度暨基因科技之产业发展（II）．台北：我国台湾地区“科学委员会”专题研究计划，2001.

［33］林瑞珠．我国基因科技相关智财法制之决策与国际参与（2/3）．台北：我国台湾地区“科学委员会”专题研究计划期中进度报告，2005.

五、外文著作与期刊类

［1］DORIS SCHROEDER，JULIE COOK LUCAS（eds）. Benefit sharing-from biodiversity to human genetics. Springer，2013.

［2］KARINE M. The standard of disclosure in human subject experimentation. 19 J. Legal Med，157（1998）.

［3］MARGARET JANE RADIN. Property and personality，34 Stanford Law Review，957（1982）.

［4］DONALD L and ZUHN J R. DNA patentability：shutting the door to the utility requirement. 34 J. Marshall L. Rev. 973（2001）.

[5] ERIK B SEENEY. MOORE 10 years later-still trying to fill the gap: crating a personal property right in genetic material, 32 New Eng. L. Rev. 1131 (1998).

[6] DONNA M GITTER. Ownership of human tissue: a proposal for federal recognition of human tissue participants' property rights in their biological materials. 61 WASH. & LEE L. REV. 257 (2004).

[7] ANDREW WANCATA (Note) . No value for a pound of flesh: extending market-inalienability of the human body. 18 J. L. & HEALTH 199 (2003).

[8] MORSINK, JONANNES. The universal declaration of human rights: origins, drafting & intent. Philadelphia: University of Pennsylvania Press, 1999.

[9] ROBERT NOZICK. About mammals and people. New York Times Book Review, 183 (1983).

[10] ALFREDSSON, GUDMUNDUR and EIDE ASBJORN (eds). The universal declaration of human rights: a common standard of achievement. The Hague: Martinus Nijhoff, 1999.

[11] CAROL SANGER. Developing markets in baby-making: in the matter of baby M. 30 Harvard J. Law & Gender 67 (2007).

[12] GUIDO CALABRESI & A DOUGLAS MELAMED. Property rules, liability rules, and inalienability: one view of the cathedral. Harvard Law Review, April 1972.

[13] SAUL LEVMORE. Unifying remedies: property rules, liability rules, and startling rules. 106 The Yale Law Journal 2149 (1997).

[14] S. H. D. Regulating the sale of human organ. 71 Virginia Law Review, 1015 (1985).

[15] JULES L. COLEMAN & JODY KRAUS. Rethinking the theory of legal rights. 95 Yale L. J. 1366 (1986).

[16] LOUIS HENKIN. Privacy and autonomy. 74 Colum. L. Rev. 1410 (1974).

[17] RADHIKA RAO. Property, privacy, and the human body. 80 B. U. L. Rev. April, 2000.

[18] GARY E MARCHANT. Property rights and benefit—sharing for DNA donors? . Jurimetrics, 2005, Winter.

[19] ARNOLD O. GINNOW (ed.) 73 CJS property §14 human body, Parts, and Products (1983).

[20] FRIEDRICH HEUBEL. Defining the functional body and its parts: a review of german law, ownership of the human body: philosophical considerations on the use of the human body and its parts in healthcare. Kluwer Academic Publishers, 1998.

[21] MICHAEL M J Lin. Conferring a federal property right in genetic material: stepping into the future with the genetic privacy act. 22 Am. J. L. and Med. 109 (1996).

[22] CORNISH. Intellectual property: patent, copyright, trade marks and allied rights. Sweet & Maxwell 1996.

[23] Restatement (Second) of Torts.

[24] Restatement (Third) of Unfair Competition.

[25] KEITH SEALING. Great property case-teaching fundamental learning techniques with moore v. regents of the university of california. 46 St. Louis U. L. J. 755 (2002).

[26] STEPHEN R MUNZER. A Theory of property. London: Cambridge University Press, Cambridge, 1990.

[27] ROY HARDIMAN. Toward the right of commerciality: recognizing property rights in the commercial value of human tissues. 34 UCLA L. Rev. October 1986.

[28] CATES, CHRISTOPHER. Trend and development: property in human tissues: history, society and possible implementations. 4 Appeal (1998).

[29] SABRINA SSFRIN. Hyperownership in a time of biotechnological promise: the international conflict to control the building blocks of life. 98 Am. J. Int'l L. 641 (2004).

[30] GLOWKA L. A guide to designing legal framework to determine access to genetic resource. Gland and Cambridge: IUCN Environmental Law Centre, 1998.

[31] GARRETT HARDIN. The tragedy of the commons, Science, Vol. 162 (1968).

[32] CHARLOTTE H HARRISON. Neither moore nor the market: alternative models for compensating contributors of human tissue. 28 Aht. J. L. & MED. 77 (2002).

[33] GARRATH WILLIAMS & DORIS SCHROEDER. Human genetics banking: altruism, benifit and consent. 23 New Genetics and Society, 89 (2004).

[34] HENRY T GREELY. The control of genetic research: involving the "group between" . 33 Hous. L. Rev. (1997).

[35] LAURA M IVEY. Moore v. Regents of the University of California: insufficient protection of patents' rights. 25 Ga. L. Rev. 489 (1991).

[36] MICHAEL A HELLER. The tragedy of the anticommons: property in the transition from Marx to market. 111 Harvard Law Review, 621 (1998).

[37] MICHAEL A HELLER & REBECCA EISENBERG. Can patents deter innovation? the anticommons in biomedical research. 280 Science 698 (1998).

[38] KOROBKIN. Buying and selling human tissues for stem cell research. Arizona Law Review. Vol. 49, 2007.

[39] BURK, DAN L. Privacy and property in the global datasphere (April 28, 2005). Minnesota Legal Studies.

[40] MELISSA L STURGES. Who should hold property rights to the human genome? an application of the common heritage of humankind. 13 Am. U. Int'l L. Rev. (1997).

[41] JULIAN COCKBAIN. Gene patents are under attack in the US. Pharmaceutical Medicine, July 2010.

[42] AKALI M, ESTHER VAN ZIMMEREN. Dynamic patent governance in Europe and the United States: the Myriad example. Cardozo Journal of international and Comparative Law, 2011 (19).

[43] Manual of Patent Examining Procedure (MPEP) Eighth Edition, Revision 9, August 2012.

[44] MICH T，TECH L R WOLRAD PRINZ ZU WALDECK und PYRMONT. Research tool patents after Integra v. Merck-have they reached a safe harbour? . 14 Mich. Telecomm. Tech. L. Rev. 367（2008).

[45] LOUIS KAPLOW. The patent-antitrust intersection：a reappraisal. 97 Harvard Law Review，1816（1984).

[46] GEERTRUI VAN OVERWALLE. Reshaping bio-patents：measures to restore trust in the patent system. The Regulatory Challenge of Biotechnology 238（Han Somsen ed.，2006).

[47] DONNA M GITTER. Led astray by the moral compass：incorporating morality into european union biotechnology patent law. 19 Berkeley J. Int'l L. 1（2001).

[48] CYNTHIA M HO. Splicing morality and patent law：issues arising from mixing mice and men. 2 Wash. U. J. L. & Pol'y 247（2000).

[49] SUSAN K SELL. TRIPs was never enough：vertical forum shifting，FTAs，ACTA，and TPP. 18 J. Intel. Prop. L. 447（2011).

[50] PAMELA ANDANDA，et al. Legal frameworks for benefit sharing：from biodiversity to human genomics. Benefit sharing：from biodiversity to human genetics. Springer，2013.

[51] T COOK. Special report：The protection of Regulatory data in the pharmaceutical and other sectors. Sweet & Maxwell，London 2000.

[52] BRIAN BUDDS，R N，M S. Toward a just model of alienability of human tissue. 37 U. S. F. L. Rev. 757（2003).

[53] SCHROEDER D，POGGE T. Justice and the convention on biological diversity. Ethics Int Aff 23（3）（2009).

[54] GLOWKA L. A guide to the convention on biological diversity. Gland and Cambridge：IUCN Environmental Law Centre，1994.

[55] SCHROEDER D. Informed consent：from medical research to traditional knowledge" . In：WYNBERG R，SCHROEDER D，CHENNELLS R（eds). Indigenous peoples，consent and benefit sharing. Springer，Berlin (2009).

[56] DKING KM. A proposal for effective international regulation of biomedical research involving human subjects. Stanf J Int Law 34：163

(1998).

[57] CHADWICK R, BERG K. Solidarity and equity: new ethical rameworks for genetic databases. 2 Sci Soc. 318 (2001).

[58] ZONG Z. Should post-trial provision of beneficial experimental interventions be mandatory in developing countries? . 34 J Med Ethics (2008).

[59] SIMM K. An argument for benefit-sharing through solidarity. 2 Soc Justice Context. 47－64 (2006).

[60] MACPHERSON CC. Global bioethics: did the universal declaration on bioethics and human rights miss the boat? . 33 J Med Ethics (2007).

[61] EMILY JACKSON. Medical Law-text, cases and materials. 476 (2006).

[62] JÜRGEN DREWS. Drug research, between ethical demands and economic constraints. Ethics and the pharmaceutical industry 21 (MICHAEL A SANTORO & THOMAS M GORRIE eds. , 2005).

[63] PISUPATI B. Access and benefit sharing (ABS): issues and policy options-introduction. Asian Biotechnol Dev Rev 10 (3) (2008).

[64] WILLIAMS G, SCHROEDER D. Human genetic banking: altruism, benefit and consent", New Genet Soc 23 (1) (2004).

[65] GULCHER J, STEFÁNSSON K. Population genomics: laying the groundwork for genetic disease modeling and targeting. 8 Clin Chem Lab Med. 523 (1998).

[66] MERZ, JON F. et. al. "Iceland Inc. "?: on the ethics of commercial population genomics. Social Science & Medicine. Volume 58, Issue 6, March (2004).

[67] PÁLSSON, GÍSLI and PAUL RABINOW. The Icelandic genome debate. Trends in biotechnology. Volume 19, Issue 5, 1 May (2001).

[68] UNAIDS guidance for partnerships with civil society, including people living with HIV and key populations (2011), Point 13.

[69] SEDYANINGSIH et al. Towards mutual trust, transparency

and equity in virus sharing mechanism: The avian influenza case of Indonesia. Ann Acad Med Singap 37 (6) (2008).

[70] RON A BOUCHARD et. al. Empirical analysis of drug approval-drug patenting linkage for high value pharmaceuticals. 8 NW. J. Tech. & Intell. Prop. 174 (2010).

[71] HAIRA A (2006), Prior and informed consent: an introduction. presentation. New Zealand Ministry of Economic Development. http://www.med.govt.nz/upload/34619/haira.pdf.

[72] RON A BOUCHARD et. al. Structure-function analysis of global pharmaceutical linkage regulations. 12 Minn. J. L. Sci. & Tech. 391 (2011).

[73] GOODENOUGH. Go fish: evaluating the restatement's formulation of the law of publicity. 47 S. C. L. Rev. 709 (1996).

[74] RICHARD A BALES & JOSEPH S BURNS. A survey of kentucky employment law. 28 N. Ky. L. Rev. 219 (2001).

[75] RICHARD S MURPHY. Property rights in personal information: an economic defense of privacy. 84 Geo. L. J. 2381 (1995).

[76] KOJO YELPAALA. Owning the secret of life: biotechnology and property rights revisited. 32 McGeorge L. Rev. 111 (2000).

[77] MURRAY T H. Who owns the body? On the ethics of using human tissue for commercial purposes. 8 IRB: Ethics and Human Research, 1 (1986).

[78] GWINN M KHOURY M J. Epidemiologic approach to genetic tests: population-based data for preventive medicine. Human Genome Epidemiology, Oxford University Press, New York, NY, (2004).

[79] GEORGE J ANNAS. The Nuremberg Code in U. S. courts: ethics versus expediency, in THE NAZI DOCTORS AND THE NUREMBERG CODE 201 (GEORGE J ANNAS & MICHAEL A GRODIN ed.. Oxford University Press, Inc., 1992).

[80] MICHAEL J BARRY. Involving patients in medical decision: how can physicians do better?, Journal of the American Medical Association 282 (Dec. 22/29, 1999).

［81］ The Belmont Report，44 Fed. Reg. 23192，part III C. 1. （1979）.

［82］ C WEIJER & J ANDERSON. A critical appraisal of protections for aboriginal communities in biomedical research. 42 Jurimetrics 187 （2002）.

［83］ R SHARP & M FOSTER. Involving study populations in the review of genetic research. 28 Journal of Law，Medicine & Ethics 41 （2000）.

［84］ BERNHARD PALSSON & SNORRI THORGEIRSSON. Decoding developments in Iceland. 17 Nature Biotechnology 407 （1999）.

［85］ GEORGE J ANNAS. Rules for research on human genetic variation-lessons from iceland. 342 New England Journal of Medicine 1830 （2000）.

［86］ HENRY T GREELY. Breaking the stalemate：a prospective regulatory framework for unforseen research uses of human tissue samples and health information. 34 Wake Forest L. Rev. 737 （1999）.

［87］ ALICE HSIEH. A Nation's Genes for a cure to cancer：evolving ethical，social and legal issues regarding population genetic databases. 37 Colum. J. L. & Soc. Probs. 359 （2003-2004）.

［88］ GRAHAM DUTFIELD. Intellectual property right and the life science industries a twenty history 108，Chapter 5：the Pharmaceutical Industry （Ashgate Publishing Company 2003）.

［89］ RICHARD R SHARP & MORRIS W FOSTER. Involving study populations in the review of genetic research. 28 J. L. Med. & Ethics 41 （2000）.

［90］ PETER SCHUCK. Rethinking informed consent. 103 Yale L. J. 899 （1994）.

［91］ BRYAN J WARREN. Pennsylvania medical informed consent law：a call to protect patient autonomy rights by abandoning the battery approach. 38 Duq. L. Rev. 917 （2000）.

［92］ DIETER GIESEN. International medical malpractice law：a comparative law study of civil liability arising from medical care. Kluwer Academic Publishers，1988.

［93］ GRIMM. Informed consent for all! No exceptions. 37 N. M. L. Rev. 39 (2007).

［94］ HAMBURGE. The new censorship: institutional review boards. 2004 Sup. Ct. Rev. 271.

［95］ J THOMAS MCCARTHY. The rights of publicity and privacy. Second Edition, vol. 1. 2005 Thomson/West.

［96］ Principles, Definitions and model rule of european private law (Draft Common frame of Reference, DCFR, interim Outline Edition), Sellier, European Law Publishers GmbH, Munich. 2008.

［97］ HENRY T GREELY. The control of genetic research: involving the "Groups Between. in Genetics: Ethics, Law and Policy, St. Paul: West Group, 2002.

［98］ GEERTRUI VAN OVERWALLE. The implementation of the biotechnology directive in Belgium and its after-effects. The Introduction of a New Research Exemption and a Compulsory Licence for Public Health, IIC 2006.

［99］ W R CORNISH, M LLEWELYN & M ADCOCK. Intellectual property and genetics 79 (2003).

［100］ KENT HILL. University research and local economic development. 15, Tempe/Arizona (2006).

［101］ CYNTHIA HO. Access to medicine in the global economy: international agreements on patents and related rights 225 (Oxford Press 2011).

［102］ SUSAN K SELL. TRIPs was never enough: vertical forum shifting, FTAs, ACTA, and TPP. 18 J. Intel. Prop. L. 447 (2011).

［103］ EZEKIE EMANUEL. Ending concerns about undue inducement. Journal of Law, Medicine & Ethics, 2004 (32).

六、案例类

［1］ *Moore v. Regents of the University of California*, 51 Cal. 3d 120; 271 Cal. Rptr. 146; 793 P. 2d 479.

［2］ *Davis v. Davis*, 842 S. W. 2d 588 (Tenn. 1992).

[3] *Hecht v. Superior Court*, 16 Cal. App. 4th 836, 20 Cal. Rptr. 2d 275 (2d Dist. 1993).

[4] *Greenberg v. Miami Children's Hospital Research Institute, Inc.*, 264 F. Supp. 2d 1064, 1068 - 1071 (2003).

[5] *Uhleander v. Henrichsen*, 316F. Supp. 1277, 1282 (D, Minn. 1970).

[6] *Kozup v Georgetown University*, 663 F. Supp. 1048, 1053 - 1054 (D. D. C. 1987).

[7] *Panduit Corp. v. Stahlin Bros. Fibre Works, Inc.*, 575 F. 2d 1152, 1156, 197 U. S. P. Q. 726, 729 - 30 (6th Cir. 1978).

[8] *Zacchini v. Scripps-Howard Broadcasting Co.*, 433. U. S. 562, 571, 97 S. Ct. 2849, 53 L. Ed. 2d 965, 2 Media L. Rep. (BNA) 2089, 205 U. S. P. Q. (BNA) 741 (1977).

[9] *Pro-Mold & Tool Co. v. Grate Lakes Plastics, Inc.*, 75 F. 3d 1568, 1575, 37 USPQ2d 1626, 1632 (Fed. Cir. 1996) (citing Sewall, 21 F. 3d at 415, 30 USPQ2d).

[10] *In re Spada*, 911 F, 2d 705, (Fed, Cir. 1990).

[11] *In re Gleave*, 560F. 3d 1331, (Fed. Cir. 2009).

[12] *Merk & Co. Inc. v. Olin Mathieson Chem. Co.* 253F. 2d 156 (4 [su'th'] Cir. 1958).

[13] *In re Bergstrom* 166 U. S. P. Q. 256, 259 (CCPA1970).

[14] *Graham v. John Deere Co.* 383 U. S. 1 (1966).

[15] *Brenner v. Manson*, 383 U. S. 519 (1966).

[16] *Diamond v. Chakrabarty*, 447 U. S. 303, 206 U. S. P. Q. 193 (U. S. 1980).

[17] *In re Brana*, 51 F. 3d 1560 (Fed. Cir. 1995).

[18] *Funk Brothers Seed Co. v. Kalo Inoculant Co.*, 333 U. S. 127 (1948).

[19] *Haelan Laboratories, Inc. v. Topps Chewing Gum, Inc*, 202 F. 2d 866 (2d Cir. 1953).

[20] *Hybritech Inc. v. Monoclonal Antibodies, Inc.*, 802 F. 2d 1367, 1376, 231 USPQ 81 (Fed. Cir. 1986).

[21] 江苏省宜兴市人民法院（2013）宜民初字第2729号民事判决书.

后　记

成果结项，我有一种如释重负的欣慰——终于完成了。2012 年本人有幸获批国家社科基金青年项目《人体组织提供者对基因科技成果之利益分享机制研究》（项目批准号为 12CFX083）。项目研究计划得到了不断推进，但也时时面临困难，常生出力所不逮的无力感。为了进一步提高研究的科学性，2014 年 12 月本人以此为研究课题选择赴美国艾奥瓦大学访问，该校在生物医学研发方面全美领先，其法学院在侵权法、知识产权法、反垄断法研究上具有鲜明特色。为期一年的研修不仅让我获得了相关第一手资料，我还获得了 C. Reitz 教授和 Herbert Hovenkamp 教授的当面指点。考虑到资料收集和对观点的消化吸收需要时间，项目申请了延期。2015 年 12 月回国后，本人国际化视野和比较法研究得到加强，不仅体现在后续研究资料更加全面、观点更加成熟，前期研究的论证也更加细致充分，使得项目研究计划得到更好落实，完成了在申请书中预定的所有研究任务。尽管这是一份迟交的作业，但时间的打磨和夙兴夜寐的付出终于得到了回报，“采得百花酿成蜜，也尝辛苦也尝甜”，在鉴定环节成果得到了匿名评审专家的肯定，被评定为良好，激动之情难以言表！本书即由项目最终成果修改而成。

本书付梓之际，要感谢玉成本书诞生和完善的人。首先需要感谢课题组成员，他们是天津医科大学人文与法学院焦艳玲副教授、成都理工大学杨会副教授、司法部研究室周云涛研究员和最高人民法院晏景法官，他们在繁忙的工作之余，为本项目的推进和完成提供了资料及中肯意见，感谢他们的付出。

感谢恩师张新宝教授和王利民教授，他们分别是我的博士和硕士导师。感谢两位老师曾经的传道授业解惑，没有他们的悉心指导、鼓励和提携，就不可能有项目的完成和本书的出版。

感谢我供职的天津师范大学法学院各位领导给予的帮助以及所提供的良好研究条件和物质支持。感谢 2016 级硕士研究生王菁、张玉华、王宇和吕梦林以及 2018 级硕士研究生刘莹，他们认真校对了本书，使之避免了许多不必要的失误和疏漏。

感谢中国人民大学出版社法律分社副社长郭虹老师！她爽快、热情、诚恳的为人和踏实、认真、细致的工作作风给我留下了深刻印象，母校的出版社追求高品质，对我也是鞭策，感谢所有为本书出版付出辛劳的编辑人员。

纸短情长，要感谢的人还有很多。最后再感谢下我的家人，他们一如既往的理解和支持是本书写作得以顺利进行的最坚实保障。

最后还有几句绝非客套的话，由于本人水平所限，书中疏漏和不妥之处在所难免，恳请各位学者专家批评指正。

于天津师范大学兴文楼

2019 年 3 月

图书在版编目（CIP）数据

基因科技成果利益分享研究：以人体组织提供者私权保护为视角/郭明龙著．—北京：中国人民大学出版社，2019.8
（法律科学文库/曾宪义总主编）
ISBN 978-7-300-27398-3

Ⅰ.①基… Ⅱ.①郭… Ⅲ.①人体组织学-科技成果-利益-保护-研究 ②人体器官-所有权-保护-研究 Ⅳ.①D913 ②R329-33

中国版本图书馆 CIP 数据核字（2019）第 202029 号

“十三五”国家重点出版物出版规划项目
法律科学文库
总主编　曾宪义
基因科技成果利益分享研究
——以人体组织提供者私权保护为视角
郭明龙　著
Jiyin Keji Chengguo Liyi Fenxiang Yanjiu

出版发行	中国人民大学出版社		
社　　址	北京中关村大街 31 号	**邮政编码**	100080
电　　话	010－62511242（总编室）		010－62511770（质管部）
	010－82501766（邮购部）		010－62514148（门市部）
	010－62515195（发行公司）		010－62515275（盗版举报）
网　　址	http://www.crup.com.cn		
经　　销	新华书店		
印　　刷	北京玺诚印务有限公司		
规　　格	170 mm×228 mm　16 开本	**版　　次**	2019 年 8 月第 1 版
印　　张	19.5 插页 2	**印　　次**	2019 年 8 月第 1 次印刷
字　　数	312 000	**定　　价**	68.00 元

版权所有　侵权必究　　印装差错　负责调换